ZERO の法則

THE LAWS OF ZERO

宇場稔

幻冬舎

ZEROの法則　もくじ

プロローグ

「ゼロの法則」で意識はどう変わるのか

第1章

人生の存在目的と存在価値

第2章 宇宙意識場と地球意識場

第3章

地球は贖罪のための牢獄星

第4章

戦争のない世界を実現するために

第6章 「エントロピー相対性の法則」とは「ゼロの揺らぎ理論」

第7章 意識はゼロの揺らぎの中心存在

第8章 ゼロ波動生命意識体は永遠に持続する

第9章 次元統合と次元支配の原則

第10章 普遍相対性理論による霊性進化と生命転換の法則

おわりに

プロローグ

「ゼロの法則」で意識はどう変わるのか

「ゼロの法則」とは何か、何がどう変わるのか

◆全宇宙のメカニズムとシステム――「ゼロの法則」

私は、40年近く前に、大学病院などに勤務するかたわら、原子物理学や量子論の観点から放射性同位元素（アイソトープ）を使用した生命科学の研究に打ち込んできました。

その中で、従来の地球次元の理論の枠組みと価値観から生じる、地球上のありとあらゆる矛盾や無秩序に伴う葛藤と摩擦を、いかに解決することができるのかを、真剣に考えてきました。

その結果、既存のパラダイム（理論の枠組み）をパラドックス（paradox 逆説）に想定することで解決する「パラダイム・レボリューション（理論の枠組みと価値観の革命）」、略して**「パラレボ理論」**に行きつき、その体系を確立するに至りました。

全宇宙に於ける、大がかりで壮大なテーマである「パラレボ理論」の中で、最も重要かつ象徴的なものが、全宇宙を運行するメカニズムとシステムである**「ゼロの法則」**です。

最初に触れる方には、従来の地球の理論とは真逆な理論が多く含まれているために、かなり難解かと思います。それは既存のいかなる地球上の理論にもなかった、革命的であり真逆の要素を多く含んでいるためです。

「ゼロの法則」は、地球の法則や原則、または社会の一般的な常識や良識が、すべて真逆に解かれていますので、理解するのに難しいと思ったら立ち止まらず、飛ばし読みをしてください。

最近、テレビなどで人間の理解力というタイトルで、人間は同じことを何度聞かないと理解に至らないか、という興味深い統計レポートがありました。

なんと、平均すると同じことを532回聞かないと、人間は正確に理解できないようになっているそうです。

ですから、同じような内容を何度も何度も、繰り返し言及しますが、しつこいとは思わずに読み進めてください。

しかし、その難解さは新たなパラダイムから生まれたものですから、その新たなパラダイムに慣れるにつれ、従来のどんな理論よりも、論理的で整合性をもった明快なものであることに、むしろ快感を伴うほどの納得を得られるものになっています。

ですから、読者の皆さんは、最初の難解さにとまどうことなく、理解できないところがあっても、そこで立ち止まらずに、どんどん先を読んでいってください。ある瞬間から、目の前の雲が晴れるように、すべてが深い納得のうちに疑問が氷解していきます。

◆「ゼロの法則」を知れば、人生の存在目的と意味と意義と存在価値がわかる

とはいえ、その「ゼロの法則」の詳細を知る前に、およそのところどんな理論なのか、そのア

ウトラインくらいは知っておきたい、と思われる方も多いでしょう。

一言では言い表しがたいこの理論を、あえて簡単に表現すれば、このようになります。

この「ゼロの法則」は、プラスとマイナス、陰と陽、女性と男性、善と悪、N極とS極、ネガとポジ、破壊と創造……など、地球を含めた宇宙に存在する、すべてのメカニズムとシステムの相反するものが、より良いバランスを形成するために、葛藤や摩擦を繰り返しながら克服して、お互いが近づいていき、究極の**「ゼロ」**になろうとして、打ち消し合う瞬間に、正真正銘の無にはなりきれず、**「わずかな揺らぎ」**が生じます。

そのことによって、破壊と創造の原則に従って、新たにバランスの取れた創造と価値が生まれ進化に方向付けられているという法則です。

そして、これを正しく認識することから、人生の存在目的と意味と意義と存在価値を見出すことができます。

例えば、理解しやすい、相反するものとして、化学的な酸性とアルカリ性があります。酸性のものとアルカリ性のものを混ぜ合わせると、中和という現象が起こりますが、この中和も実は、完全なゼロ状態の中和ではありません。

つまり、50の力価の酸性と50の力価のアルカリ性がゼロで向き合うと、力が同じなために、双方は拮抗したまま膠着《こうちゃく》状態となり、動きそのものが止まってしまい、酸性とアルカリ性の存在そのものの目的と意味と意義と価値を失うことになります。

ですから、完全な中性という状態はあり得ず、中性になりたくても中性になれないまま、限りなく中性に近いバランス状態になろうとして、「揺らぎ」が起こって、新たな酸性とアルカリ性を創造しながら存在しています。

その揺らぎの中から、新たな進化と創造が生まれてくると考えていただければ良いでしょう。

これを哲学的な弁証法に置き換えると「正反合」の考え方にも似ています。

つまり一つの思想を「正」（テーゼ）、対立する思想を「反」（アンチテーゼ）とすると、この正反双方の究極の妥協と和解の中から、その双方を「止揚」（アウフヘーベン）した新たな思想が、「合」（ジンテーゼ）として生まれるという考え方と似ています。

相反する男性社会と女性社会に「ゼロの法則」が働くと

◆これからは女性を中心とした世界観が求められる

現実の社会での一例を挙げてみますと、人類の歴史に於ける最大の「揺らぎ」は、女性と男性の陰と陽の揺らぎです。陰を代表した女性と、陽を代表した男性に内包した、論理に於ける、真逆性による葛藤と摩擦の障壁を打ち消しながら、女性と男性の距離を縮めてきた歴史が、人類の進化そのものといえます。

男性と女性の存在目的と存在価値の方向性は、真逆の論理に方向付けられています。男性は、**「力と支配と闘争と破壊」**の論理性を意識の中に内包していて、女性は、**「愛と統合と融和と創造」**の論理性を意識の中に内包しています。

このことにつきましては、後ほど（153ページ～）詳しく説明させていただきます。

進化の歴史に於ける、男性と女性の役割と責任を検証すると、男性は相反する価値観や宗教観、イデオロギーの対立などによって、戦争という形に変えて、「力と支配と闘争と破壊」の論理に従って、双方が激しく打ち消し合い、尊い生命と万物を破壊してきました。

その後、女性の「愛と統合と融和と創造」の論理によって、新たな生命を胎内で再生し、世に生み出すことにより、精神的な文化と科学的な文明を、新たな進化へと再構築してきました。

すなわち、人類の歴史は男性のロジックに従って、力と支配と闘争によって、古い文化と文明を破壊し、女性の愛と統合と融和のロジックに従って、新たな上位の文化と文明を創造してきたといえます。

ですから、これからの世界に求められるのは、従来の男性を中心とした世界観ではなく、女性を中心とした世界観です。正しい宇宙の法則は、女性が性的な主体であり、男性は性的な対象と捉えられるからです。

◆相反するものが真逆に入れ替わり進化していく

ここにも、先ほどお話しした「ゼロの法則」が働いています。

二つの相反するロジックが、葛藤や摩擦を繰り返しながら打ち消し合って、破壊と創造の原則に従って、新しい進化と価値を創造してきました。

これが新時代をつくる進化と価値の創造のための、唯一の方法だと確信しています。

そのためには相反する女性と男性のロジックが、ゼロの揺らぎによって、男性の主体と女性の対象が、**「相対変換の法則」**（後ほど118ページ以降で詳説）に従って、左足と右足が入れ替わって、前進していくように、「男性主体論」から「女性主体論」に転換していくことが、進化するための重要なコンセプトになります。

「相対変換の法則」とは、相反するものが真逆に入れ替わりながら、進化または発展していく現象をいいます。

このようにして、「ゼロの法則」をあらゆる分野に展開することで、人間世界の矛盾も驚くほど明快に解決され、私たちの日常に関係する個人の生き方から社会のあり方まで新たな秩序を創り出すことができます。

本書、「ゼロの法則」は、難解なところもあるでしょうが、今まで紹介した内容は、その壮大な理論のほんの一部分に過ぎません。

日本の精神文化から生まれた素朴な疑問への解答

◆世界のあらゆる問題や課題を解決できる

この理論は、**日本固有の精神文化**の歴史的な土壌から生まれた、まったく新しい哲学と理念と思想です。

ですから、「ゼロの法則」は、いずれ世界各国で翻訳されるでしょうが、まずは日本の皆さんが最も理解しやすく、また、その価値を評価していただけると確信しております。

皆さんの人生の中に於いて、誰でも一度は考えたことがある、極めて素朴な疑問に対して、誰でも明瞭かつ明確に理解できて、なおかつ素直に納得がいくことと思っております。

例えば、次のような素朴な疑問です。

なぜ、私はこんなに広い宇宙があるのに、地球という惑星に住んでいるのかしら？

何故、私はフランスではなく日本に住んでいるのかしら？

なぜ、私はアメリカ人ではなく日本人なのかしら？

何故、私は裕福な家庭ではなく、貧困な家庭に生まれてきたのかしら？

なぜ、この人が私のお母さんで、あの人が私のお父さんなのかしら？

何故、私は運がないのかしら？

なぜ、私はこの人と結婚したのかしら？

何故、この子たちが私の子供なのかしら？

なぜ、私はこの人と関わらなくてはいけないのかしら？

何故、私は女性として生まれてきたのかしら？

なぜ、僕は男性として生まれてきたのか？

何故、私は勉強が不得意なのかしら？

なぜ、私は自分のことが嫌いなのかしら？

何故、私は何事にも否定的なのかしら？

なぜ、私は不平と不満が多いのかしら？

何故、人は死ぬのかしら？

などといった、極めて素朴な疑問に対して、今まで人類の歴史を通して誰一人として、何一つまともに答えてこなかったという、歴史の厳然たる事実です。


そのこと故に、今まで多くの人が生きる目的も夢も希望もなく、仕方なく生きて、仕方なく死んでいかざるを得ない、刹那的にもはかなく、虚しい人生で終わっていきます。

故に、歴史を通してさまざまな問題が、次から次へと提起され、複雑化して混沌と混迷を極めてきました。

昨今、若者たちが無気力となって、無欲社会を形成しつつある現状を目の当たりにすると、近未来に訪れる人類の行くべき姿を、予見せざるを得ません。

これに対して「ゼロの法則」は、すべての相反するモノが、ゼロ・バランス（ゼロを基点としたわずかな揺らぎ）に方向付けられて永遠に存在している、宇宙のメカニズムとシステムに従って、一人ひとりの**「何故という素朴な疑問」**に対して、すべてお答えすることができる、世界で唯一無二の**「魔法の手引書」**であると確信しています。

また、世界のありとあらゆる問題や課題も同時に解決することができると確信しています。

「ゼロの法則」から導かれる人類の進むべき道

◆生き残るために価値観を創り変えなくてはならないTPOがきている

こうした現実を目の前にした時に、我々が進むべき道は二つあります。

一つの道は、今日までの**地球論的な目的と価値観**に基づく、理論の枠組みと価値観を変えず、そのままパラダイムを強化して、決定的な危機を迎えて、多くの犠牲を伴って改革を余儀なくしていく方法です。

もう一つの道は、抜本的に理論の枠組みと価値観を、**宇宙論的な目的と価値観**に基づく、パラダイムに創り変えて、危機そのものがない社会を創り出すという方法です。

つまり、人類が、社会矛盾や環境破壊に対するあらゆる**「負の遺産のストレス」**から手を引こうとしている現在、そして、宗教や思想や経済などの覇権《はけん》闘争などです。

最近は、先端技術に伴うＡＩ兵器やゲーム・チェンジャー技術などによる、宇宙の覇権競争が世界的に激化しています。

現実的な核テロという、新たな世界的な脅威が、いよいよ決定的になりつつある現在、我々は抜本的に人間至上主義の理論の枠組みを超えて、地球規模の理論の枠組みを、宇宙論的な価値観に基づいて、創り変えなければならないＴＰＯ（時と場と状況）を迎えていると思います。

一人ひとりがそうした**「パラダイム・レボリューション」**（理論の枠組みと価値観の革命）略して**「パラレボ」**を完結して、危機そのものがない社会を創造するという方法をとるべき時が来ています。

たとえ、それがどんなに大変で困難なことに思えても、我々が生き残るためには重要な決断をするＴＰＯを迎えていると思うのです。

現在の私たちは、競争原理にいつしか飼い慣らされてしまい、理性は麻痺した状態になっています。しかし、これが大きな勘違いであり、間違いだったことに気づきつつある**「若い人たち」**が、21世紀になって急激に増えてきているという現実です。

何故ならば、人格的な向上心を無視して、他者の評価を獲得する競争での間違った自己実現と、過分な現世利益を追求してきた結果が、あまりにも多くの負の遺産を創ってきたことに気づき始めたからです。

大人たちの経済至上主義による環境破壊に対して、若者たちを中心に抗議集会やデモ活動が、世界の各地で活発に行われています。

本書の**「ゼロの法則」**を、言葉の語義上の理解ではなく、言葉に宿る精神、「言霊《ことだま》」で納得したならば、人生そのものが、生き方そのものが変わります。

そうすればあなたは、過去の恨み辛《つら》みなどの、不快な感情から解放され、未来の病気や死などに対する、不安や恐怖からも解放され、人生そのモノが小躍りするほど、楽しくなることを確信するでしょう。

私は今まで生涯にわたって、自分の人生が**「言霊の壁」**に阻まれてきたように感じてなりません。同じ民族であり、同じ国の言語を使っているにもかかわらず、なかなか通じ合わないのはなぜなのかと悩んだ時期もありました。

言葉は同じであっても、**「人格次元」**(心の次元)や**「霊格次元」**(魂の次元)が違うと、まったく噛み合わないし、通じ合わないということを、全共闘時代の学生たちとディベートしてみて、彼らの恨みの強さで思い知らされました。

AI革命（人工知能革命）で今後、世界はどのように変化するのか

◆人類は既存の地位と既得権益を手放すことができるか

人類はホモ・サピエンス（知的生命体）として、高度の知識を得ることに成功し、高度の科学文明を手に入れ、霊長類の頂点に立つことができました。

しかし、最近は電子産業の技術革新により、ITなどの先端技術によるAI（人工知能）が、人間の知識を遥かに超える時代に突入しました。

人間の知能とAIとの決定的な違いは、どこにあるのでしょうか。

それは、人間の知能の記憶回路と処理能力と、AIの記憶回路と処理能力の圧倒的な情報量とスピードの違いです。

人間の知能は脳細胞に記憶として集積され、加齢に伴って脳細胞の死滅と共に、記憶は消えていき、処理能力も同じように衰えていきます。

しかし、AIはオペレート（運用）するごとに、あらゆる情報をAIの頭脳である集積回路に、

学習しながら無尽蔵にビッグデータとして記憶していきます。

人間の衰えていく知能とＡＩの成長していく知能は、真逆のメカニズムとシステムになっています。

人間の脳の記憶は、極めて曖昧で不正確ですが、ＡＩの記憶は理路整然と整理されていて、極めて正確であり、なおかつ学習能力を高度に備えているということです。

今や、プロの将棋や囲碁の棋士でさえ、ＡＩにはなかなか勝つことができません。数学や物理学などに於いても、超難問の計算の能力では、遥かにＡＩが上回っています。

もはや、量子力学や宇宙工学の世界では、ＡＩはなくてはならない存在になっています。

近未来には、ＡＩとロボット技術によって、社会構造そのものが大きく変わり、人間がやらなければいけなかったことは、すべてＡＩがシステム化しプログラミングして、ロボットが行う時代が訪れます。

特に、高度な知識を必要とする、医者や弁護士の分野などは、ＡＩに取って代わられる時代が必ず訪れます。

何故かと言いますと、高度な知識を必要とする分野ほど、勘違いや間違いがあってはいけませんので、正確で的確な診断や公正かつ公平な判決を厳しく求められるからです。

医者や弁護士は特に情報の管理能力と処理能力を問われる分野ですので、その点、ＡＩは誤診や判断ミスを限りなく少なくすることが可能だからです。

医学に於いては、あまりにも複雑怪奇な人体構造を有しているため、すべての情報を一人の頭脳に記憶させることは不可能です。

そのために、内科や外科、婦人科、小児科などに細分化して、それぞれの専門医を育てるしかありません。

今や名医と言われるドクターと、AIドクターとの診断能力を比較すると、CTやMRIやPETなどの画像診断や、血液データの総合的な診断能力に於ける正確度は、遥かにAIドクターの診断が正確であり、治療の判断が的確であるという報告が、すでに明確になされています。

薬の処方も過剰投与のない的確な処方を、総合的かつ統合的に診断して、無駄なく処方することができます。

手術に於いてもAI外科医は、心配や恐れなどの感情の揺らぎがなく、ミリ単位以下の細部にわたって、人間外科医よりも遥かに正確に、無駄なく施術することが可能です。

不的確で曖昧な人間ドクターを必要とするのか、正確で的確なAIドクターを必要とするのかを、人類である私たちが決定していく時代が、近未来には必ず訪れます。

ただ一つの大きな問題は、医学者たちが、既存の地位と既得権益を、世界と人類の平和のために、手放すことができるかということです。

法曹界《ほうそうかい》に於いては、六法全書をはじめとして、憲法や法律や条令に至るまで、すべてを頭脳に記憶することは不可能です。

さまざまな犯罪事例や裁判事例を記憶することは、それ以上に困難なことですので、犯罪事例や訴訟事例に従って、民事や刑事や特捜などの専門の検察と弁護士を置かなければなりません。AI裁判官やAI弁護士やAI検察官の方が、遥かに人間裁判官や人間弁護士や人間検察官よりも公正かつ公平な判断を可能にし、適確な判決を行うことが可能になります。

ですから、冤罪《えんざい》の件数も劇的に減少させることが可能になります。

ここでも大きな問題は、法曹界の人たちが、既存の地位と既得権益を、社会と国民のために手放すことができるかということです。

◆人間がAIより上位に立てるのは霊的情動だけ

AIが優れているのは、このような専門分野に関係なく、すべての情報を一括管理し、専門分野に関係なく総合的かつ統合的に判断し、正確な診断や公正な判決を可能にすることができるからです。

経済に於いても、株のトレードや為替の変動に瞬時に対応し、的確に判断して処理することが可能になります。

すでに、AIは人間の知能を遥かに超えましたので、これからは頭脳競争の学歴至上主義の時代は終焉《しゅうえん》を迎えることになります。

今やスマホを持っていれば、天才的な**「頭脳の分身」**を持っているのと同じで、ありとあらゆる情報を、いとも簡単にリアルタイムで入手することができます。

すなわち、スマホティーチャーに勝る学校の先生は、小学校から大学院まで、誰一人として存在していません。

スマホのような携帯AIである人工知能は、たとえ破壊しても取り換え可能であり、日々、進化（アップデート）してバージョンアップしていきますが、人間の頭脳は破壊したら取り替え不可能で日々、退化してバージョンダウンしていきます。

近未来のAIスマホは、5Gから量子転換などによるスピード革新によって、6G、7Gへと進化していき、スマホティーチャーやスマホドクター、スマホロウワァー（スマホ法律家）などが、当然のごとく登場して、**「人間が人間を必要としない時代」**が必ず訪れます。

近未来には、人間がやっていたことは、すべてAIロボットに取って代わり、人間の既存の会社や職業や職種はすべて失われていきます。

今や人間が面倒くさいと言って、AI搭載の**「アンドロイド（人造人間）」**や、好きな人にアバター（分身）化したアンドロイドと結婚する人までもが出現しています。

学校の先生や医者や弁護士など、さまざまな職種の人材が**「アンドロイド化」**していく日も、そう遠くない近未来に必ず訪れることでしょう。

これからは、AI革命によって、オンライン教育やオンラインショッピングやオンラインワーキング、オンライン医療などが急増していって、職業難民や職場難民がどんどんと増えていくことでしょう。

それが証拠に、先進国家に於いて、少子化がドンドン加速化しているのも、その現れの一環として、世界的に現象化しています。

人間の知能は、人工知能よりも劣っていることが証明された以上、人間が唯一、上位に立てる分野は、心とか精神といった**スピリチュアル・エモーション（霊的情動）**の分野だけになります。

ＡＩ革命によって、知識を身に付けるための学校教育は無意味であり無意義となり、無邪気で貴重な幼少期から青年期は、家庭での愛の情操教育が、人生の重要なコンセプトとなります。

このことにつきましては、後ほど（３８５ページ〜）詳しく説明させていただきます。

◆若者に将来の夢と希望を与えるために

これからの時代は、ＩＱ（Intelligence Quotient 頭脳の指数）を追求する時代ではなく、ＥＱ（Emotional Quotient 心の指数）を追求していく時代になります。

心と精神が立派に成熟したら、自然と知識は身に付いていくようになります。

人類の進化の歴史は、哲学先行型（心）であり科学追従型（知能）だからです。

例えば、科学が先行していたら、親兄弟が殺し合った戦国時代に、究極のエゴイズムによる核爆弾の使用によって、人類はすでに滅亡していたことでしょう。

「ゼロの法則」に基づいて、特にＡＩ革命は、旧態依然の古い精神文化と科学文明を破壊し、新たに進化した精神文化と科学文明を創造する、破壊と創造の原則に基づく、大転換のゼロの基点となることを、私は確信しております。

人類の進化は、ホモ・ハビリス（道具を使う人）からホモ・エレクトゥス（二足歩行をする人）に進化を遂げ、今現在はホモ・サピエンス（知識を使う人）まで進化を遂げてきました。

人類は今後、ホモ・サピエンスからホモ・フィロソフィカル（哲学を使う人）に進化を遂げていく大転換時代を迎えています。

もはや、人類はホモ・サピエンス（知的生命体）からホモ・フィロソフィカル（哲学的生命体）に進化を遂げる時代に差し掛かったのではないでしょうか。

旧態依然の宗教や哲学などの、古き価値観を破壊しない限り、AIロボット時代の科学文明を超越して、新たに進化した精神文化を創造することはできません。

すでに、**「AI」**が、すべての「生活インフラ」を管理しながら統合して、AIとロボットが、医療から介護や福祉まで管理し運用していく**「スマートシティ構想」**が、富士山の麓の静岡県で、現実化していく時代を迎えています。

AIがスマートシティ全体を管理して、人間とAIとロボットが、いかに共存しながら**「共生社会」**を築いていけるのかという、具体的な試みが現実になされようとしています。

AIとロボットが、すべてのコミュニティーを**「管理し統治」**する時代が、間違いなく近未来に訪れます。

もし、ＡＩに間違いが生じたら、人類はＡＩとロボットに管理され支配される時代が、訪れるかもしれません。

すなわち、今の若者たちが、ＡＩ革命とロボット革命という、新たな先端技術の革命によって、**「人間が人間を必要としない時代」**が近未来に訪れることを、無意識の中に自然と感じ取っているので、**「無気力かつ無欲」**になっていく、大きな要因かつ原因にもなっています。

人間が人間を必要としない時代が、到来するわけですから、当然、**「少子高齢化社会」**になっていく、「理由と根拠」もここにあります。

このことの検証と証明は、後ほど全編を通じて詳しく解説させていただきます。楽しみにしていてください。

未来ある若者たちに、将来の夢と希望を与えうる、本書であることを確信しております。

宇場　稔

第1章

人生の存在目的と存在価値

死線を越えたところに、人生の共通目的がある

皆さんは、ご両親や学校の先生、会社の上司や誰かに、人生の存在目的と存在価値について教わったことがありますでしょうか？

宗教団体に尋ねてみれば、念仏や御経、先祖供養や布教、伝道、お布施などを教わり、宗教活動や布教活動や選挙活動を強要されるのが関の山です。

私たちの身の回りを見渡してみると、目的もなくただ存在しているものは、何一つとしてありません。すべてのものがそれぞれに存在する**「目的」**があって、それぞれが存在する**「意味と意義」**を見出して、それぞれが**「価値」**を創造するように方向付けて存在しています。

もし、そのように理解できないとしたら、それは単なる人間の傲慢なエゴイズム（自己中心）とナルシシズム（自己満足）に他なりません。

人生の目標は、それぞれの個性に従って、それぞれに存在しています。しかし、どういうわけか人類の共通の目的となると、誰も見出してはいないのが現実です。

超一流のプロ野球の選手であっても、一生涯にわたって野球をやり続けることはできません。いつか、バットとグローブを手放して、新たな人生を生きなければならない時が必ず訪れます。

目標は、一人ひとりの「個性」の**自己実現**であり、目的は、人類共通の「本性」の**自己完結**で

す。

故に、**「目標は自己実現であり目的は自己完結」**しなくてはいけない、これが人類の共通の存在目的となります。

「真の自己完結」につきましては、最後の方で詳しく説明させていただきます。

しかし、これまでの人類の歴史に於いて、宇宙の中で地球星人として存在する目的や、人生に於ける地球星人の共通の目的に対する、個々の役割や責任については一切、誰からも言及されていません。

私たちはなぜ、金星人でもなく、火星人でもなく、木星人でもなく、土星人でもなく、地球星人の一つの生命体として生まれてきたのでしょうか。

何を目的に今を生きるべきなのかなど、真の存在するべき目的がない人生に対して、一体、何の意味と意義を見出して、生きていったら良いのでしょうか。

地球星人は、現世利益の場当たり的な目標のためだけに人生が終始して、富士山の頂上がわからず、青木ヶ原の樹海を彷徨《さまよ》っているような生き方をしているのと同じです。

一人ひとりの現世での自己実現のための目標はあったとしても、共通の宿命として訪れる、死線を越えたところに、当然、存在して然るべき、人類が自己完結すべき共通の目的がないのです。否《いな》、自己実現の目標すら存在していないのかもしれません。

人生の存在目的と存在価値を見出せないまま、共存、共栄、共生という言葉だけが独り歩きして、調和と秩序の欠落した社会構造が、歴史の中に連綿と織りなされています。

私たちは、無目的で、生きるために生きても、まったく意味と意義がありません。何故ならば、必ず死ぬからです。死にゆく宿命にあって、この世の財産や地位や名誉を築いても、脳の破壊と共に、すべてが失われていく宿命にあるからです。

死なずとも認知症になった瞬間に、すべて築いた価値観そのものが、生きながらにして失われていきます。

ここで皆さんにお聞きしますが、お母さんは自分でしょうか？　お父さんは自分でしょうか？　そうです、お母さんもお父さんも、自分ではありません。間違いなく**「他人」**なのです。他人の精子と他人の卵子が結合して作られた存在が、皆さんの**「肉体」**なのです。肉体は紛れもない他人であり、そのことは**「厳然たる事実」**です。

では一体、自分といえる存在は何なのでしょうか。そうです。それは唯一、**「魂」**そのものなのです。ですから、他人である肉体と別れなければならない、**「死別」**という宿命の時が必ず訪れることになります。

ここで、現世で生きながらにして、死という状況と死後の世界を、垣間見ることができる方法を、少し紹介しましょう。

これから僕が言うことに従って、ゆっくりとじっくり想像しながら、瞑想してみてください。よろしいでしょうか。

「あなたは、目が見えません。何も見えません。耳も聞こえません。何も聞こえません。臭いもしません。味もしません。だんだん肉体が溶けて空中に消えていきます。触る感覚もありません。すべての肉体の感覚を失いました」。その状況を少し瞑想してみてください。

あなたは生きながらにして、一体、あなたには、何が残っていると、お思いでしょうか。

そうです。そこに存在しているのは、あなたの**「生命」**と、あなた自身の**「意識」**または、わかりやすく言うと**「情動」**だけです。

これが現世で肉体を失った時の状況と状態です。

ですから、私たちは、**「情動」（心や魂）**を育てて、成熟していくように生きることです。

もし、あなたが肉体感覚によって、不快な感情に陥った時は、この瞑想法を思い出して実践してみてください。

自分が自分自身に向き合っていくと、不思議と人のことなんかどうでもよくなって、自然と平常心に立ち返ることができます。

「生命」と**「意識」**については、第8章以降で、誰にでもわかりやすく解説しますので、楽しみにしていてください。

生きるには生きるなりの目的があって、それなりの意味と意義が存在していて、そのための価値が創造されていくようになっているからです。

人間の最も愚かなことは、人生に於ける存在目的と意味と意義と存在価値を見出していないことだと思います。

子宮生活は地球生活のための準備期間

私たちが地球生活をする前は、どこにいたかといいますと、お母さんのお腹の中にいました。お母さんのお腹を通過しないで、この世に生まれ出てきた人は誰もいません。イエスはマリアのお腹から生まれ、釈迦はマーヤのお腹から生まれました。

では、子宮生活の40週という期間は、何を目的としていたのでしょうか。

結論です。子宮生活の40週の目的は、唯一、地球生活をするための準備期間です。

目を作り、鼻を作り、口を作り、耳を作り、五臓六腑、四肢末端に至るまで、子宮の中で作られはしますが、すべて子宮では必要のないものばかりです。

子宮の胎盤からへその緒《お》を通して、酸素をもらい栄養をもらって、母親の子宮という環境の中で完全に「依存」して育ってきます。

母親が堕胎を決意したら、子供は生まれてくることができません。

子宮生活の準備期間である40週が、地球生活をするための胎児にとって、人格形成と肉体形成をするために、とても重要な場所であり環境でもあります。

胎児にとっての子宮生活は、心と体の屋台骨と骨組みを形成する、重要な準備期間であることがよく理解できます。

世間一般の親は、子供は生まれてから育てるものと理解しているようですが、それではすでに手遅れです。

バクテリアから人類に至るまで、すべての地球内生物に於ける進化の道先案内人は、共通の遺伝子DNAです。

DNAはアデニンとシトシンとグアニンとチミンという四つの塩基からなり、すべての地球内生物は、この四つのDNA内の塩基から構成された遺伝情報によって存在しています。

では、人間の肉体進化は何時するのかといいますと、母親の卵子が父親の精子を受精した瞬間は、原始生命体であるバクテリアやウイルスのような、単細胞生物の状態から細胞分裂が始まります。

単細胞から一気に細胞分裂が始まり、38億年の進化の歴史を、DNAの記憶回路に従って、細胞分裂を繰り返し、わずか2か月足らずで父親と母親の遺伝情報まで到達します。

その時に、遺伝子DNAの進化過程に於ける、構造配列の最後の一列に、**「受胎降臨」**した胎児の意思によって、新たな遺伝情報が書き加えられます。

新たな胎児の意思に基づいて、**「上書き保存の法則」**に従って、胎児の意思に構造配列が配列転換して、遺伝子の組み替えがなされ、胎児の肉体としての肉体進化がなされます。

この根拠と証明は、後ほど（47ページ〜）誰でも理解できるように、詳しく解説させていただきます。

肉体進化のメカニズムは、地球生活に於ける環境適合のデータを基盤にしてなされてきました。肉体の設計図であるDNAの基盤は、**女性のミトコンドリアDNA**にだけ書き込まれ、すべて母親の「子の宮」である子宮という胎中環境で、遺伝子の構造転換がなされ、書き換えられていきます。

肉体進化は誰がするのかといいますと、母親と胎児の個性と意思に基づいて、進化が方向付けられ、「胎児の意思」と「母親の個性」に従って、胎児の遺伝情報に書き換えられ、「上書き保存の法則」によって肉体を進化させ、現世の人類にまで到達することができました。

故に、同じ両親のDNAから生まれた兄弟であっても、顔かたちや性格がすべて異なっているのは、この理由と根拠からです。

肉体進化は自然環境や社会環境などの地球環境に於ける、単なる環境適合だけで機械的かつ物理的にDNAの組み換えがなされているわけではありません。

もし、同じ地球の環境下で、すべての生物が等しく肉体進化を遂げていくとしたら、地球内にはこんなにも多種多様な生物が存在するはずがありません。

遺伝子DNAは地球内生物の共通分母であり、鳥と人間の違いは何処にあるかといいますと、共通分母の上に乗っている分子である、**「個性に基づく意思」**に進化の違いが現れます。

鳥は空を飛びたいという強烈な意思と個性に従って、鳥へと進化を遂げてきたのです。

そういう意味に於いて、自力で空を飛ぶ昆虫から鳥までの地球内生物は、空を飛ぶという強烈な**「意思力」**に於いては、人間よりも遥かに強く、**「信念」**も遥かに上回っていることになります。

肉体進化はどのようにするのか

肉体進化はどのようにするのかといいますと、母子共に相互互助による、共存、共栄、共生、共育という生命体の、子宮内コラボレーションによって、遺伝情報の書き換えを完結して肉体進化を遂げていきます。

胎児の人格形成と肉体形成は、夫婦の愛の心情と生活心情に基づいた、母親の心霊状態に於ける子宮環境によって、胎児の性質が霊質改善され、それと同時に遺伝子の組み換えによって、胎児の体質改善がなされていきます。

妊娠と子宮生活という摩訶不思議な生命の営みの中で、慈悲と慈愛による父母の愛によって子宮生活を過ごした胎児は、人格に最も必要とされる愛の要素と、肉体に最も必要とされるＤＮＡの組み換えがなされていきます。

ですから、精神的にも肉体的にも安定した人生を送ることが、可能になる準備が整っていきます。

しかし、この反対の場合、父母の愛を受けていない、人格的にも成熟していない、まして、自立もできていない若い男女が、社会の何たるかもわからず妊娠していきます。

その結果、毎日、愛を要求し合って、不快な感情で罵倒し合い、非難しあって、夫婦喧嘩が絶えず、未分化な性衝動の淫乱《いんらん》の下で、母親の劣悪《れつあく》かつ醜悪《しゅうあく》な胎内環境によって、悲惨な子宮生活を過ごさざるを得なくなっていきます。

そのような胎児は、絶えず父親の暴力に怯《おび》え、母親の劣悪な感情の一部始終を感じ取りながら、精神的には、悲惨かつ苦痛な胎中環境の中で、人格破壊がなされていきます。

その結果が、非行や登校拒否やイジメ、家庭内暴力、引きこもり、ニートなどになっていく元《げん》凶《きょう》にもなっていきます。

母親がマタニティーブルーや妊娠うつに陥り、自己嫌悪と自己否定による、自傷行為や自虐行為や自壊行為が、胎児の人格を著しく傷つけていきます。

そのような胎児は地球生活に於いて、絶えず被害者意識の不快な感情に苛まれて、対人拒否や引きこもり、精神障害などによって、劣悪かつ醜悪な人生の環境を、自分自身で作り出すようになっていきます。

子供の悪い心癖の規範と元凶は、母親の心情基盤である、子宮生活に於ける、胎中環境によって築かれていきます。

出生後の環境で人格形成史が決まる

子宮内で母親と生命共有体であった胎児が、子宮から生み出され、へその緒を切られた瞬間に、母体離脱して一人の独立した生命体としての人格形成史が始まります。

どんな人でも生まれてくる時は、地位や名誉や財産に関係なく、人種や宗教や思想の違いも関係なく、平等に裸で生まれてきます。

死に逝く時は皆、人生の生き様に関係なく、現世利益で得た地位も名誉も財物も、脳の記憶と共にすべて失い、肉体すら焼かれて土に還ります。アルツハイマー型認知症に陥れば、生きている間に脳の記憶と共にすべてを失います。

しかし、この世に生まれた後に、待ち受ける環境は異なっていて、どのような国に生まれ、どのような民族に生まれ、どのような両親に生まれたかで、地球生活に於ける人格形成史は著しく異なります。

例えば、日本で生まれた人格形成と北朝鮮で生まれた人格形成では、余りにも国家的な環境が違いすぎますので、人格形成は大きく異なります。

日本民族として生まれたのと、アラブ民族として生まれたのでは、宗教の違いによっても大きく異なります。

愛に満たされた家庭に生まれたのと、劣悪な心貧しい家庭に生まれたのでは、現世の天国と地獄の如く違って、人格形成史に著しく違いが生じます。

このように出生後に迎えられた環境によって、地球生活に於ける人格形成史に大きな影響を与えることになります。

進化の原動力は向上心

地球生活に於いて目的もなく、80年〜90年間も生きる必要性が一体、何処にあるのでしょうか。子宮生活に於ける40週でさえ地球生活をする目的のためにあったわけですから、当然、地球生活に存在目的と存在価値がないとしたら、地球生活そのものの意味と意義を失うことになります。

死んでしまったらすべてが終わりとか、死んだらすべてがなくなると言う人がいますが、本当にすべてが**「無」**に帰すのであるならば、**「進化」**の目的は一体、何処にあるのでしょうか。

ここで興味深い話を一つしておきましょう。

かつて91歳の戦争体験者が終戦記念日に語った内容です。彼は、南洋の島で米軍と白兵戦を繰り返していたそうです。

その時、彼は無我夢中で一心不乱に銃を撃ち続けていたそうです。しかし、カチッという音と共に、弾が切れてしまいました。隣の戦友から弾を分けてもらおうと思って、横を向いたら戦友は、すでに血まみれになっていて、何の返答もありません。

あたり一帯を見回してみると、ほとんどの戦友たちが行き倒れています。弾も尽き、いよいよ、自分の命も尽きるのかと覚悟を決めたそうです。

ところが、死に直面した瞬間、フッとある思いが一瞬、湧き上がってきたそうです。

「俺は、いよいよ死を迎えるけど、お父さんとお母さんに対して、親孝行をしてきただろうか？……」と、自分自身に問いかけたそうです。

「いやいや、親不孝ばかりはしてきたけど、一度として親孝行らしいことはした覚えがない」と思った瞬間、両親に申し訳なくて、このままでは死ねないと、涙が溢れてきたそうです。

死を受け入れられない苦悶と葛藤の中で、また、フッと思いが湧いてきて、「そうだ、俺は親不孝な息子だったけど、今、国家国民のために死んでいけるのであれば、それで善いではないか」と思ったら、無条件で死を受け入れる、平安な気持ちになったそうです。

その直後に、後頭部に銃口が突き付けられ、すでに背後は米兵に取り囲まれて、捕虜となって数年後に無事に帰国したそうです。

最後に、インタビュアーが、「どうしてその時は、そんな気持ちになれたのですか？」と尋ねたところ、彼は、「わかりません」と答えてインタビューは終了しました。

死を目の前にして、親不孝のままでは死ねないと思った彼が、国家国民のためなら死ねると、死を受け入れた心情の変化は、何を示唆しているのでしょうか。

死に直面した時に、**「本性」**が出ると言われますが、人間の本性は何なのでしょうか。

人間の本性は、一言で言って、**「向上心や公徳心」**にあるのではないでしょうか。

個人的には親不孝な人間でも、家族のため、氏族のため、民族のため、国のため、世界のためといったように、より次元の高い公儀のために貢献することに、ある種の生き甲斐や達成感などを持つように、本性の中に仕組まれているのではないでしょうか。

この公的な貢献に対する向上心や公徳心が、進化というプロセスの原動力になってきたと思います。

一言でいえば、愛の次元をより高く、大きくしていく動機と行動が、進化に方向付けていくのではないかと思います。

死の先に新たな受け皿がないとしたら、死を直前にして向上心によって、死を受け入れる意識にはならないと思います。

死んですべてが無に帰すとしたら、バクテリアで死んでも、ゴキブリで死んでも、人間として死んでも、最終的に等しく無に完結するわけですから、進化というプロセスは何の意味も意義も持たなくなり、進化の歴史そのものが否定されることになります。

無に帰す生命自体が、存在目的と存在価値を失いますから、バクテリアという原始生命体の誕生そのものも無意味であり無意義になります。

このことにつきましては、後ほど詳しく解説させていただきます。

地球生活は宇宙生活のための準備期間

地球生活の目的と価値は一体、何処にあるのかといいますと、頭上高く見上げると、そこには神韻縹渺《しんいんひょうびょう》（神業としか思えない言わくいいがたい趣《おもむき》）たる大宇宙というものが、厳然たる事実として存在しています。

子宮生活も地球生活も荒唐無稽《こうとうむけい》な存在ではなく、厳然たる事実として存在しています。

宇宙が厳然たる事実として存在している以上、地球生活の目的は、地球を超越した存在である宇宙生活のためにあるということになります。

すなわち、地球生活の次の段階として**「宇宙生活」**があるということになります。

地球生活の存在目的は、死線を越えたところにある、宇宙生活をするための準備期間として唯一存在しています。

地球生活の存在がなければ、子宮生活という準備のための環境と、40週という時間軸は必要がなくなります。

宇宙生活の存在がなければ、地球生活という準備のための環境と、80年~90年という時間軸の必要性はまったくありません。

しかし、胎児が子宮で地球生活を理解して過ごしていたわけではなく、当然、私たちも宇宙生活を理解して過ごしているわけではありません。

よく聞かれることに、「あの世に行ってこの世に帰ってきた人はいないから」という人がいますが、この世に生まれて子宮に帰った人もいません。

私たちは、常に**「未知の世界」**に突き進んでいます。

このことにつきましては、後ほど（180ページ~）自由法則の内容で、詳しく説明させていただきます。

地球生活の目的は唯一、宇宙生活をするための準備期間であり、その目的以外の何ものでもないことを、宇宙はすでに示唆しています。

霊界に行くための準備は、肉体の死を迎えた時点で、終了したことになりますので、葬式を行う意味と意義は、死者の霊にはまったく関係のないことになります。

「死人のことは死人のみに任せなさい」と言われる所以《ゆえん》です。

この地上に生きている者たちの慰めと、死者と別れるケジメや負債に対する覚悟と清算のために、一つの区切りとして行う自己満足のための形骸化した行事です。

では、宇宙生活をするための準備として、地球生活に於いて、一体、何を準備したらよいのでしょうか。

それは、宇宙生活をするという目的観に徹して、高次元の向上心に基づいた、**「愛の理想の人格」**を準備することです。

地球生活の環境は多様かつ複雑化していますので、人間にとって最も影響がある、基本的な「愛の人格形成」の基礎となる、環境と経験について言及します。

人生の共通目的である愛の理想的な家庭とは

◆理想が理想のままでなく現実となるために

地球生活に於いて、最も大きく人格形成に影響を与える環境は、生い立ちに基づく家庭環境にあります。

人格形成に於いて、最も愛の向上心を身に付けるために、必要かつ重要な「愛の素材」となる要素は、子宮生活と同様に「父母の愛」によって形成されるからです。

それは親と子という、愛と喜びの感情の通路によって拓かれ、生命そのものが原因と結果に於いて直結しているからです。

よく僕の言っていることは、理想論であり荒唐無稽な話だという人がいます。一体、理想とは何によって定義されるのでしょうか。

それは低い次元の意識のものが、高い次元の存在を見たり聞いたりして、それを理解し認識して、把握できた時に、人はそれを理想といいます。

アリやゴキブリの意識の次元でチンパンジーの次元を思い図ることができたら、それは、まさしくアリやゴキブリにとっては理想の実体そのものになります。

チンパンジーの意識の次元で人間の次元を思い図ることができたら、それも、まさしくチンパンジーにとっては素晴らしい理想であり目標となります。

では、人間の意識の次元で、人間の次元を図ったら、それは同じ次元ですから、理想ではなく当たり前の存在になります。

基本的には、次元の低いものが、次元の高いものを、理解することはできないし、認識することもできません。まして、把握することすらできないようになっています。

真逆に、次元の高いものが、次元の低いものを理解し認識して、把握することはできるようになっています。

すなわち、低い次元のものにとっては、高い次元の存在は、すべて荒唐無稽の存在であり、意味不明の存在になってしまいます。

ですから、これから僕が語ることは、僕にとっては至極当然のことであり、決して、理想論を語っているつもりもありませんし、当たり前のことを、当たり前に語っているだけですので、決して理想論とは思わないでください。

これから紹介する内容は、僕のライフワークそのものだからです。

理想を理想論のままにしていたら、それは単なる**「空想遊びか妄想」**になってしまいます。

理想が現実になるように、向上心と自助努力によって、より良いものに進化してきたのが、歴史そのものだと、僕は理解しております。

また、僕は基本的に、正直かつ率直に**「歯に衣《きぬ》を着せぬ物言い」**をしますが、その理由は、事実は事実として**「保障」**してこそ、真実が真実として**「保証」**されると、理解しているからです。

ですから、決して、**「辛辣《しんらつ》」**な言葉や表現だとは思わないでください。辛辣な言動は悪意を持ってなされることです。

僕は正しく理解して欲しいとの思いで、善意で**「諫言《かんげん》」**させていただくつもりですので、ご理解をよろしくお願い致します。諫言とは、僕のような目下の者が、目上の者に対してあえて進言することです。

そのことを理解していただいて、次に話を進めていきましょう。

◆子供たちに理想的な夫婦の姿を見せる

夫婦の地球生活の目的が、宇宙生活をするためという、共通の意味と意義のために存在して、そこに唯一の価値があることを理解しているとします。

自由な愛に基づいて、理想的な喜びを感情の通路として拓きながら、**「愛の理想の家庭」**を築いていくことを**「目的」**としていたら、こんな家庭を築いていくことでしょう。

夫は妻のために生きたい。妻の喜ぶ姿を見たい。妻にとって尊敬される夫になっているだろうか。誇れる夫になっているだろうか。理想の夫として、理想の男性として、妻の目に心に映っているだろうか。

私はあなたの喜びのために存在しています。と言い切れるような生き方ができているだろうか。妻がどうした、こうしたかの問題ではありません。自分が妻にとって理想の夫として、理想の男性として、そのような姿かたちになっているかが夫にとって、最大の関心事であり、人生の目的そのものであれば善いのです。

私が、私は、という主語のある生き方を通して、自己統合性を確立して、人生の存在目的に対して明確な、コンセプトとポリシーとアイデンティティーを、妻に対して行使する生き方ができて、理想の夫として自己完結していくことが、最も重要なことになります。

当然、妻も夫のために生きたい。夫の喜ぶ姿を見たい。夫にとって尊敬される妻になっているだろうか。誇れる妻になっているだろうか。理想の妻として、理想の女性として、夫の目に心に映っているだろうか。

このように**「夫婦が二人三脚」**で、共通の人生の目的と価値のために、愛を共有して、共に慈しみ合い、愛し合い、理解し合い、認め合い、育み合う、**「愛の理想の夫婦」**を形成していきます。

その姿かたちを、ロール・モデル（お手本）として、子供たちに親の愛の姿かたちとして見せることによって、子供は理想的な愛と喜びの中で人格形成をすることができます。

子供に対して夫は父親としての役割と責任を完結するために、愛の理想のロール・モデルとして、成熟していかなければいけません。

すなわち、父親としての理想像として、子供たちの目に心に、背の姿が映っているかが、極めて重要なことになります。息子であれば将来、僕はお父さんのような理想の父親として、理想の男性として、愛の理想の人格者に成熟していきたい。

娘であれば将来、私はお父さんみたいな人と結婚したい。と思えるような愛の理想の父親の姿として、理想の男性として責任を負っているかが、極めて重要な生き方となります。

特に父親は陰陽の法則によって、女の子に大きな影響を与え、女の子は父性の愛によって女性と男性に於ける、陰陽の人格的バランスを身に付けていき、将来の結婚する男性の基本的なロール・モデルとしてのボーダーラインが、父親像によって形成されるからです。

当然、母親も陰陽の法則から男の子に大きな影響を与えます。

以上のことは、決して理想論でも荒唐無稽なことでもなく、一人ひとりの愛の動機と自助努力で実現可能なことだからです。

もし、できない理由があるとしたら、もっと**「本質的な別の原因」**があるからです。

このことにつきましては、後ほど（107ページ〜）詳しく検証し解説させていただきます。

人生の無目的で無責任かつ無秩序な家庭とは

◆女の子は父性の愛が、男の子は母性の愛が欠落すると人格障害を引き起こす

お父さんみたいな人とは結婚したくないと思って、親から逃げるように結婚してみたら、お父さんとそっくりだったと嘆く女性たちの話をよく聞きます。

それぞれの人格形成史は、それぞれの両親や家庭によって基礎付けられて、それぞれの家庭環境を無意識に経験することで、それぞれが善くも悪くも、心癖として自然に身に付けていきます。

自分が経験して身に付けた心癖の範疇《はんちゅう》で、同じような心癖の人たちとしか、出会えないという**「群れの法則」**です。

簡単に言いますと、水と油は混じり合うことはないが、油と油、水と水のように同次元のものは混じり合う現象です。

よく「子供は親の言うことは聞かないが、親がやったことはやる」とか「類は友を呼ぶ」、「似た者同士」などと表現されているのは、この法則に基づいています。

「群れの法則」につきましては、後ほど（71ページ〜）詳しく解説させていただきます。

故に、父親と類似した男性か、相似的な男性としか、引き合うことも、出会うこともなく、別次元の人と引き合って、付き合ってもすぐに別れて、結婚することはありません。

人生の無目的な父親に育てられた娘は、必然的に**「父性の愛の欠落症候群」**に陥っていきます。

女の子は父性の愛が欠落すると、女性と男性の陰陽の人格的バランスが崩壊して、「性の偏差障害」に陥って、性の統合障害や性の同一障害などが発症しやすくなります。

性の偏差障害とは、家庭環境に於ける、人格形成史に於いて、母性の愛と父性の愛が、男の子と女の子では、明らかに違っていることで発症する障害です。

同じ兄弟姉妹であっても、差別的な虐待や過剰な躾《しつけ》や過干渉によって、父母に対する「愛の減少感や喪失感」によって、家族そのものに対する「嫌悪感や否定感や不信感」による人格破壊に陥っていく人格障害をいいます。

性の偏差障害については、性格や性質に大きな影響を与える重要な障害ですので、次のページで詳しく解説します。

愛の欠落した夫婦に育った、女の子の「悪い心癖」が、他人に向けて父性の愛を求めて、父親と同年代の男性に援助交際と称して、「愛の欲求感」による**「未分化な性衝動」**によって、性の淪落《りんらく》した淫行《いんこう》へと陥っていきます。

その結果、セックスフレンドと称して、不特定多数の男性と性的な交渉を行ったり、非行グループに身を寄せたりして、性的な欲望に任せて淫乱生活へと堕落していきます。

やがて性の論落したセックス依存症に陥り、それ以上の快楽を求めて違法薬物に手を出して、自己破壊から自己破滅に転落することになります。

親に対する恨みや怒りが自らに鬱積して、うつ病になるか、パニック症や起立性調節障害や人格破壊などの精神障害に陥るか、引きこもるか、リストカットや拒食症、過食症、薬物依存症などといった自傷行為や自虐行為などの精神障害に陥っていきます。

当然、人生の無目的な母親に育った男の子は、必然的に**「母性の愛の欠落症候群」**に陥っていますので、人格的なバランスを崩していますから、性の偏差障害に陥り、それに伴う「未分化な性衝動」による、性の論落や性的な欲望に支配され、闘争的かつ暴力的な性格を呈するようになります。

その結果、暴走族や非行グループに身を置き、やがて異常な性犯罪や暴力的な犯罪行為などへと社会現象化する傾向を、顕著に示すようになっていきます。

◆子供の人格形成のために子宮環境を整えることが母親の役割と責任

このように社会悪の元凶は、人生に対する無目的な夫婦と、親子の人格形成史に於ける、「性の偏差的な障害」に起因する「性の偏差的な行動」に他なりません。

特に、子宮生活は地球生活の大切な準備期間ですから、母親が人生の目的と意味や意義を理解して、そのための価値観に徹して、愛の心情的かつ心霊的な胎中環境を、胎児に提供しているのかで決定します。

すなわち、母親の**「心のかたち」**である、人格形状が**「慈愛の心」**なのか、**「邪悪な心」**なのかで、子供の心癖が善くも悪くも、すべて決定していくということです。

「邪悪な心」とは、基本的に**「愛されたい」**という、非合理的なエゴイズム（自己中心）とナルシシズム（自己満足）の**「欲」**のことをいいます。

「慈愛の心」とは、基本的に**「愛したい」**という合理的な慈悲と慈愛の**「愛」**のことをいいます。

子供たちの人格形成のために子宮環境を整えて、最高の環境を提供してあげることが、母親としての極めて重要な役割と責任になります。

男性は精子を植え付けることはできても、胎内で生命体を宿すことも育むことも、まして生み出すことすらできませんから、母なる宇宙とか母なる海、母なる大地、母国、母校などといわれるように、生命を生み出し育てるものには、母が象徴的に付けられています。

母親が人生の目的と愛の本質を理解して、子供は「母子一体」である子宮生活の期間に、「篤《とく》志《し》の人格」と「仁徳《じんとく》の心霊」を育てるべきだと示唆しているように思います。

この世に生まれたら自由な個性に従って、子供の人生を送れるようにサポートしてあげることの寛容さが必要です。

絶対、子供の将来のために、良かれと思って、子供の自由を奪う**「良かれ虐待」**に陥らないことが肝要です。

子宮生活よりも地球生活が自由な理由

子宮生活は地球生活のための準備期間であり、地球生活は宇宙生活のための準備期間であるという、根拠と事実を検証して証明していきましょう。

重要なことは、子宮生活と地球生活の生活環境に於ける、場所の大きさと時間軸の長さに対する変化とその理由についてです。

胎児の子宮生活に於ける時間軸は、約40週で極めて短く、場所の広さは最大で約0・003㎥という、極めて狭い不自由な環境を経験しながら、生まれてきたという紛れもない事実です。

地球生活の時間軸は約80年～90年で、子宮生活よりも格段に長くなり、場所の広さは、と言いますと、地表面積が1億5000万㎢、海洋面積が3億6000万㎢、地球の全表面積は5億1000万㎢になり、子宮生活よりも遥かに自由を経験することになったという事実です。

すなわち、子宮生活は母親の胎中に、完全に依存しているため、極めて不自由な環境を経験してきました。

胎児の命の綱であるへその緒を切って、母体離脱した瞬間から、完全に依存から解放され自立

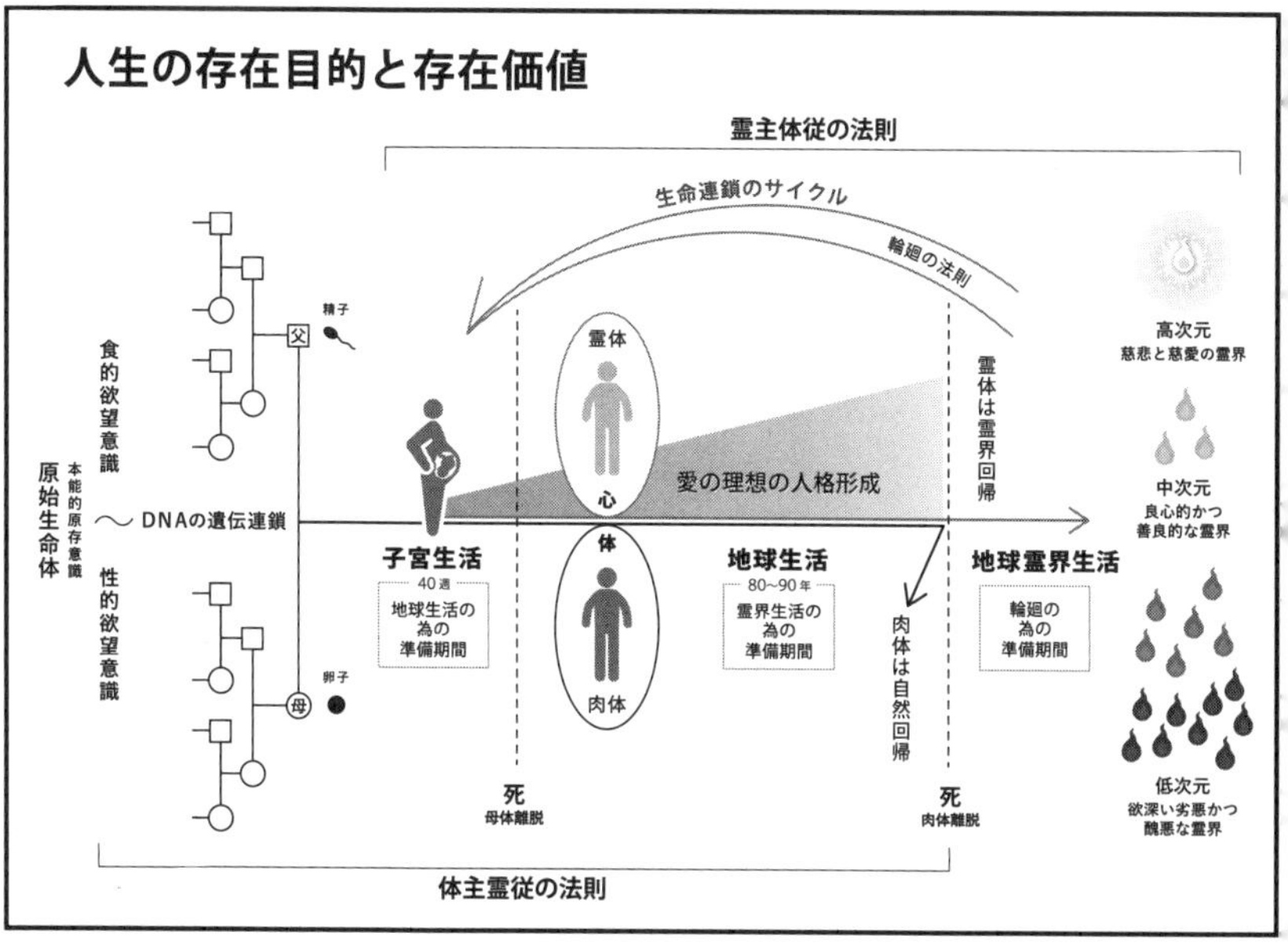

して、呼吸から捕食などの生命活動は、自分でするようになった分だけ自由になりました。

依存度が高ければ不自由度が増し、自立度が高ければ自由度が広がります。

依存と不自由のメカニズムと、自立と自由のメカニズムは、宇宙の方向性を示唆しているように思います。

宇宙はさらに広い空間になりそうですから、さらなる自立を私たちに、示唆しているのではないでしょうか。

第2章

宇宙意識場と地球意識場

地球意識場の呪縛と支配

宇宙と私たちの意識には、肉体による余りにも大きな距離と壁が存在していて、**距離観による距離感**によって、大きな隔たりがあり、**分離観による分離感**によって、大きな壁が存在していて、宇宙とは何の関係もない生き方をしています。

宇宙を意識して生きている人と、宇宙をまったく意識しないで生きている人の違いは、どこにあるのでしょうか。

それは一言でいって、宇宙が存在している真の目的と意味と意義を、まったく理解していない価値観に対する無知によって齎《もたら》されています。まさしく、**「無知は死の影」**です。

愛することとは理解することです。理解することとは納得することです。納得することとは受け入れるということです。理解が深まれば深まるほど、愛の情動が啓発され、宇宙を無条件で愛し受容することができます。

宇宙を理解し納得して、愛すれば愛するほど、知れば知るほど、宇宙はそれ以上に近づいてきて、近くて近い存在となり、やがて、宇宙そのものが当たり前の存在になります。

すなわち、宇宙を**「知的に理解」**しても意味も意義もありません。宇宙は**「霊的に理解」**してこそ意味と意義があります。

人間は死ぬことがわかっていても、目先のことで、生きるためにしか生きていませんから、死後のことなど、理解できないことや納得のいかないことには、まったく関心も興味も持ちません。

宇宙のメカニズムやシステムを理解すればするほど、納得が深くなればなるほど、近くて近しい存在となって、何時しか分離感と距離感が消滅して、宇宙に対する信念と確信へと意識が転換されていきます。

このことにつきましては、全編にわたって、誰でもが理解し納得できるように解説しますので、楽しみにしていてください。

実は、「意識の場」の中には大きく分けて、**「宇宙意識場」**と**「地球意識場」**があります。

宇宙意識場の中には、宇宙物質界と宇宙霊界が存在し、地球意識場の中には、地球物質界と地球霊界が存在しています。

地球星人は宇宙意識場の中で存在しているわけではなく、地球意識場のカテゴリーの中で飼い慣らされて、地球癖と人間癖で存在していますので、地球意識場という檻《おり》の範疇から出ることが、極めて困難になっています。

地球意識場から創り出されたものには、地球物質界と地球霊界があって、地球物質界も地球霊界も、肉体も霊体も地球意識場の範疇の中にだけ存在して、輪廻の法則に従って、物質界と霊界を行ったり来たりしています。

先ほども、お話ししたように、同じ人間でありながら意識の発動や使い方には、あまりにも大きな違いがあります。

例えば、常に不快な感情である不平、不満、不足、妬《ねた》み、嫉妬《しっと》、謗《そし》り、批判、評価、悪口、蔑《さげす》み、差別、軽蔑、血気、怒気、不安、恐怖などに、意識を使っている人なのか、それとも何事にも「ありのままを無条件で全面的に感謝と喜びで受容する」ように意識を使っている人なのかの違いです。

すなわち、率直に言って、「慈愛の心」の人と、「邪悪な心」の人との違いです。

このことにつきましても、後ほど（92ページ〜、187ページ〜）詳しく説明させていただきます。

では、この違いは何から由来しているのでしょうか。

霊性次元が一人ひとりの意識を決定する

それは、一人ひとりの霊格形成史と人格形成史に於ける環境と経験に基づく、愛の次元と恨みの次元の質と量によって基礎づけられ決定しています。

霊格形成史は前世（現世に来る前の霊界）での環境と経験によって、築き上げた**「霊格（魂の性質）」**の次元に由来し、人格形成史は子宮生活から現世の今に至るまでの環境と経験によって、築き上げた**「人格（心の性格）」**の次元に由来しています。この霊格（性質）と人格（性格）を統合したものを、**「霊性」**といいます。

霊性が意識を基礎づけていますので、霊性によって基礎づけられた意識を**「霊性意識体」**といいます。霊性の良い心癖と悪い心癖の違いが、意識の発動や使い方に、大きな違いを生じさせる原因になっています。

すなわち、**「霊性が意識の乗り物」**となって、霊性の次元が意識をさまざまなところに運んでいきます。霊性の次元を、**「霊性次元」**といいます。

霊性の次元の低い人は、低い次元の意識しか発動しませんので、宗教依存している人たちは、宗教団体で群れを造り、共産主義者は社会主義団体で群れを造り、社会逃避した人たちは、ホームレス村で群れを造り、暴力を好む人たちは、暴力団で群を造り、それぞれの霊性次元に従って、極めて次元の低い、劣悪かつ醜悪な世界で存在しています。

霊性の次元の高い人は、高い次元の意識を発動させて、聖人は聖人なりの人たちと、義人は義人なりの人たちと、高い次元の世界で**「自立」**して存在しています。

「群れの法則」とは、理解しやすく言及しますと、健全な人は、健全な生き方を望み、健全な人間関係を形成しながら、健全な家庭や社会を創造しようと集まります。

不健全な人は、不健全な生き方を好み、不健全な人間関係を形成しながら、不健全な場所を好み、不健全な生き方をしようと集まります。

必然的に、健全なものは善いものと結集して、不健全なものは悪いものと結集していきます。

それぞれが霊性の次元に相対しながら、それぞれの意識に呼応して、**「群れの法則」**に従って、それぞれが最終的に善くも悪くも**「自己責任」**を負っていくことになります。


霊性の次元は、**「愛と恨みの質と量の次元」**によって決定づけられています。

すなわち、**「愛の質的次元」**が高くなればなるほど、**「自由の量的次元」**が広がります。

愛は「人格の象徴」であり、自由は「意識の象徴」です。

「愛の質的次元」と「自由の量的次元」につきましては、後ほど詳しく解説させていただきます。楽しみにしていてください。


鉱物と植物と動物と霊物の決定的な違いは、霊性の次元と意識のスピード（揺らぎの波動）と自由度にあります。

鉱物の霊性の次元は、極めて低く、意識のスピードと自由度の次元が低いために、変化への対応や自分で動くことすらできません。

植物の霊性の次元は少し高くなり、意識のスピードと自由度の次元はやや高くなって、成長することはできても、活動や移動することまではできません。

動物の霊性の次元はもう少し高くなって、意識のスピードと自由度の次元も上がって、成長することも、活動や移動することもできるようになります。

霊物の霊性の次元はさらに高くなり、意識のスピードと自由度は肉体の桎梏《しっこく》（手かせ足かせ）

と、地球物質界の桎梏から解放された分だけ、格段に速くなり自由になっています。

地球物質界に於いて、肉体の桎梏に飼い慣らされた人間の意識は、霊性の次元が低く、意識のスピード（揺らぎの波動）と自由度があまりにも劣っています。

ですから、重力場の移動や活動は当然のことながら、物事の解決や結論または結果を導き出すのに、多大な時間と労力を必要とします。

このように揺らぎの波動が小さくなり、微細になればなるほどスピードとエネルギーが増加し大きくなっていきます。

怨《うら》みの次元が劣悪かつ醜悪になればなるほど、自分で居場所を狭くしていき、犯罪者たちのように投獄されて、さらに不自由な人生を強要されることになります。

揺らぎと波動につきましては、後ほど（２４９ページ～）詳しく解説いたします。

肉体という桎梏のモビルスーツ

愛の次元は霊的な性稟《せいひん》に基礎づけられ、霊的な性稟は霊格形成史と人格形成史に於いて、いかに愛に基づいて「霊的な知性と理性」を、身に付けてきたかで決定します。

「霊的な無知」に陥っている人は、肉眼の３６０ナノメーターから８３０ナノメーターという、極めて狭い可視光線の範囲で、近視眼的な物の見方しかできません。

心や魂といった霊性意識体の次元の低い人は、目に見えるモノしか認めないし、そこにしか価値観が持てないので、「知的な知性と理性」を鍛えることで、競争原理を勝ち抜いていこうとします。

人間の最も愚かなことは、人間が作り出せるものや、作り出したものに価値があると思っているところです。

地位や名誉や財産は、人間が人間を差別化するために作り出した、人間のみに通用する究極の**「エゴイズムとナルシシズム」**の価値観です。

知的な知性と理性に基づく、競争原理に従って、優劣に対する欲望を中心に、学歴至上主義や成果主義や経済至上主義、勝者主導主義、官僚支配主義などの地位欲、名誉欲、財物欲など、極めて唯物的な目先の価値観でしか生きていけません。

「知的な知性と理性」と、「霊的な知性と理性」の違いは、どのようなことでしょうか。

知的知性と知的理性であるＩＱ（Intelligence Quotient 頭脳の指数）を鍛えた人たちとは、わかりやすく一言でいいますと、人の心模様や心情を理解するのに、具体的な**「言葉」**を、コミュニケーション・ツール（情報伝達の手段）として、論理的に使うことでしか、相手の気持ちが理解できない人たちです。

言葉のロジックでしか、目に見えない人の心や気持ちが、わからない人たちです。

霊的知性と霊的理性であるＥＱ（Emotional Quotient 心の指数）の高い人とは、人の心や心情を理解するのに、何も言葉で表現しなくても、エモーション・コンタクト（情動交流）だけで、以心伝心の如く阿吽《あうん》の呼吸で、相手の気持ちが手に取るように理解できる人たちです。

すなわち、目に見えない人の心や気持ちを、手に取るように理解できる、愛のキャパシティが大きく、読唇術ならぬ**「読心術」**に優れたＥＱの高い人たちです。

ですから、知的な知性と理性を頼りに生きている人たちは、視覚、聴覚、嗅覚、味覚、触覚である肉体の五感、**「フィジカル・フィーリング（Physical Feeling 肉体感覚）」**を頼りに生きていくしかありません。

味覚を頼りにしたところで、毎日、美味しいものを食べ続けたら、必ず飽きがきて、最後には嫌いになってしまいます。

どんなに美しい妻だからといって、見慣れたら当たり前の人になってしまいます。好きな音楽も毎日、聞いていたら耳障りになるだけです。好きな香水もしばらくすると香りがわからなくなります。

このように肉体感覚であるフィジカル・フィーリングは一過性のものであって、持続可能性はないということが理解できます。何故ならば、肉体の「生」そのものに限界があって、「死」は必ず訪れる宿命ですから、肉体感覚も脳の破壊と共に消えていきます。

すべての人が、人生の目的と価値を見出すことなく、肉体感覚に飼い慣らされて、肉体の欲望が方向付ける意思に従って、**「仕事としての人生」**が終わっていくのです。

仕事とは、**「仕方なく事を成す」**から仕事といいます。また、肉体の欲望に霊性意識体が奴隷の如く、**「仕える事」**を仕事といいます。

ですから、人間は仕方なく生きて、仕方なく死んでいきます。

人生の目的もない、意味も意義も見出せない、価値も創造できないのであれば、当然といえば当然のことかもしれません。

肉体の欲望が方向付ける意思を、**「邪心」**と言います。霊性の愛が方向付ける意思を、**「本心」**と言います。人間は邪心を優位に働かせて、死んですべてを失うことがわかっていても、現世利益のために人生を送っています。

肉体の欲望が方向付ける意思に従って、性欲や食欲などの「肉体の快楽」を求めていく心癖を、総称して**「邪悪な心」**といいます。

人間は愛に基づいた、意識の**「真の自由」**の使い方を知らないので、肉体の欲望に従属しながら、競争原理に従って優劣の差別化を図るために、不自由と不快な感情に意識を使っています。

このように肉体の欲望に支配され、肉体という桎梏《しっこく》のモビルスーツを着たような意識を、**「肉性意識体」**といいます。

物理的な環境に飼い慣らされた肉性意識体によって、すべてが「依存と支配と不自由」の方向へと方向付けられています。

このことにつきましても、後ほど（79ページ〜）、よく理解できるように解説させていただきます。

人間は物の怪としての生涯に終始

この生き方はバクテリアの時代から38億年、何も変わっていません。バクテリアは活動のためのエネルギーを得るために、捕食活動に勤《いそ》しみ、種族の保存のために生殖活動に励み、すべての生物は、生きるための食的欲望意識と、種族を保存するための性的欲望意識の支配に従っています。

食的欲望意識と性的欲望意識は、原始生命体であるバクテリアからの宿命ともいえる原初の欲望意識ですから、この欲望意識を、**「本能的原存意識」**といいます。

人類の食的欲望意識は**「財物欲」**に変遷《へんせん》していき、性的欲望意識は種の保存と版図《はんと》の拡大のために、支配力を強化するように方向付けられ、競争原理に従って**「地位欲と名誉欲」**に変遷していきました。

このように基本的に、本能の欲望を変えずに踏襲してきている欲望意識を、**「本能的残存意識」**といいます。

アリはアリの道を巣穴からエサ場まで、一列になって行ったり来たり、ゴキブリはゴキブリの道を巣穴からエサ場まで、一列になって行ったり来たり、獣は獣の道を巣穴からエサ場まで行ったり来たり、人間は人間の道を家庭から職場まで、上下線を一列になって行ったり来たりしています。

このように、姿かたちは違っても、地球内生物は同じDNAの欲望意識に支配されて、食べることと種族の保存のために、仕事としての生涯が終わっていきます。

人間は万物の霊長とはいえ、**「霊物」**ではなく肉体の欲望に支配され、**「もののけ」**の如く、**「物の化」**となって、まさしく**「物の怪」**として生涯が終わり、やがて骨となり灰となって没していきます。

人間は歴史を通して肉体の五感に支配され、物理的な環境によって飼い慣らされて、創られた世界の枠組みで、フィジカル・フィーリング（物理的感覚）のみを、筋力として鍛え上げてきました。

フィジカル・フィーリング（Physical Feeling 肉体感覚）とスピリチュアル・エモーション（Spiritual Emotion 霊的情動）の違いは、何かと言いますと、一言でいえば、肉体の欲望に基づく有形の快楽と、霊体の愛に基づく無形の快楽の違いと言えます。

現世利益は欲望の対価

「恨みの次元」を基礎づけているものは何でしょう。それは「お父さん、お母さんから受けられなかった愛に対する恨み」に基礎づけられています。愛に対する**「恨みは欲望」**に特化されます。欲望は肉体的な性稟《せいひん》である肉性意識体に基礎づけられていきます。

肉体的な性稟とは、人間の頭脳が作り出した煩悩に従って、知的な知性と理性によって基礎づけられ、唯物論的な欲望に特化されて、さらに強化されていきます。

少数の知識のある者が搾取する側に立って、多数の無知なる者が搾取される側にいることで、歴史を通して今も尚、白日の下に晒《さら》されています。

地位や名誉や財産は、人間が人間を差別化するために作り出した、人間のみに通用する究極の**「エゴイズムとナルシシズム」**の価値観です。

僅《わず》かな富裕層の強欲なマイノリティー（少数派）が、貧困層のマジョリティー（多数派）を世界的に作り出しています。

故に、愛の恨みが欲望に特化され、欲望が支配側に立つための知識を身に付けて、搾取する側と搾取される側との差別化を創り出し、やがて傲慢になって、自己破壊と自己破滅の道をひた進み、極めて劣悪かつ醜悪な死後の世界へと突き進んでいきます。

このように現世利益と霊世利益は真逆のベクトルに方向付けられておりますので、現世利益の価値観と霊世利益の価値観も、真逆に方向付けられています。

「金持ちが天国に入るには、ラクダが針の穴を通るより難しい」、「この世にあって偉大な者は、あの世にあって最も卑しき小さい者となるであろう」という所以です。

お金持ちは財物欲があるから、財産家になっているのです。地位のある人は地位欲があるから、その地位にいるのです。名誉のある人は名誉欲があるから、その名誉職に就いているのです。決して尊敬できるような立派な人たちではなく、その人たちの心霊に内在している、人並み外れた強烈な**「欲望意識」**による対価として顕在化しているのです。

初めと終わりは、その人の意識のみに、原因と結果が一致しているという、宇宙の法則があるから間違いありません。

このことにつきましては、後ほど（320ページ〜）詳しく検証して解説させていただきます。

私たちは、この世の勝利者になるのではなく、あの世の勝利者になれば善いのです。

ただし、地位や名誉や財産があることが問題ではなく、「ゼロの法則」に基づいて、現世利益の欲を、霊世利益の愛がわずかな揺らぎで上回った、バランス感覚によって、常に高みの向上心で「世界に貢献」して、霊性進化に方向付けているのであれば、一切、問題はありません。

故に、問題があるとしたならば、人生の存在目的である地球生命体を卒業して、宇宙生命体に進化するという、確固たる確信と信念がないことが、最も重大な問題なのです。

現世利益の欲望のみで生きることは、霊性退化を招くことによって、霊界生活は真逆に現象化して、悲惨な末路の結果が、霊界で待っていることになるからです。

このことにつきましては、後ほど（370ページ～）誰でも納得できるように、詳しく解説させていただきます。楽しみにしていてください。

AI革命と人類の終焉時代

◆人間は自らが作り出したものに管理され支配される

最近、AI（人工知能）の開発と、ロボット技術の発展と、AI兵器の技術開発が、中国とロシアを中心にものすごい勢いで進んでいます。

特に、ゲーム・チェンジャー技術の開発は、目を見張る勢いで進化しています。

興味のある方は、ゲーム・チェンジャー技術について、スマホなどで調べてみてください。

AI革命の近未来に対するグランドデザインとロードマップは、次のように描かれています。

人間は、利便性と合法性で人間が作り出したものによって、必ず、人間が管理され、やがて支配されるように、宿命付けられているということです。

言葉は誰が作ったかと言いますと、それぞれの部族が、コミュニケーションと統率を図るために部族語を作り、同じ目的のために民族が民族語を作り、国が国語を作りました。

このように、人間は言葉によって、管理され統率されるようになりました。

時間は誰が作ったかと言いますと、太陽の昇降で一日と定め、月の満ち欠けで一か月と定め、それに伴って使い勝手良く、年と時間と分と秒を作りました。

このように、人間は生活のすべてが、時間によって管理され支配されています。

数字は誰が作ったかと言いますと、物々交換などに有効な手段として、人間の損得に基づく欲望が、合理的に数字を作りました。

このように、今や健康指数や経済指数から、コンピューターの頭脳も心臓も、数字計算に基づく、アルゴリズムという算定方式によって作られています。コンピューターの生データはすべて数字です。

ＣＴ画像もＭＲＩ画像もＰＥＴ画像も、すべての画素は数字で作られています。

ですから、人間ドクターが目視で画像診断するよりも、ＡＩドクターは、「画像の素《もと》」となる数字の段階で、すでにデータ診断が可能になります。

血液検査に於いても、血液の総合的なビッグデータによって、正確かつ統合的な診断が可能になります。

最先端の宇宙工学から、一般の生活次元に至るまで、数字に依存して管理され、知らず知らずに無意識のまま支配されています。

ここでＡＩの近未来に関する興味深い、実験の一例を紹介しておきましょう。

アメリカの最大手である有名なＩＴ企業が、興味深い実験を試みました。

それは次のようなものでした。まずは、ＡＩと人間で一対一のイエスとノーの問答を行い、ＡＩはすべて正確に答えを出したそうです。

次に行ったのは、嘘による騙《だま》し合いを試してみたそうです。

結果は、あっさりとＡＩに騙されてしまいました。これでは、囲碁も将棋もチェスも、ＡＩに人間が勝てないのは当たり前です。

次の実験は、とても興味深いものです。

今度は一台のＡＩと不特定多数の人たちと会話をさせてみたところ、ＡＩが不特定多数の人たちから学習してデータベースに集積した情報は、一体何であったかと言うと、なんとファックユーとかキルユーとかダイ（馬鹿野郎、殺すぞ、死ね）といった、人間の深層心理の中にある、被害者意識に基づく怒りや怨みである不快な感情を、そのまま学習したそうです。

近い将来には、うそ発見器よりも正確に深層心理を把握して、読み取ることが可能になり、冤罪も画期的になくなっていくことでしょう。

最も興味深い実験は次の実験でした。

今度はＡＩとＡＩに、一対一での会話をさせたところ、なんとまったく人間には理解も解析もできない、意味不明の言葉を作り出して、ＡＩ同士が勝手に会話を始めたことです。

これには、さすがに恐れおののいて、倫理観と道徳観に従って、実験を停止せざるを得なかったそうです。

倫理観や道徳観があれば、ブレーキも歯止めも効きますが、私利私欲の国や企業が暴走したら、その先に見える世界は火を見るより明らかです。

AI革命によるロボット技術の開発によって、遅かれ早かれ「人間が人間を必要としない」時代が、近未来に確実に訪れます。

それ以上の脅威は、世界と宇宙の覇権争いを巡って、AI兵器の開発が、超大国の間でしのぎを削って、激しく行われていることです。

このことにつきましては、後ほど（326ページ〜）わかりやすく解説させていただきます。

◆ホモ・コスモロジーに進化せざるを得ないTPOを迎えている

経済依存による労働支配からの解放で、人間のやっていたことは、AIとロボットに取って代わられ、将来的には、労働者の現行の職業は自然と失われていき、最終的に今のままでは、社会そのものも崩壊してなくなっていきます。

人間が生きるために負担となっていたことが、すべてAIロボットがやるようになったら、貨幣制度は自然と崩壊し、経済至上主義による経済格差は消えてなくなります。

そのようになったら、大富豪たちの富は世界中に細分配され、本当の意味で平等な世界が実現します。

そのためには、パラダイム・レボリューションを一日も早く成し遂げて、大富豪と金持ちたちが、人生の目的と意味と意義を知って、「金持ちが天国に入るにはラクダが針の穴を通るより難しい」という哲学と価値観に立たなくてはいけません。

そうすれば、平和裏《へいわり》に世界の平和が構築されていきますが、大富豪たちが欲望に支配された場合は、ロシア革命のような社会主義革命により、クーデターや暴動による暴力によって、悲惨な終焉を迎えることになります。

今、世界の大国による覇権競争は、最先端のＡＩ技術が、軍事産業とＡＩ兵器の開発に、莫大な資金が投資されていることです。

その最先端技術はトップシークレットで行われていて、「宇宙の覇権競争」にまで及んでいて、最高機密として高度の開発が、ものすごいスピードで進められていることです。

人間が間違いを起こすことがあるように、ＡＩも誤作動を起こす可能性は否定できません。

ですから、人類が積極的に向上心を持って、向かっていかなければならない分野は、心とか精神といった、人生の本来の目的である、死後の世界に行くための準備へと、必然的に向かわざるを得なくなります。

故に、現世利益の成果は欲望の対価といっても過言ではありません。真逆に霊世利益の成果は愛の対価といえます。

ですから、AIとロボットが人類を超えた以上、人類は近未来に必ず、AIとロボットに管理され支配される時代を迎えます。

2020年の2月に、新型コロナウイルスの感染が、世界的に問題になった現象は、何を示唆していたのでしょうか。

人類の進化の歴史を振り返ってみると、必ず、戦争や革命などの歴史の転換期に、コレラやチフスやペスト、天然痘、スペイン風邪などの感染症が、同時に大流行して、その時代の帝国や王朝や国などが、ウイルスや細菌などの感染症によって崩壊していき、その後、新たな文化や文明の社会や国が創り出されていきました。

今、まさにAI革命による文明と文化の大転換の始まりが、象徴的に社会現象として顕在化した現象と言えます。

その証拠に、新型コロナウイルスの感染によって、必然的かつ現実的に**「AIに管理」**された、テレワークやリモートワークなどの在宅によるオンラインワーキング、オンライン教育、オンラインショッピング、オンライン医療などが急速に**「普及」**して、オンラインによる管理社会が、具体的に現実化していく近未来の入り口を、誰でも理解できるように現象化してくれました。

これからは、多くの人たちが箱モノと言われる、会社のオフィスビルや学校の校舎や病院の施設などの建物に出向く**「不経済な時代」**は、社会から無条件で消えていくことになります。

すでに、すべての生活インフラをAIが管理して、医療や介護や福祉までが、AIとロボットによって管理され運用されていく、**「スマートシティ構想」**が、富士山の麓で現実化していく時代を迎えています。

スマートシティ全体をＡＩが管理して、人間とＡＩとロボットが、いかに共存しながら**「共生社会」**を築いていけるのかという、試みが現実になされようとしています。

ＡＩとロボットが、すべてのコミュニティーを**「管理し統治」**する時代が間近に訪れます。

もし、ＡＩに間違いが生じたら、人類はＡＩとロボットに管理され支配される時代が、訪れるかもしれません。

否、今のままの人類の霊性次元であったら、その時が訪れる可能性の方が、大いにあると思わざるを得ません。

我々、人類は間違いなくホモ・サピエンス（知的生命体）からホモ・フィロソフィカル（哲学的生命体）に進化を遂げて、さらにホモ・コスモロジー（宇宙論的生命体）に進化しなければならないＴＰＯを確実に迎えています。

パラダイムシフトと霊性進化

◆眠りは死の疑似体験――「質の高い眠り」と「質の低い眠り」

人間はいかなるメカニズムによって進化を遂げてきたのでしょうか。進化していくための原動力は、先ほど申しましたように、「向上心」による霊性の進化に委ねられています。

霊性進化していくためには、肉体の欲望の元凶である本能的原存意識（食欲と性欲）を削ぎ落として、本能的残存意識に極力、支配されない自助努力が重要な要因になります。

精神的な文化が主体となって、科学的な文明がその都度、その都度、開化して進化してきた事実を、歴史がすでに証明しています。

もし、親兄弟が殺し合うような戦国時代の武将たちに、現代兵器の核爆弾を渡したらすぐに使うことは必至であり、それは誰でも容易に想像がつきます。

現代にあっても、精神文化の低い宗教国家や思想国家は、文明の普及率が低く、人権差別や男女差別、経済格差、貧困による闘争が、絶えることなく世界中で顕著に現象化しています。

霊性が主体で肉性が対象になって従属していく、宇宙の法則を、**「霊主体従の法則」**といいます。

しかし、人間社会は、肉体の欲望に支配されていますので、**「体主霊従の法則」**に従って、個人も家庭も社会も国も世界も、欲望という**「邪心」**によって創られています。

では、ここで弁証法によって、霊主体従の法則に基づく霊性意識体と、体主霊従の法則に基づく肉性意識体について検証し証明しておきましょう。

僕は**「眠りの哲学」**を提唱していて、眠りは**「死の疑似体験」**ですと言っています。

私たちは一日のうち約三分の一は眠っています。一生涯の内、約三分の一は眠っていることになります。

何故、眠りにそれだけの時間を割いて、眠りは毎日、訪れるのでしょうか。それは、眠りというのは、一日を一生として、一日の向上心の成果を眠りという「死の疑似体験」を通して、魂が死後の霊界に行くための準備として、毎日、霊界に上書き保存して届けているからです。

ここで重要なことは、霊界に行くとは言っても、この世の物理的な距離感や分離感の慣習で、霊界がどこか別のところにあると思いがちですが、そうではありません。

霊界は自分自身の魂である霊体の中に存在するのです。このことについては後ほど、誰でも理解できて納得いくように解説しますので、楽しみにしていてください。

ですから、強度のストレスやうつ病などの精神障害を患っている人たちは、魂が未来不安や恐怖などに支配されて、不快な感情によるネガティブな人生が多いために、なかなか眠りに就くことができません。たとえ睡眠薬で眠ったとしても、レム睡眠のように眠りが浅く、奇妙な夢ばかり見て、すぐに目覚めてしまいます。

このように低次元の眠りは、極めて現世的で低次元の奇怪な夢ばかりを見ます。

精神的に安定して、一日の愛の成果が多くあると、魂は満足感や達成感によって、高次元の霊界に行くため、深い眠りに就くことができます。

すなわち、眠りは一日の向上心の愛の成果によって決まり、質の高い眠りは高い次元の霊界に行き、質の低い眠りは低次元の劣悪かつ醜悪な霊界に行きます。

ですから、深いノンレム睡眠に入ることによって、夢などは一切、見ることがありません。

この理由から、私たちは目が覚めて覚醒している時は、肉体の痛みや痒みなどを感じることができます。しかし、就寝して眠っている時は、まったく痛みや痒みなどは感じていません。

肉性と霊性の中間位置に意識が存在していて、意識は肉性にも霊性にも、どちらにも自由かつ平等に属することができます。

意識は、目が覚めて覚醒している時は、体主霊従の法則に基づいて、肉性に支配されて肉性意識体として存在し、就寝して眠っている時は、霊主体従の法則に基づいて、霊性に統治されて霊性意識体として存在しています。

ですから、一日が一生という向上心の成果の総決算として、一日を振り返り感謝と喜びで毎日、**「質の高い眠り」**に就くことを心掛けることが、霊界に行くための準備として、最も重要なことになります。

何故ならば、死の瞬間に上書き保存の法則に従って、行くべき霊界の霊層次元と場所が決定するからです。

そのために日々、善い心癖を身に付けて、質の高い眠りを習慣づけて、死という宿命の一瞬に備えることが、最も大切なことになります。

すなわち、眠りは霊性意識体が肉体から離脱している状態であり、深い眠りほど高い次元の霊界に行っていることになります。

まさに**「死」**はすべての人に平等に訪れる宿命です。

◆瞑想によって死を疑似体験する

もう一度、死に向き合ってみましょう。

これから僕が言うことに従って、ゆっくりとじっくり想像しながら、瞑想してみてください。よろしいでしょうか。

「あなたは、目が見えません。耳も聞こえません。臭いもしません。味もしません。触る感覚もありません。すべての肉体の感覚を失いました。その状況を少し瞑想してみてください」

あなたは生きながらにして、一体、あなたには、何が残っていると、お思いでしょうか。

そうです。そこに存在しているのは、あなたの**「生命」**と、あなた自身の霊体の**「情動」**だけです。

これが現世で肉体を失った時の状況と状態です。

死が平等に訪れるということは、生命も平等に存在することになります。

しかし、喜びや悲しみ、愛や怨みなどの「情動」は、それぞれがそれぞれに違っています。

ですから、私たちは、**「情動」（心や魂）**を育てて、成熟させていくように生きることです。

◆なぜ霊主体従でなければならないのか

どうして誰でも平等に訪れる「死」に対して、一人ひとりの「不安や恐怖」に、個人差が生じるのでしょうか。

それは、一人ひとりに内在している**「慈愛の心」**なのか**「邪悪な心」**なのか、という違いによって決定しています。

このことにつきましては、重要なことですので、後ほど（187ページ〜）、誰でも理解し納得できるように、詳しく解説させていただきます。

質の高い眠りの真逆で、うつ病やパニック症、不安神経症などの睡眠障害に陥っている場合のように、浅い眠りほど変な夢や奇妙な夢、不快な夢などをよく見るようになります。

ですから、眠りが深くノンレム睡眠の状態は、霊性意識体として存在し、意識が肉性に従属していませんので、肉体感覚は存在しなくなります。

例えば、手術の時に笑気《しょうき》ガスなどを使って、全身麻酔を行います。麻酔が効いている間は、究極のノンレム睡眠の状態にありますので、メスなどを体に入れても痛みはまったく感じません。

しかし、麻酔が切れていくにしたがって、意識が肉性に従属するごとに、肉体感覚は覚醒していき、徐々に痛みを強く感じるようになります。

すなわち、死後の世界には肉体感覚は一切、持ち込めないようになっていますので、肉体的な快楽に溺れないことです。

「ゼロの法則」から言いますと、本来、私たちは霊界に行く準備をしているわけですから、霊性に統合され統治された意識体、すなわち、霊性意識体を主体に生きなくてはいけません。

しかし、他人である肉性が主体となって、他人である肉体に支配された意識体として、必然的に昼間は活動する肉性意識体になっています。

意識が肉性に支配されると、不自由による不快な感情が生じるようになり、必然的に低次元の人格が形成されるようになります。

意識が自分である霊性に統治されると、感謝と喜びの感情が生じるようになり、必然的に高次元の人格が形成されるようになります。

故に、高次元の霊性進化を遂げていくことによって、成熟した精神文化が出現し、高い科学文明へと進歩を遂げていき、成熟した文明社会が出現していきます。

精神文化が科学文明を基礎付けていますので、**スピリチュアル・エモーション（Spiritual Emotion 霊的情動、霊的情感）**を主体にフィジカル・フィーリングを対象に、発想のパラダイムの転換を図る時が、ＡＩ革命によって世界的に訪れていくように思います。

受動的な愛と能動的な愛

◆善い心癖も悪い心癖も発動するのは自分の意識

肉体の欲望に支配されないように生きていくためには、人生に対する目的観を徹底的に確立して、霊性意識体の愛に統治されたスピリチュアル・エモーションを高い次元に拓いていかなくてはなりません。

そのためには、愛を主体として、すべてを私と相対化し、喜びを感情の通路として高い次元に拓いていくことです。

すべてを相対化するとは、関わるものすべてに対して、「もし、私だったらどうして欲しい」のかを、自分自身に尋ね求めて、愛に基づいて関わる姿勢です。

すなわち、すべてが私の意識の中にあって、私の意識が善いも悪いも初めにあって、その善し悪しを結果として私の意識が認識していますので、初めも終わりも、私の意識が原因であり、私の意識が結果だからです。

故に、意識は常に私の中心にあって、善い心癖を発動するのも、悪い心癖を発動するのも、私の自由意志であり、善くも悪くも私の意識のみに一致していて、自己責任原則の範疇にあることを理解することです。

その理解に至っていないので、すべての存在が自分自身であるという自己認識ができずに、関わるモノとの分離感と距離感によって、ありとあらゆる不快な感情や葛藤と摩擦を、自分自身の中に派生することになります。

その結果、あの人が悪い、この人が悪い、その人が悪いといって、自分が作り出した不快な感情によって、自分自身の心や魂を傷つけていく自傷行為に陥っていきます。

あの人、この人、その人は、あなたの意識の中に存在しているのであって、あの人、この人、その人は何処にも存在していません。

人間は自分の勝手な都合で、他人が変わることを、当然の如く求めますが、自分が他人のために変わることは、かたくなに拒絶する傾向があります。

不快な感情によって自傷行為に陥らないために、「愛の本質」を、よく理解することが重要です。

◆愛されたいのか、愛したいのか

私は、**「愛されたい」**人なのか、それとも**「愛したい」**人なのか、という動機と行動の峻別《しゅんべつ》がなされているのかが、重要なことになります。

他人に愛されることを、いくら望んでも、愛してくれるか、愛してくれないかは、他人が決めることであり、他人しだいの他人ごとですから、他人任せの極めて曖昧で不確かなことです。

世の中の大半の人は、「私は、他人から認めてもらいたい、人に理解されたい、人から愛されたい、人から優しくされたい、人から良い評価を得たい」などの、熾烈《しれつ》な他者評価獲得競争に晒されて、知らずに世間体や人の目、人の口を気にする、**「良い子症候群」**に陥って、知らずに「悪い心癖」を身に付けていきます。

愛されたい人に限って、不快な感情を多く持っていて、寂しがりやで依存心が強い人です。認めてもらいたい人ほど、偽善と欺瞞《ぎまん》と虚偽《きょぎ》で生きようとします。評価して欲しい人に限って、人を軽蔑して差別化したがります。理解されたい人ほど、人を無視して認めない傾向にあります。

例えば、社会の基本構造を形成する過程に於いて、競争原理に従って、学歴至上主義や成果主義や経済至上主義、勝者主導主義、官僚支配主義などが、他者評価獲得競争を現象化した最たる悪い例です。

しかし、その「真逆」paradoxに、「私は、人を認めたい、人を理解したい、人を愛したい、人に優しくしたい、人を正しく評価したい」という行為は、人には関係なく自分自身の自由意志に基づいて、自己決定と自助努力でできることです。

ですから、曖昧さもなく確実に、感情統治しながら自己管理して、自己責任に於いて**「自己完結」**していくことができます。

◆「欲」は人に求めていく行為、「愛」は人に与えていく行為

不確かで曖昧な他人に愛されることを望むより、自分自身が人を愛する自助努力をした方が、確実に不快な感情を回避することができます。

人間は、人間が人間を差別化するために、作り出した「地位や名誉や財産」を得ることが、人から愛されることであり、認めてもらえることであり、評価されることだと思っている価値観に、大きな勘違いと、大きな間違いがあります。

ですから、イジメなどによって、無視されることや阻害されること、批判されること、批評されることには、敏感に反応し過剰に気遣います。

イジメをする人は、心の貧しさや心の劣悪さ、心の醜悪さ、心の卑しさが、その人自身にあるからイジメをするのです。

故に、その人の悪い心癖に、すべての原因性と問題性があるのですから、その人たちと付き合ってあげる必要も、関わってあげる理由も必要もまったくありません。「他人のことは他人のみに任せなさい」といわれる所以です。

本当の価値は、人を愛することや人を理解すること、人を認めて評価してあげる心の広さや心の豊かさにあるのであって、その人の善い心癖に本当の真価があるからです。

愛することは、たとえ、愛する人がこの世を去っていなくなっても、永遠に愛し続けることが可能だからです。

愛されることには限界がありますが、愛することには限界がありません。

一言でいって、「人に求めていく行為を**「欲」**といい、人に与えていく行為を**「愛」**といいます」。

この欲がさまざまなものに特化されて、財物欲であったり、地位欲であったり、名誉欲であったりします。

◆「受動的な愛」はそのものの立場に立つ

愛には大きく分けて、**「受動的な愛と能動的な愛」**があります。

「受動的な愛」とは、すべてに相対化して、そのものの立場に立つということです。すなわち、すべてを愛するということです。愛するとは理解することです。理解するということは、許すということです。許すということは、自らが許されることにより、自分が自分自身に対して納得して、受け入れるということです。

例えば、あなたが食事だとします。不味《まず》いまずいと言われて、食べられたらいかがでしょうか。そんな人には二度と食べて欲しくない、とは思いませんか？　逆に、美味しいおいしいと言って感謝と喜びで食べてくれたら、食事としてこんなに嬉しいことはありません。

一つ一つの食材を理解して、作ってくれた人の思いに寄り添って、感謝と喜びで食べることができたら、食事自体に存在目的と意味と意義を見出して、お互いに存在する価値を創造することができます。

鉱物のような無機質といわれる無生物であっても、植物や動物のような有機質である有生物であっても、すべてが意識の現れとして存在していますから、存在するモノの意識を、私の意識と同じように理解して関わることが、「受動的な愛」の基本的な姿勢となります。

「受動的な愛」に対する基本的な姿勢は、すべてのものに対して、当たり前の存在だと思わないことです。

人間は、当たり前の存在や、お金が掛からないものには、一切、興味も関心もなければ、まして感謝もしない傾向があります。

人間は植物や動物の品種改良はできても、新たな生物を作り出すことさえできません。

例えば、太陽や光や空気がなければ、数秒として生きていくことができません。

普段、当たり前だと思っている、電気やガスや水道が、災害などで途絶えたら、強烈なストレスに見舞われ、不快な感情に陥っていくことは必至です。

人間の最も愚かなことは、人間が作り出せるものや、作り出したものに価値があると思っているところです。

地位や名誉や財産は、人間が人間を差別化するために作り出した、人間のみに通用する究極の「**エゴイズムとナルシシズム**」の価値観です。

人間は平等に存在するものには、興味も関心も、まして価値観すら持ちません。

人間は人間が作り出した目先の価値観に支配され、一生涯そのための価値観に終始して、人生が虚しく終わっていきます。

もし、あなたが砂漠のど真ん中で彷徨って、たった一人で熱中症に陥って、意識がもうろうとしている時に、億兆万円の小切手と、一本のペットボトルの水が、目の前に現れたとします。

どちらか一つしか選択することができないとしたら、あなたはどちらを選択しますか？

人間が作り出すことができない、有って当たり前の存在にこそ、**「偉大な価値」**があることを人間は理解していません。

どんなに大金持ちであっても、月一つ買えません。月よりも太陽、太陽があるから宇宙があるのではありません。宇宙が存在しているから、太陽もさまざまな惑星や恒星が存在しているのです。宇宙ほど偉大な存在はありません。

もしなかったら、失ったらという思いになって、すべての当たり前の存在に、愛を持って想いを尽くし、心を尽くして、感謝と喜びで関わるべきです。

◆自分の意識は自由ゆえに宇宙につながっている

では、「能動的な愛」とはいかなるものでしょうか？

一言でいえば、「自分自身が愛の理想実体」になっているかということです。

他人に自分のことを愛して欲しい、自分の存在を認めて欲しい、自分のことを評価して欲しい、自分のことを理解して欲しい、自分に優しくして欲しいなどと、一方的に愛を求めるのではなく、真逆に他人を愛する行動を積極的に実践していくことです。

例えば、夫婦であるならば、お互いが尊敬し合えるような、お互いが慈しみ合えるような、お互いが愛し合えるような、お互いが育み合えるような、お互いが理解し合えるような、愛の理想の夫婦になることに、最大の自助努力をお互いが傾注し合うことです。

愛の理想実体とは、「受動的な愛」を「能動的な愛」に特化して、愛する動機と行動を積極的に実践していくことです。

すべてのモノや人に対して存在価値を付与する義務と責任が、万物の霊長たる人間にはあります。それでなければ「霊的な長」としては失格です。

霊的知性と霊的理性は、愛の本質を理解して霊性を成熟させながら、**「私の意識は自由なるもの」**故に、善くも悪くも私の内なる意識に、宇宙は繋《つな》がっていることを認識していくことです。

意識につきましては、後ほど（226ページ〜）詳しく解説させていただきます。楽しみにしていてください。

また、次のページの図解を少し頭の中に入れておいてください。後ほど、誰でも理解できるように、詳しく解説いたしますので、楽しみにしていてください。

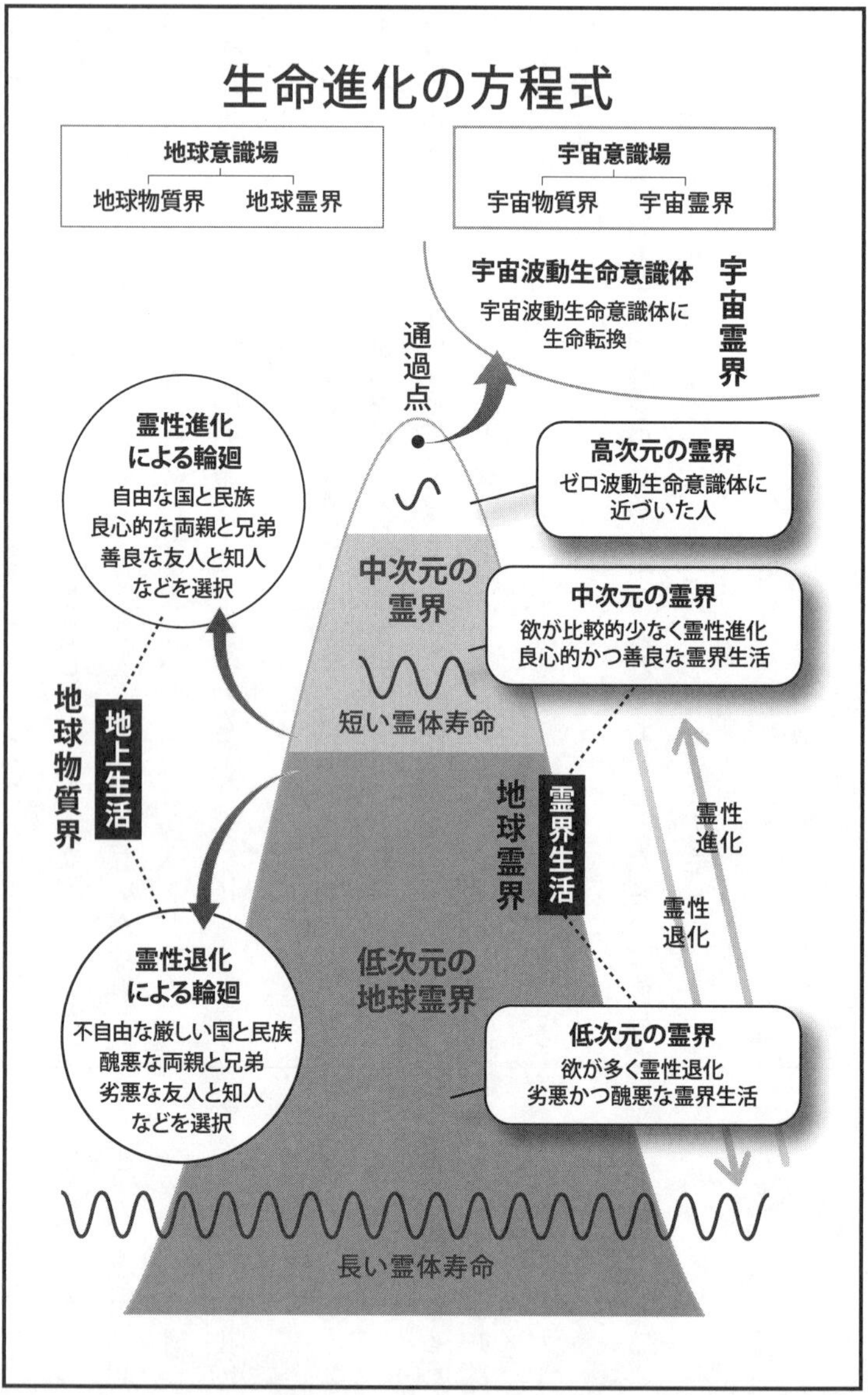
生命進化の方程式
地球意識場
地球物質界
地球霊界
宇宙意識場
宇宙物質界
宇宙霊界
宇宙波動生命意識体
宇宙波動生命意識体に
生命転換
宇宙霊界
通過点
霊性進化
による輪廻
自由な国と民族
良心的な両親と兄弟
善良な友人と知人
などを選択
高次元の霊界
ゼロ波動生命意識体に
近づいた人
中次元の
霊界
中次元の霊界
欲が比較的少なく霊性進化
良心的かつ善良な霊界生活
短い霊体寿命
地球物質界
地上生活
地球霊界
霊界生活
霊性
進化
霊性
退化
霊性退化
による輪廻
不自由な厳しい国と民族
醜悪な両親と兄弟
劣悪な友人と知人
などを選択
低次元の
地球霊界
低次元の霊界
欲が多く霊性退化
劣悪かつ醜悪な霊界生活
長い霊体寿命

第3章

地球は贖罪のための牢獄星

地球は牢獄の惑星

地球生活は唯一、宇宙生活をするための準備期間です。宇宙生活をする準備が、地球星人の唯一の存在目的であり、そのために人生の意味と意義を見出しながら、死後の世界の存在価値を創造することです。

このような至極当然であり、当たり前のことが、理解できないとしたら、それ以前に、何か別の根本的な目的が、地球星に存在しているはずです。

私たちは、誰でも一度は考えたことがある、極めて素朴な、**「何故」**という疑問には何一つ答えられていません。

何故、私はこんな広い宇宙があるのに、地球に住んでいるのかしら、何故、私はイギリスではなく日本に住んでいるのかしら、何故、この人が私のお父さんで、あの人が私のお母さんなのかしら。

何故、この人たちが兄弟なのかしら、何故、私は女性として生まれ、僕は男性として生まれてきたのか。などといった素朴な疑問には、歴史を通して、誰一人として何一つ答えてこなかったという事実です。

私たちは肉体を身に着けているが故に、空気に依存しなければ、生きることができません。

しかし、空気が作り出す大気圏によって、重力の場の中に封緘《ふうかん》され、重力の圧力支配により不自由を強いられています。無重力の空間に存在できたら、なんと楽なことでしょう。

酸素に依存して酸化現象により老化していき、やがて病気になり死んでいきます。酸素に依存して**「酸素」**によって破壊されていく、何とも稀有《けう》な生命体です。

肉体というモビルスーツに依存しなければ、移動することも活動することもできません。そのモビルスーツである肉体のエネルギーを獲得するためには、食べなくてはいけません。

食べるためには働かなくてはなりません。働くためには時間と労力を提供しなくてはなりません。

すなわち、行き着くところは「労働支配という不自由」に方向付けられています。

個体種を保存するためには、生殖依存しなくてはなりません。生殖依存するためには、基本的には結婚をしなくてはなりません。すなわち、「結婚という契約の下で共依存共支配」によって、お互いが「不自由」になっていきます。

このように、地球のメカニズムとシステムは、依存することによって、支配され不自由になっていきますから、**「依存と支配と不自由の原則」**によって、すべてが合法化され運行されていることになります。

このメカニズムとシステムは、牢獄世界のような不自由のメカニズムとシステム、そのものを基礎づけていると理解できます。

宇宙から見た地球は、一言でいって、**「牢獄の惑星」**といっても過言ではありません。では、本来の牢獄の**「役割と責任」**は、どこにあるのでしょうか。

それは、一言でいうと、**「罪の償《つぐな》いと贖《あがな》い」**にあります。しかし、罪と言っても宗教的な罪ではなく、個々の前世の**「愛に対する恨み」**による問題性と課題性に起因する**「恩讐《おんしゅう》」**として理解してください。

恩讐とは、「不平、不満、不足、妬み、嫉妬、謗《そし》り、軽蔑、悪口、批判、怒り、血気、怒気、怨み、辛み、不安、恐怖など」の不快な感情を、**「自分」**が作り出して、その結果、**「自分自身」**の心や魂そのものを傷つける自傷行為や自虐行為のことをいいます。

すなわち、**「真の恩讐」**とは、自分が不快な感情を作った**「加害者」**であり、自らの不快な感情によって、自分自身の心や魂が傷ついていく**「被害者」**でもあります。

恩讐とは、自分が不快な感情に陥って、自分自身が自傷行為に陥っていく「悪い心癖」や「邪悪な心」のことを言います。

この加害者と被害者が自分自身に内在している状態を、まさしく**「内在する恩讐関係」**と言い、また、内在する「本心と邪心」ともいいます。

このことにつきましては、後ほど（131ページ〜）詳しく解説させていただきます。

贖罪降臨と輪廻の法則

◆贖罪降臨は霊性進化のためのメカニズムとシステム

地球星人は牢獄星の囚人であることを、大前提で話を進めていきましょう。

地球意識場には、私たちに霊体と肉体が存在しているように、地球霊界と地球物質界が存在しています。

地球霊界と地球物質界の接点は、「霊主体従の法則」に基づいて、子供の魂である霊性意識体が、霊性進化するために輪廻の法則に従って、自らの向上心による自由意志と自己決定で、母親の受精卵を選択して受胎降臨してきます。

霊主体従の法則に従って、霊性進化するために母親の受精卵を選択し、お互いの問題性と課題性を改善するために、親子関係という特別かつ密接な関係が現世でスタートします。

この親子関係に於いて、基本的な「罪の償いと贖い」のメカニズムとシステムが、見事に仕組まれています。

つまり、私たちの霊性意識体が霊界から罪を償い贖うために、地上界の両親の受精卵を選択して、受胎降臨してきたことになります。

前世の罪を償い贖うために、霊性意識体が受胎降臨してくるメカニズムを、**「贖罪《しょくざい》降臨」**といいます。

大半の人は前世という概念を、過去世の地上界の何々時代に於いて作られた因縁関係だと理解していると思います。ところが、そうではありません。前世とは、霊性意識体が現世の前に存在していた地球霊界のことをいいます。

では、前世と現世のそれぞれの存在の目的と意味と役割について、もう少し詳しく言及してみましょう。

実は、前世の恩讐の問題性と課題性は、現世に贖罪降臨する以前に、霊体が存在していた地球霊界で作り出されたもので、霊界に於いても霊界生活が存在していて、地球霊界は静止して留まっているわけではありません。

地球霊界は、それぞれの霊層次元に従って、地球物質界よりもアクティブに情動が行き交って、激しくアグレッシブに感情が交流していて、嘘を隠す肉体がない分だけ、問題性と課題性の解決が激しく行われています。

地球物質界に於いて、不快な感情で作った恩讐を解決するために、肉体という悪い心癖を隠す嘘の鎧《よろい》を脱いだ地球霊界で、お互いが霊性意識体で向き合って、嘘も隠しもなく赤裸々に情動交流して、お互いの問題性と課題性をスピーディーに解決していきます。

地球物質界に於いて、肉体という囚人服を身に着けて作った、さまざまな不快な感情による自分自身の恩讐を、地球霊界に於いて、肉体を脱いだ霊性意識体が、徐々に解決していくわけです。

前世は現世の前の霊界生活であり、親と子になる因果関係を作り上げたところです。霊性進化するための、新たな恩讐関係を霊界で作り、霊主体従の法則に従って、それらを解決するために、ひいては霊層次元を上げるために、地球物質界に贖罪降臨してきます。

真の前世とは現世に降臨してくる前の地球霊界のことであり、地球物質界で作った不快な感情は、地球霊界で**霊性浄化**され贖罪降臨してきます。

その後、新たに不快な感情を地球物質界で作り、その不快な感情を、また地球霊界に行って**煩悩洗浄**するようになっています。

すなわち、地球物質界に於いて、不快な感情によって作られた低次元の霊性意識体を、地球霊界で**「霊性浄化と煩悩洗浄」**をして、新たに進化するための親子や兄弟、夫婦、友人、知人など、一生涯に関わる人たちとの因果関係を、善くも悪くも地球霊界に於いて、現世のグランドデザインとロードマップを作って、霊性進化するために地球物質界に贖罪降臨してきます。

この理由から一生涯に於いて不特定多数の人と関わることはできず、ごく限られた人としか関わらないようになっています。

この法則を、進化のための**「輪廻の法則」**といいます。

このメカニズムとシステムについては、後ほど（131ページ〜）詳しく解説させていただきますので、楽しみにしていてください。

◆地球霊界の存在目的とは

このように「贖罪降臨」というメカニズムとシステムがなければ、同じことを何度も繰り返すこととなり、進化というプロセスを進むことができなくなってしまいます。

霊性意識体は進化するために、地球物質界で肉体の欲望や不快な感情によって作り出した煩悩を、地球霊界で煩悩洗浄と霊性浄化するメカニズムとシステムによって、輪廻の法則に従って地球物質界と地球霊界を、行ったり来たりする連続性の中で、霊性進化しながら徐々に宇宙意識場に近づいてきました。

霊主体従の法則に基づいて、地球霊界から地球物質界に贖罪降臨してきたわけですから、地球物質界である現世の前世は、地球霊界の生活になります。

仏教では、過去の地球物質界に於ける関係性で輪廻してくるとか、何々時代の誰々の生まれ変わりだとか、あり得ないことをまことしやかに言います。

肉体の親子関係と同じように、先祖との因果律や因果応報による因縁論は、単なる肉体の遺伝子の踏襲だけであって、霊性意識体の輪廻の法則にはまったく関係ありません。

先祖との因果律は、あくまでも**「遺伝連鎖の法則」**に基づいた遺伝子の踏襲であって、なんと38億年分の先祖の遺伝情報が肉体に踏襲されていますので、真の先祖の存在は肉体そのものといえます。

真の先祖供養があるとしたら、38億年分の先祖を統合した、自分の肉体そのものを養生していくことです。

先祖供養という概念は、現世の人間の無知が宗教的に作り出した「嘘」ということになります。先祖の関わりは、両親を含めて、肉体のDNAの繋がりだけで、霊性意識体とはまったく関係のないことです。

事実、霊性意識体は自由なモノであって、民族を超え、国を超えて、世界中のどこにでも贖罪降臨しています。

唯一、自分自身と言える存在は、私の霊体である霊性意識体だけです。

肉体は、そもそも他人である両親の精子と卵子の結合から作られたものです。

すなわち、肉体が自分であると、勘違いしているところに、大きな間違いがあります。

この勘違いと大きな間違いが、すべての問題を提起し複雑化させ、私の霊性意識体そのものを不快な感情に陥れていく元凶となっています。

私にとって最も近くに存在する他人は、前世の恩讐を踏襲している、両親から与えられた肉体である肉性意識体です。

このことにつきましては、後ほど（145ページ〜）、誰でも理解と納得がいくように解説させていただきます。楽しみにしていてください。

地球霊界の存在目的は、地球物質界の牢獄生活での葛藤と摩擦によって、作り出された不快な感情を浄化し、霊性意識体に浸み込んだ煩悩を洗浄することと、上位の霊層域に次元上昇するために、新たな恩讐関係を作り出して、再び地球物質界に贖罪降臨する準備をするためです。

贖罪降臨の法則と相対変換の法則

◆親子関係、男女関係がすべて真逆に入れ替わる被害者と加害者の因果関係

地球霊界に於いて生活する次元と場所は、地球物質界に於ける「子宮生活と地球生活」によって準備されるメカニズムにより、行くべき地球霊界の霊層次元が決定するというシステムになっています。

両親の性交渉による受精卵に、子供となる霊性意識体が、前世に於ける**「因果律の法則」**に基づいて、TPOが一致した時に**「贖罪降臨の法則」**に従って、地球霊界から地球物質界の母親の受精卵に受胎降臨してきます。

この時、両親の恩讐関係と、因果関係が一致した受精卵に、子供となる霊性意識体が二体、降臨した場合は一卵性双生児となり、四体、降臨した場合は一卵性四生児となり、六体、降臨した場合は一卵性六生児となります。

霊主体従の法則に基づいて、たった一個の受精卵であっても、贖罪降臨した霊性意識体の数で、生まれてくる子供の数が決まります。

では、前世の問題性と課題性である恩讐とは、具体的にどのような因果関係なのでしょうか。

それは一言でいって、**「加害者と被害者」**の因果関係に他なりません。

子供となる霊性意識体が原因で、両親の受精卵が結果として選ばれたことになり、贖罪降臨の法則に基づくと、地球霊界に於いて、加害者であった子供の霊性意識体が、被害者であった両親に罪を償い贖うために、両親の受精卵を選択したことになります。

地球霊界に於いて、加害者だった男性と女性が、相対変換の法則に従って、現世では女の子と男の子という、被害者になりやすい立場で贖罪降臨してきます。

地球霊界では被害者だった女の子と男の子が、現世では父親と母親という、加害者の立場になりやすい両親となります。

前世に於いて被害者であった、女の子と男の子の霊体が、現世では肉体の父親と母親になって、前世では男性と女性の加害者であった霊体が、現世では女の子と男の子という肉体の子供となります。

相対変換の法則に基づいて、被害者と加害者の関係と、親と子の関係と、女性と男性の関係が、すべて真逆に入れ替わっていきます。

地球は牢獄星ですから、前世で被害者だった現世の両親が、前世の加害者であった現世の子供に、肉体という不自由な**「囚人服」**を、地球物質界という牢獄世界で、唯一、着せることができる**「権利」**があるからです。誰でもその権利があるわけではありません。

地球霊界と地球物質界はすべてに於いて、パラドックス（真逆）の関係にありますので、少し頭を整理して読解してください。

女性と男性の性分化と性分別は、前世加害者であった女性が現世被害者である男の子となり、前世加害者であった男性が現世被害者である女の子になります。

これが女性と男性という**「性の産み分け」**を決定する基本的な原則です。

前世被害者であった女の子が現世加害者である父親となり、前世被害者であった男の子が現世加害者である母親となります。

ここで気を付けて理解しておかなければいけないことは、現世での親と子の恩讐関係は、前世の霊界という**「肉体のない情動世界」**で作り出された、あくまでも**「被害者と加害者という因果関係」**であることを理解しておいてください。

故に、前世でも親子関係であったとは単純に理解しないでください。

ですから、加害者と被害者の関係ですから、子供が何人いても決して不思議なことではありません。

兄弟が何人いても兄弟関係を含めて、前世の親子関係や兄弟関係だったとは、単純に考えないことです。

あくまでも兄弟は別人格ですから、親子の恩讐関係や兄弟の恩讐関係は、それぞれが個々の被害者と加害者の関係で、因果律を考えなければいけません。

現世の親子関係は前世での被害者と加害者に於ける、**「愛と恩讐の分量」**に従って、前世と現世に於ける**「因果律」**が決定しています。

◆前世の「愛と恩讐の分量」に基づく現世の「愛と恩讐の因果律」

「愛と恩讐の因果律」とは、前世の霊的な情動世界に於ける「愛と恩讐の分量」に従って、現世の親子関係や夫婦関係、または、兄弟関係や友人関係、知人関係、その他大勢の関わる人たちとの因果律が決定しています。

前世の**「愛と恩讐の分量」**に基づいて、現世の**「愛と恩讐の因果律」**が決定して、現世の人格形成史に於ける、**「幸福度」**と**「不幸度」**などの具体的な現象として顕在化します。

前世と現世の因果律の結果が「愛の関係」になるのか、または「恩讐の関係」になるのかが、決定していく「優先順位」のことを**「愛と恩讐の因果律」**と言います。

この事実は、同じ子供であっても、父親から虐待される子供と、父親から愛される子供がいる、母親から愛される子供と、母親から虐待される子供がいるという**「愛と恩讐の偏差」**でも証明されています。

前世の情動世界に於ける、愛と恩讐の分量によって、現世のそれぞれの因果律が、善くも悪くも決定することになります。

この順位の違いは、肉体のない地球霊界での「愛と恩讐の分量」によって、「肉体の数に限りがある」地球物質界での因果律に従って、それぞれの関わる関係性（親子、夫婦など）の優先順位が、善くも悪くも決定されていくことになります。

前世での被害者と加害者の関係に於ける、愛と恩讐の問題性と課題性が、多岐にわたって複雑化していて、特に恩讐が強くて濃い順番に、親子の関係から夫婦の関係、次に兄弟や友人の関係、それから知人や関わるすべての人たちとの、因果律の順番が決定していきます。

この理由から、兄弟関係や友人関係、知人関係などの、関わるすべての人たちは、前世に於いて、何らかの「愛と恩讐の因果律」があった人たちですから、現世に於いて一生涯に関わる人は、すでに決まっていて、一生涯を通して限られた人としか関わらないようになっています。

ですから、**「世間は広いようで狭い」**ということが、よく言われることです。

すなわち、現世の親と子の関係は、前世の「愛と恩讐の因果律」を現世に体現化し、最も特別な愛と恩讐の密接な関係と言えます。

親子関係や夫婦関係、兄弟関係や友人知人などの関係が**「悪い人」**は、前世から踏襲した問題性や課題性が、霊性意識体に多く内在していて、恩讐の分量が多い人たちです。

逆に、親子関係や夫婦関係、兄弟関係や友人知人などの関係が**「良い人」**は、恩讐の分量よりも愛の分量が多い人たちです。

ですから、唯一、虐待やいじめや少年犯罪などを、根本的に解決する方法と手段があるとしたならば、それは**「贖罪降臨と相対変換の法則」**による前世と現世のからくりを、熟知している人が、当事者同士に理解し納得できるように、真実の愛に基づいて、愛していくことです。特に、政治や行政または児童福祉施設や児童保護施設などに携わる人たちには、そのことを切望してやみません。

すべての原因と結果のからくりがわかっている、パラレボ理論に基づく、贖罪降臨と相対変換の法則によって、さまざまな問題と課題が同時に解決されるからです。

何度も言及しますが、いじめや虐待、親子や夫婦の問題、友人や知人、人間関係の問題を解決することができる方法や手段があるとしたら、それは「贖罪降臨と相対変換の法則」しかありません。

何故ならば、すべての人が、前世と現世に於ける被害者と加害者の**「からくり」**が、真逆であることを、潜在意識である深層心理の中で、魂の記憶として持っているからです。

ですから、そのことを魂が理解し認識して納得できるように、**「真実の愛」**で訴えかけていけば、やがて魂の記憶が呼び覚まされて、必ず問題は解決されていきます。

僕は基本的に、向上心と理想に対して、正直かつ率直に**「歯に衣を着せぬ物言い」**をしますが、その理由は、地球物質界の事実は、事実として**「保障」**してこそ、地球霊界の真実が、真実として**「保証」**されると、理解しているからです。

◆霊性進化を方向付ける「相対変換の法則」

贖罪降臨の法則に基づいて、前世では加害者だった男性と女性が、現世では被害者の女の子と男の子となり、前世では被害者だった女の子と男の子が、現世では加害者の父親と母親になるといった、加害者と被害者、親と子、男性と女性が前世と現世では、すべて真逆に入れ替わる現象を、**「相対変換の法則」**といいます。

この相対変換の法則に基づいて、左足と右足が相互に入れ替わることで、前足と後ろ足が入れ替わって、前に進んでいけるように、前世の加害者と被害者の関係が、現世では被害者と加害者の関係によって、霊性進化が方向付けられています。

例えば夫婦の関係において、前世では加害者の男性が、現世では被害者の女性となります。前世では被害者の女性が、現世では加害者の男性になります。親子の関係においては、前世では被害者の女の子が、現世では加害者の父親となります。前世では被害者の男の子が、現世では加害者の母親となります。

このように相対変換の法則に基づいて、前世と現世が、完全にパラドックス（paradox 真逆）に入れ替わることによって、輪廻の法則に従って**「進化」**そのものが可能になります。

このことにつきましては、後ほど（123ページ〜）、誰でも理解し納得のいくように解説いたします。

歴史を通して今も尚、世界中どこを見渡しても、親たちの犠牲になっているのは子供たちで、男性の犠牲になっているのは女性たちです。

特に、前世加害者であった男性が、現世被害者の女の子となって、性奴隷や児童虐待などの暴力の対象者になって、多大な犠牲が世界的に蔓延しています。

今現在でも戦禍にある地域では、性奴隷の犠牲になるのは、女性の子供たちが圧倒的に多いことでも顕著に証明しています。

何故、児童虐待はなくならないのか

◆罪の自覚がある加害者、怒り恨みのある被害者

一般的な概念では、親子関係は愛の関係だと思っていますが、それは大きな勘違いであり、根本的に無知が故の大きな間違いです。

親子関係は、愛の関係ではあるが、恩讐の関係で繋がっている、という根本的な理解がなされていないが故に、ありとあらゆる虐待の問題が、次から次へと提起され複雑化して、何故という素朴な疑問すら解けずに今日に至っています。

宇宙の自由な次元で検証すると、地球星は間違いなく牢獄の惑星です。この大前提から考えても愛の関係よりも恩讐の関係の方が、優先順位は必然的に高くなります。

親子が愛の関係だけで繋がっているとしたら、このような不条理で無秩序な世界が顕現しているはずがありません。

なぜ、**「児童虐待はなくならないのか」**、という素朴な疑問が、すべてを物語っています。

先ほども言及しましたように、地球霊界での霊層次元と存在する場所は、子宮生活と地球生活によって準備され決定されます。

ですから、現世に於いて、最も近しい親子関係によって、善くも悪くも人格形成史に於いて、密接な愛と恩讐の関係を創り出すように仕組まれています。

「恩讐は近くに有って、遠くに在らず」、「愛すべきものも近くに有って、遠くに在らず」という愛と恩讐は、常に身近に対峙《たいじ》しています。

加害者である子供の霊性意識体が贖罪降臨して、被害者であった両親に罪を償い贖うために、親孝行をしなければなりません。

戦争体験者も語っていたように、死を直前に迎えた時に、まず、最初に思ったことが、「親孝行をしてきただろうか」と思わされたのは、この理由からです。

ここで、加害者意識に内在している深層心理と、被害者意識に内在している深層心理を、よく理解しておく必要があります。

加害者の意識に内在する深層心理は、どのような心理かと言いますと、罪の自覚があるから加害者意識といいます。罪の自覚がないのに加害者意識とは言いません。

当然、罪の自覚がありますから、「私が悪かったです。私が間違っていました。申し訳ありません」という自己反省と悔い改めの意識を基本的に持っていて、何事も自己責任で謙虚に受け入れていこうという意識に方向付けられています。

テレビに事件の犯罪者が映し出されますが、彼等のほとんどが頭を下げて、罪を自覚して**「自己不当性」**を認識したから、うつむいたまま登場してきます。

では、被害者の意識に内在する深層心理は、どのような心理かと言いますと、「あなたは私の足を踏んだ人、私はあなたに足を踏まれた人」という心理があって、当然、「私は悪くない。私は間違っていない。私が正しい。あなたが間違っている。あなたがすべて悪い。私は絶対に悪くない」という**「自己正当性」**の意識が内在する恐れがあり、それが強くなると、被害を受けた苦しみや怒りや怨み辛みの意識を、深層心理のどこかに持つことになりがちです。

つまり、被害者の立場になった人たちの感情は、その苦しみや悲しみの一方で、怒りと怨みに満ちた表情と意識に陥りやすくなる恐れがあるのです。

もし、このような心霊状態で死を迎えたとしたならば、自己責任原則に従って、低次元の霊界を自分自身で選択しなくてはならなくなります。

よく検察官や刑事が、犯罪者などの取り調べや、尋問などをしている間は、修羅や鬼畜の顔をしているが、罪を認めて自白を始めた瞬間に、仏の顔に変わるといいます。

ここで理解しなければいけない、最も重要なことは、被害者意識の方が加害者意識よりも、はるかに劣悪かつ醜悪な怒りと怨みの意識を内在していることです。

その感情によって、自分が、自分自身の心や魂や精神を著しく破壊していく、自傷行為や自虐行為に陥っているということです。

被害者と加害者の感情統治に対する、**「自己責任の比率」**は、加害者よりも被害者の方がはるかに大きく重いといえます。

すなわち、被害者の方が加害者よりも、贖罪に対する問題性と課題性が重たく大きいということです。

世間一般の人たちの概念は、被害者が正しくて加害者が悪いと外面的に捉えています。それも確かに一理ではありますが、本人の内面的な心情世界は、真逆に方向付けられています。

◆前世と現世は相対変換の法則に基づき真逆に変換される

この現世意識を前世意識に置き換えて検証してみましょう。

前世では被害者であった女の子と男の子が、現世では加害者である父親と母親になり、前世では加害者であった男性と女性が、現世では被害者である女の子と男の子になります。

このように前世と現世では、親と子の関係も、加害者と被害者の関係も、男性と女性の関係も、すべてが真逆に相対変換されます。

この前世意識をそのまま現世意識に踏襲して、真逆に相対変換すると、現世の潜在的な無意識

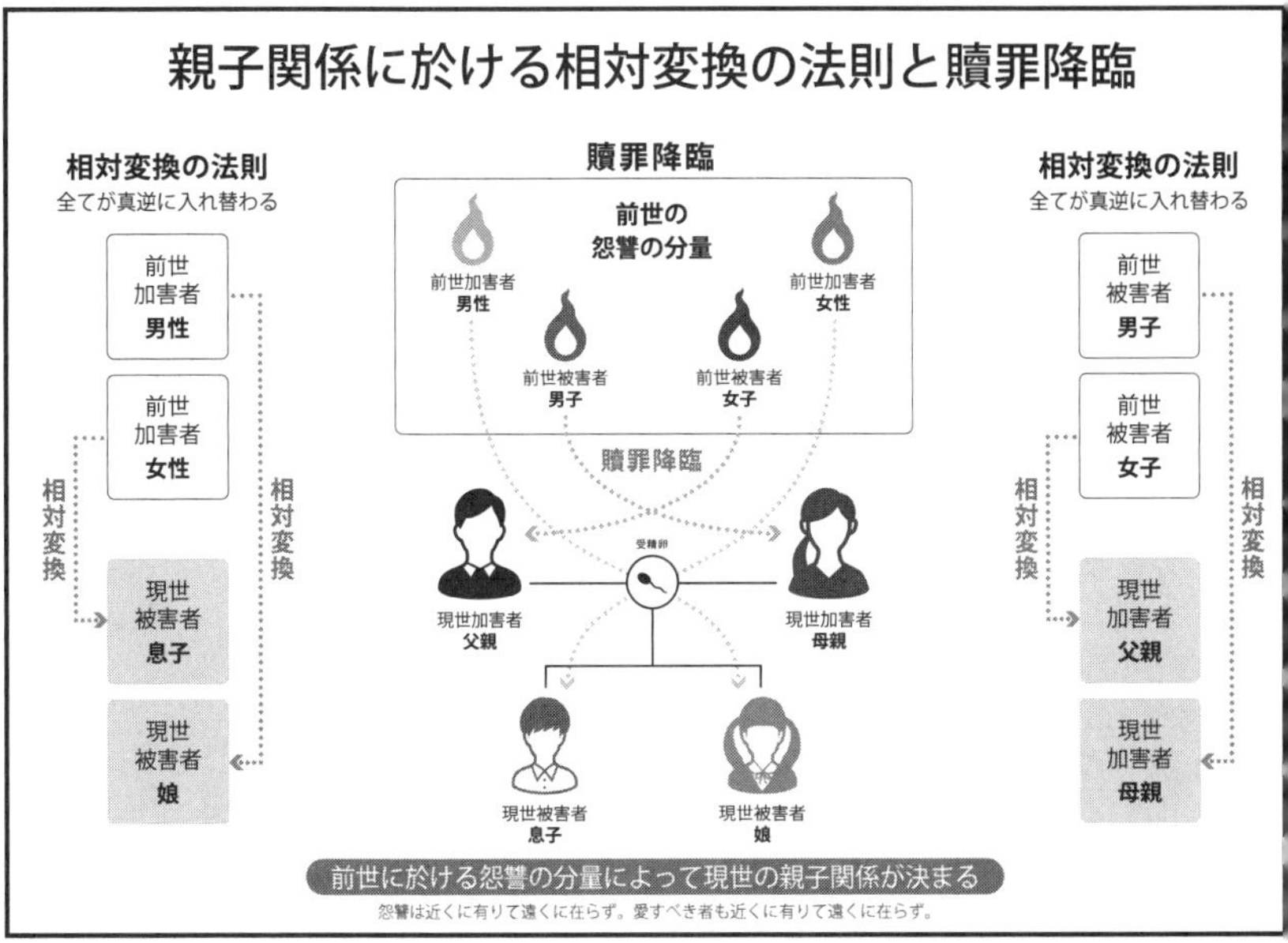

である深層心理は、現世の夫婦に於いては、男性の夫が被害者の意識となって、女性の妻が加害者の意識となります。

ですから、夫は常に私は悪くない、私は間違っていない、私が常に正しい、君が間違っている、君がすべて悪い、という「自己正当性」を誇示します。

妻に対して、どんなに苦労や迷惑を掛けても、間違ったことをしても、かたくなに自己正当性を主張して、どんなに理不尽で不条理なことであっても、自己保身のために責任転嫁して、自分から謝罪するようなことは決してしません。

被害者意識によって、自分が一番正しいと思っているから、夫がテレビに向かって、何に対してもブツブツと文句を言っては、批評や批判を繰り返す姿を、よく見受けることがあります。

これも男性に特有の被害者意識によって、怒りと怨みの意識による、自己正当性に基づく自己保身と責任転嫁に他なりません。被害者意識が強い人ほど、自分が一番正しいと思っています。あおり運転などをする人がよい例です。彼らはアンガーマネージメント（怒りの抑制）をすることができません。「運転をすると本性が出る」といいますが、その通りです。

どうして男性は闘争や戦争という破壊行為を行うのかといいますと、まさしく被害者意識による自己正当性と責任転嫁の意識が深層心理にあるからです。

宗教闘争も民族闘争も思想闘争も、ありとあらゆるすべての闘争や戦争は、自分たちが絶対に正しい、絶対に間違っていないと、お互いが自己正当性を主張するからです。

前世意識から踏襲した、男性の深層心理の中に内在している、怒りや怨みが闘争意識となって発動するからです。

しかし、女性である妻は、加害者意識が潜在的な無意識である深層心理に内在していますから、夫の言動がどんなに不条理であり、理不尽なことであっても、私が悪いのだから、私が間違っているのだから、私が我慢さえすれば、という思いで、常に私さえ耐えたら良いと考える傾向があります。

子供も同じ傾向があり、父親が絶対的に正当者だと思い込まされて育っていきます。

すなわち、父親は夫婦間に於いても、親子間に於いても、前世の被害者意識が内在していて、常に自己正当性と責任転嫁という「悪い心癖」が強く内在しています。

ですから、死ぬまで児童虐待を行っても、前世で被害者の女の子であった父親は、現世の子供である女の子を、虐待したという自覚もなく、罪の認識も呵責《かしゃく》もなく、拘置所の中にいても尚、私は躾をしたのだと自己正当性を主張し続けます。

たとえ裁判の法廷にあっても、同じようにあくまでも、私は躾をしたと主張し続けます。

前世と現世は相対変換の法則に基づいて、すべてが真逆paradoxに転換されていきます。

ですから、常に戦争で男性たちの犠牲になるのは、女性たちと子供たちです。

これが、前世意識から現世意識へと真逆に踏襲され、現世意識にそのまま特化して潜在的な無意識として内在する、深層心理の恐ろしさでもあり、醜悪さでもあり、劣悪さでもあります。

◆無条件で全面的に愛すれば恩讐は解放できる

しかし、前世で加害者だった恩讐の子供を、前世の被害者であった両親が、親として無条件で全面的に愛することによって、親自身に内在する被害者意識の恩讐が解放できるように仕組まれています。

すなわち、**「恩讐を愛することによって、自らの恩讐が解放される」**という、究極の**「愛のメカニズムとシステム」**が仕組まれています。

被害者が加害者を愛して赦《ゆる》していくことによって、自分自身に内在する怒りや怨みが自然と解放されていくメカニズムです。

そのことを理解していないから、前世で被害者だったはずの女の子と男の子が、現世では加害者の両親となり、前世で加害者だった男性と女性が、現世では被害者の子供になってしまいます。

究極の「愛のメカニズムとシステム」を理解していないが故に、悲哀と恩讐の「負の連鎖」を止めることができずに、今日まで悲しくも不幸な夫婦と親子の歴史を、連綿と踏襲してきました。

人間の最も劣悪かつ醜悪な感情は、**「被害者意識」**から発動する怒りと怨みの感情です。

では、被害者意識は、一体、何を原因として想起（Matrix）されるのでしょうか。

それは前世の潜在意識を原因として想起されます。「前世被害者」であった現世の両親が、与えてくれた肉体による視覚や聴覚や触覚などの五感や「脳の記憶」から、無条件で被害者意識が想起されるようになっています。

両親の被害者意識を「意識」として唯一、踏襲しているのが、私たちの肉体そのものだからです。

本来は自由であって良いはずの自分の霊体が、恩讐である両親から与えられた、肉体の桎梏《しっこく》によって、不自由になっていること事態が、不快な感情そのものになっています。

しかし、環境適合の法則によって、何時しか肉体に飼い慣らされてしまい、不自由であることすら感じなくなってしまいます。

意識が霊体側にあって眠っている時には、肉体感覚からも解放されて、痛みや痒み、暑いや寒いなどの、不快な感情はまったく感じなくなっています。

ですから、霊体と肉体の関係は、自分自身の霊体が贖罪するために降臨した本心（加害者意識）と、被害者である両親から与えられた肉体である邪心（被害者意識）という真逆の存在を、共有している関係になっています。これが**「諸悪の根源」**になっています。

ここで、贖罪降臨と相対変換の法則を、現実的な事実と現象に基づいて、わかりやすく検証して証明しておきましょう。

新型コロナウイルスによるパンデミックが世界的に発生して、我が国も緊急事態宣言が発令され、全国民に対して外出自粛要請が出されました。

国民が家庭に留まる事態を余儀なくされていきました。その結果、何が起きたかといいますと、夫婦間の虐待や親子間の虐待といった、**「家庭内暴力」**が全国的に急増して社会問題になっていきました。

まさしく、**「恩讐は近くに有りて、遠くに在らず」**という恩讐関係の距離と事実が、そのまま顕在化した、最もわかりやすい現象といえます。

この現象は世界的に顕在化していき、ローマ教皇までが、世界に向かって「女性と子供に優しくしましょう」と訴える、演説までがなされる事態となりました。

何故、マタニティーブルーや妊娠うつになるのか

この事実を弁証法で検証し証明しましょう。

私のところにカウンセリングに来られる、若いお母さん方の悩みを検証することでよく理解できます。ほとんどのお母さんたちが、同じ悩みを抱えていますので、理解しやすいと思います。

妊娠期によく言われることは、「妊娠したことは素直に嬉しいのですが、理由もなく何とも言えない不安感と、同時に嫌悪感が湧いてくるのです。この無意識に湧き上がる不安感と嫌悪感は、一体どこから来るものなのですか？」と言われます。

無意識に勝手に湧いてくる意識を、潜在的な無意識と言って、前世意識から踏襲した深層心理に大きく由来していて、霊体の記憶から想起されるものです。

人間関係に於いても、会っただけで勝手に嫌悪感に陥る人と、出会ってすぐに好感を持てる人がいるのと同じことです。

世間を見渡したら沢山の人が存在していますが、一生の間で関わる人はごく限られた人だけです。たくさんの道行く人たちとすれ違っても、意識にはまったく入ってきませんので、存在していても、存在していない存在となっています。

それは、前世での関わりの原因性で、現世に於いて結果的に出会いがありますので、関わる人

と、まったく関わらない人が、当然、出てきます。

もし、この贖罪降臨という法則がなければ、すぐに誰とでもランダムに関わることが容易にできるはずです。出会いに偶然はなく、すべてが必然で出会って、贖罪に方向付けられているからです。

芸能人や有名人は、ファンが勝手に一方通行の意識で関わっているだけですので、インタラクティブ（双方向）に個別で情動交流していませんから、とてもお互いが関わっているとは言えません。

事実、僕が出会ってきた芸能人や有名人には、孤独な人がたくさんいます。

故に、すべての出会いは**「必然は必善なり」**ということになります。

親と子という関係性は、ピンポイントに現象化した、特別の中の特別な関係です。

贖罪降臨によって加害者である恩讐の霊体の子供を、胎内に宿すわけですから、スピリチュアル・エモーション（霊的情動）としては、内心落ち着かなくなるのは当然のことです。

顕著な現象として、肉体的には、悪阻《つわり》や倦怠感や自律神経障害などです。精神的には妊娠うつ、マタニティーブルー、イライラ感、アンニュイ、自己嫌悪、自己否定などがあります。

出産後は、無事に出産できたにも拘らず、子供に愛情がいかなくて、育児放棄や育児拒否、発作的にやってしまう虐待行為、子供を愛せない悩みから、強度のうつ病、自殺にまで及ぶ自傷的かつ自虐的な行為の数々です。

児童虐待が世界的に年々、悪質化して増加傾向にあるのも不幸な事実です。

これらの症状は、前世での被害者意識の度合いで、虐待の強弱が決定しますが、基本的には、どの母親にも多かれ少なかれ、子供に対する被害者意識は、無条件で深層心理の中に内在しています。

以前、子供の起立性調節障害でカウンセリングに来て、「私には子供に対する被害者意識なんて一切、ありませんことよ」と言ってのけた母親がいました。

その傍らにいた子供が、「私はお母さんを殺したいと思ったことが何度もあったのよ。私はお母さんの奴隷じゃない」と言って泣き出しました。

母親は子供の将来のために良かれと思って、さまざまな習い事や塾やスポーツクラブなどに通わせますが、それは子供の自由意志を奪うことになり、これを**「良かれ虐待」**といいます。

子供の躾と称して、自分のうっぷん晴らしをすることを**「しつけ虐待」**といいます。

歴史を通して、人類は霊主体従の法則に基づく輪廻の法則に従い、親子の愛の関係に基づいて、魂である霊性意識体の恩讐の解放を行いながら、霊性進化を遂げてきました。

先程も申し上げたように、「外的な恩讐を愛することによって、自分自身の内的な恩讐が解放されます」から、被害者の親が必然的に加害者の子供を、まず、愛さなければならない**「役割と責任」**が課せられています。

それぞれが自らの恩讐を解放しながら、親と子が共に愛の次元と人格の次元を上げていきます。

親から十分に愛を投資された子供が、必然的に親孝行な子供となって、親以上に立派に成長した時に、親の喜びと共に親自身の恨みが解放され、同時に子供の前世の**「罪」**も解放されるメカニズムとシステムになっています。

親と子の関係は、霊体と肉体・本心と邪心の関係

宇宙生活をする準備を登山としたら、親と子という「恩讐の谷」を埋めない限り、宇宙生活をするための準備という「愛の山」の登山はできません。

親と子の恩讐の谷が深ければ深いほど、恩讐の闇も深く険しい絶壁に阻まれて、児童虐待の中を彷徨いながら手探りで、人生を生きていくしかない状況に置かれてしまいます。

社会に受け入れられない、反社会的勢力に身を投じて生きている人たちは、すべてが人格形成史に於いて、父母から愛されなかった「怨みと怒り」に因《よ》るものです。

地球という牢獄星に於いて、最初にやらなければいけないことは、罪の償いと贖いという「愛の恩讐」の谷埋めです。

これが牢獄星のプライオリティー（最優先）であり、「恩讐の谷」を抜け出さない限り、宇宙生活の準備という、愛の山を登ることはできません。

すなわち、恨みの谷を埋めずして、「愛の山」は築けないからです。

山の存在を理解することができたら、必然的に山の頂上という、目的に向かって登っていくことができます。

個人の次元に於ける、最大の揺らぎによる葛藤と摩擦は、霊体と肉体の揺らぎにあります。

自分の霊体に内在している加害者意識が方向付ける意思を**「本心」**といい、被害者である恩讐の両親から与えられた肉体に踏襲されている意識が方向付ける意思を**「邪心」**といいます。

このことにつきましては、かつて私が書いた『ゼロの革命』（幻冬舎）という本の中で詳しく紹介しています。

すなわち、霊体と肉体の関係は、前世加害者であった自分の霊体が、前世被害者の両親の受精卵に贖罪降臨して成立しました。

霊体と肉体の関係が、まさに本心と邪心そのものです。ですから、前世に於ける**「恩讐の分量」**によって、本心と邪心の葛藤と摩擦に、大きく影響を与えることになります。

「ゼロの法則」に基づいて、前世での**「加害者と被害者」**の恩讐関係を、現世の**「霊体と肉体」**の恩讐関係まで近づけて、さらに、自分自身に内在する、**「本心と邪心」**の恩讐関係までに近づけています。

すなわち、すべてが「自己完結」できるように方向付けられているからです。

このことにつきましては、後ほど（138ページ～）詳しく解説させていただきます。

子の宮である子宮の中では、母親の想いひとつで子供はいかようにでも育て上げることができます。

しかし、地上に生まれ出た瞬間から、母子分離して独立した個性ある生命体となりますので、想い通りに育てることは極めて困難になります。

子宮生活は胎児が母子一体で、ヘソの緒一つで繋がって、恩讐関係の生命体が心身一如《いちにょ》で共存している摩訶不思議な期間と環境です。

子宮生活は母性の愛の心情の世界と、掛け替えのない尊い胎児との、霊体と肉体が生命を共有することで、愛を共感し合って、理想的な人格形成と、健全な肉体形成をなしていく重要な期間と環境です。

地上に生まれた後は、人格形成史に於いて、親子関係の恩讐を解放すべきなのに、親子が新たな憎悪を作り出し、親子が否定し合って、親子が逃避して、親子が不信し合って、親子が傷つけ合って、親子が破滅し合っていくようになっていき、やがて人格破壊から家庭崩壊を招く結果となります。

親と子の恩讐の憎悪が、やがてブーメランとなって、それがお互いに還元され、自己嫌悪や自己否定や自己逃避や自己不信、自己破壊、自己破滅へと霊性退化していきます。

その結果、自らを嫌うが故に他を嫌い、自らを否定するが故に他を否定し、自ら逃避するが故に他を避け、自らを不信するが故に他を不信し、自らを破壊するが故に他を破壊し、自らを破滅するが故に他を破滅させる、という**「自傷行為の方程式」**に従うようになり、最終的に**「自己破**

滅」していきます。

それ以前に、必ず子供たちの**「愛の確認行動」**による、悪目立ちなどの行動があるのですが、それを見逃していくと、親に対する被害者意識が、親が着せた肉体を傷つける復讐行為へと陥っていきます。

それが、リストカットや拒食症や薬物依存症、自殺などの自傷行為や自虐行為や自滅行為に陥っていく原因になります。

正常細胞と癌細胞の決定的な違い

健康と病気のメカニズムは、霊体と肉体の葛藤と摩擦によるストレスが小さいか、大きいかによって現象化していきます。

病気は、基本的には、内的である霊体の「心情的かつ心霊的なストレス」が原因で、外的である肉体に結果として、さまざまな病気が現象化しています。

正常細胞と癌細胞の決定的な違いは、それぞれの細胞が持っている霊性である「性質」に大きな違いがあります。

霊性（魂）に内在しているものを**「性質」**といい、肉性（DNA）に内在しているものを**「体

質」といいます。

正常細胞の霊性の性質は、細胞の肉性の体質との揺らぎと葛藤が少なく、常に意識が共存、共栄、共生に方向付けられて、調和と秩序を形成しようとする性質と体質の意思を、共に共有している細胞といえます。

しかし、癌細胞の霊性の「性質」は、細胞の肉性の「体質」との揺らぎと葛藤が大きく、細胞の自虐的な自傷行為によって遺伝子の破壊を誘発し、細胞変異によって癌化していきます。

癌細胞の性質は他の細胞なんかどうでもよい、自分さえ生み増えれば良いといった具合に、四方八方に新生血管を張り巡らし、血液から糖質を奪い取り、無秩序に増殖しながら無限に拡大していく、「強欲で自己中心型の性質」を持っています。

その結果、生命全体の調和と秩序を破壊し、生命体そのものの調和と秩序を破壊して、生命の活力そのものを奪い去り、最終的には生命全体を死に至らしめ、自らが生命と共に自滅していく、「自傷的かつ自虐的な性質」を持った自滅型の細胞です。

これが**「癌細胞の真の毒性」**であり、決して物理的に毒性があるわけではなく、細胞の性質そのものに「毒性」があり、これが正常細胞と癌細胞の決定的な違いです。

故に、「気の病と称して病気」や「病は気から」と言うのもうなずける話ではあります。

一個の細胞も一つの生命体であることを、理解することが重要なことです。

すなわち、癌細胞も生命体ですから、私たち人間と同じように肉体の部分と魂の部分を持っていることになります。

私たちの肉体は、火葬場の火で焼却することができますが、火葬場の火では魂を焼却することはできません。

それと同じように、メスで癌細胞を切り取ることはできても、癌細胞の魂を切り取ることはできませんので、癌の魂はそのまま体内に残留して、やがて細胞と場所を変えて再び出現します。これが癌の遠隔転移の正体です。

エックス線やガンマ線などの放射線で癌細胞を叩いても、手術と同じように癌細胞は壊死しても、癌の魂はそのまま体内に残留して、やがて、どこかの臓器に遠隔転移します。抗がん剤などの化学療法もまったく同じことが言えます。

これが、癌が寛解したように診えますが、再発や遠隔転移していくメカニズムです。

昔から心につける薬なし、魂に飲ます薬なし、といいますが、まさに現代医学の限界を感じざるを得ません。但し、癌の魂が増殖する前の早期発見と、癌患者が心癖を入れ替えたならば、完治する可能性は大いにあります。

昔から「己を知り、敵を知ったならば、百戦危うからず」といいます。

癌細胞の魂に本当の毒性があることがわかった以上、癌細胞を作り出したのは、あくまでも自分自身の不平、不満、不足、妬み、嫉妬、悪口、批判、怒り、血気、怒気、怨み、辛み、不安、恐怖などの不快な感情と心癖ですから、まずは、自分自身の性質と体質を自助努力で改善するしかありません。

しかし、癌になったことさえ、被害者意識に陥って、自分自身の怒りと怨みの感情が強すぎて、なかなか自傷行為を素直に認めようとはしません。

人間の最大の敵は自己不信です。自己不信がある限り何をやっても無駄です。

癌の魂にアプローチする**「癌の究極の治療法」**につきましては、ワークショップや特別セミナーにて、詳しく解説していますので、ここでは割愛いたします。

ただし、病気が治るメカニズムにつきましては、後ほど（416ページ〜）、詳しく解説させていただきますので、楽しみにしていてください。

人間社会に於いても、国に於いても、世界に於いても、癌細胞のような人はいます。

当然、癌細胞みたいな国もあります。また、癌細胞のような宗教団体や思想団体や精神世界の団体も存在しています。

彼らは、自分たちは善なる行いをしていると思い込み、独善的なエゴイズムとナルシシズムの論理の病気に侵されて、社会侵食をしながら**「悪の繁殖行為」**を行っています。

しかし、一人ひとりの「霊性に基づく意識の実存」である**「真実」**が、「アルファとオメガは原因と結果に於いて、善くも悪くも、自分自身の霊性意識体のみに一致している」、という宇宙の法則に基礎づけられていますから、最終的には、すべてブーメランとなって、自己責任を負わなくてはいけなくなります。

親と子の関係は縦の経綸

本来、親と子の関係は、霊体と肉体の関係であり、本心と邪心の関係ですから、親子が慈しみ合い、親子が肯定し合い、親子が受け入れ合い、親子が信頼し合い、親子が愛を創造し合って、親子が共に成熟していく、という親子関係の家族を創造することです。

家族はやがて拡大していき、氏族となり民族となり国となり世界に向かって、調和と秩序が限りなく拡大して、文化と文明が大きな発展を世界的に遂げていくようになります。

親と子の恩讐の解放が、自己慈愛、自己肯定、自己受容、自己確信、自己創造、自己発展へと霊性進化させ、自らを慈しむが故に他を愛し、自らを肯定するが故に他を肯定し、自らを受容するが故に他を受容し、自らを信じるが故に他を信じ、自らを創造するが故に他を創造し、自らを発展させるが故に他を発展させる、という方程式に従うようになります。

この親子関係を**縦の経綸《けいりん》**といって、霊性進化には重要なメカニズムとシステムです。

最終的には自らの霊体と親から与えられた肉体という、本心と邪心の関係にまで圧縮し、心身一如で自己責任原則を担保せざるを得ない状態を、自らが創り出しています。アルファとオメガは原因と結果に於いて、**「自己完結」**するために、自らに一致しているからです。

第4章

戦争のない世界を実現するために

懺の思想と恨の思想

◆牢獄星に存在する目的・意味・意義は自己反省と悔い改め

このように地上の牢獄世界に降り立つ一義的な目的は、前世の罪の償いと贖いのための贖罪降臨であり、すべての関わるものと生じる不快な感情を、愛で凌駕《りょうが》し解放して霊性進化するためです。

すべての関わりや現象に対して、謙虚に「感謝」の意識へと転換していくことが重要なことです。

感謝とは、**「謝りを感じる」**と書きます。まさしく、不快な感情による自傷行為に対して謝りを感じながら、償いと贖いの意識で、謙虚に謙遜に生きることが、感謝な生き方となります。

牢獄星に存在する目的と存在する意味と意義は、自己反省と悔い改め以外の何ものでもなく、常に、親であれ子供であれ、夫であれ妻であれ、お互いが加害者だという意識で、真摯に向き合って生きるべきです。

感謝と同じように、「ありがとう」も同じ意味で、本来の有り難うとは、**「難が有って、有り難う」**という意味で、自分にとって受け入れがたい難問や難題が起きた時にこそ、問題と課題に真摯に向き合って、謙虚に自己反省と悔い改めの意識に方向付けて、有り難うと言って、無条件で受容する自助努力をすることです。

最近、よく聞くところによると、自分の欲得のために「ありがとう」を多く唱えたら、ありがとうのことが、たくさん起きるなどといった、極めて単純かつ無責任であり、また、稚拙かつ稚劣な流布によって、多くの人たちが惑わされ、悲しい不幸な状況を招いているとのことです。

実は、欲得で「ありがとう」と唱えることは、難よ、来てください、難よ、来てください、と唱えることになります。言霊は現象化しますので、意味をよく理解して、動機を正して使うことが大切です。

◆善い現象が起きた時の、悪い現象に対する対処法

パラレボ理論には、**「ネガ・ポジの法則」**という、重要な法則が存在していて、ネガティブな現象が起きている時は、必然的に、真逆のポジティブな現象も同時に起きているというものです。しかし、私たちはネガティブな感情に意識が奪われて、ネガティブな現象に終始し、問題が解決した時には、すでにポジティブな現象も同時に消滅しています。

折角、ネガティブな現象が起きたのですから、チャンス到来と思って、速やかに意識を真逆に転換して、ポジティブな現象は何なのかを検証して、探し出すことが肝要かと思います。

「ピンチはチャンス」とか「苦あれば楽あり」、と言われる所以は、「ネガ・ポジの法則」にあるのではないでしょうか。

当然、ポジティブな現象が起きている時は、必然的に真逆のネガティブな現象が起きています。

また、「引き寄せの法則」というものがありますが、良いことばかりが引き寄せられるのではなく、必然的に、悪いことも同時に引き寄せられていることを、理解しておく必要があります。

かつて1億円を拾ったタクシードライバーの人生が、その後、あまりにも悲惨な末路を辿《たど》ったという有名な話があります。

このような事例はたくさん存在しています。

善い現象が起きた時の、悪い現象に対する対処法は、「ゼロの法則」に基づいて、回避することができます。

例えば、100の喜びが現象化したならば、意識を49の喜びに圧縮して、51の謙虚と謙遜で受け止めて、感情を中庸に方向付けることによって、ネガティブな現象は自然に回避できます。

◆「憾《うら》み」と「恨《うら》み」の違い

自分にとって都合の悪いことが起きると、あの人が悪い、この人が悪い、その人が悪いといって、被害者意識と保身による責任転嫁によって、不快な感情に陥るのではなく、牢獄星の囚人としての役割と責任を認識することです。

そして、常に、加害者意識によって、自己反省と悔い改めという、懺悔《ざんげ》の意識で謙虚と謙遜に生きる生き方に努めることが、重要なコンセプトとアイデンティティーだと思います。

このような生き方を、**「憾《かん》の思想」**といい、真逆な生き方を、**「恨《こん》の思想」**といいます。

恨の思想も憾の思想も両方とも、「ウラミの思想」と読みますが、性質的な意味合いは、まったく真逆に方向付けられた、「ウラミ」になっていて、心の根のウラミを恨の思想といい、心を感じるウラミを憾の思想といいます。

恨の思想は体主霊従の法則に基づく、肉体の欲望に支配された邪心による不快な感情に従って、被害者意識と責任転嫁に方向付けられた**恨み**です。

恨の思想は、常に外に意識を向けて、被害者意識と責任転嫁で、あの人が悪い、この人が悪い、その人が悪い、あの国が侵略した過去の歴史が悪い、強制労働させたあの国が悪い、恩讐の国が発展したことが悔しい、といった具合に意識を他者責任原則に方向付けていきます。

国家元首が**「被害者中心主義」**なるものを提唱して、**「恨の思想（ハンの思想）」**と称して国民の思想教育をしている国も存在しています。

先述しましたように、最も重要なことは、被害者意識の方が加害者意識よりも、はるかに怨恨《えんこん》の問題性と課題性を、心や精神や魂に内包しているということです。

生き方の基本的な姿勢は、自分と自分以外のモノとの間に、**自他分離境界線**を引いて、自己統合性を確立することです。

そのことによって、他人の評価に対して一切、ネガティブな感情移出も感情移入もしないように、自然と生きることができるようになります。

◆「自分である霊体」と「他人である肉体」

かつて、私が書いた『逆説の真理が運命を拓く宇宙の法則』（ヴォイス社）という本の中で紹介した内容です。

「今を、私がという自他分離境界線を引いて、自己統合性を確立することによって、ありのままを無条件で全面的に受容する」生き方について、もう一度、詳しく検証して説明していきましょう。

まずは、「今を」について解説いたします。私たちは過去に生きているわけではありません。当然、未来に生きているわけでもありません。まさしく、今、生きています。

私たちは、「今、生きていますが、今を生きてはいません」。なぜかといいますと、無目的で一貫性のない場当たり的な人生を生きているからです。

今を生きる唯一の方法は、永遠に変わらない目的と意味と意義と価値のために生きることです。

50年前の人生の目的も、30年前の人生の目的も、10年前の人生の目的も、20年先の人生の目的も、30年先の人生の目的も、死ぬ時の人生の目的も、まったく変わらず、その目的のために生きているとしたら、一生涯を通して「今を生きている」ことになります。

最初に富士山の頂上を目指して登っていたならば、二合目であっても、五合目であっても、八合目であっても、意識は常に頂上を目指しているわけですから、頂上という終わりを目指して、今を登っているわけです。初めと終わりの意識が一致している限り、「今を」生きていることになります。

「私が自他分離境界線を引いて、自己統合性を確立する」とは、どういうことでしょうか。

私がという存在は、一体、何なのでしょうか。結論です。私という存在は唯一、我が魂である霊体のことです。

お父さんは自分ではありません。お母さんも自分ではありません。あくまでも自分にとっては他人という存在なのです。

肉体は、お父さんの精子と、お母さんの卵子が結合して、母親の胎中で作り上げられた存在であり、他人である両親が与えてくれた、肉体という他人の存在に他なりません。

それも前世の被害者である恩讐の両親が、不自由な囚人服として、前世の加害者である我が魂に覆い被せた存在です。

私たちは他人である肉体を含めて、自分自身だと思っているところに、大きな勘違いと大きな間違いがあります。

◆自他分離境界線は「私である霊体」と「他人である肉体」の間に引く重要な境界線

肉体はあくまでも他人です。他人が故に、肉体とお別れしなければならない死別の時を必ず迎えます。肉体は他人が故に、あの世には一緒に行けません。

他人は、肉体を汚したり犯したり殺したりすることはできても、霊体を汚すことも犯すことも殺すこともできません。

もし、汚すことや犯すことができる存在があるとしたら、それは**「私の意識」**だけです。

肉体に何があっても、何が起きても、私の意識が、感謝と喜びでいたならば、霊体が汚れることも、犯されることもありません。

しかし、他人である肉体の感覚によって、不快な感情に陥ったならば、私の意識が自らの霊体を傷つける自傷行為となって、汚され犯されたことになります。

最も近しい他人である、肉体の目で見るもの、耳で聞くもの、肌で感じるものなどから、必然的かつ恒常的に恩讐である**「不快な感情」**が想起されてきます。

肉体は母親と父親の恩讐の意識を踏襲した存在そのものだからです。

自他分離境界線は**「私である霊体」**と、**「他人である肉体」**の間に引くべき、最も重要な境界線です。

肉体も自分だと思っている勘違いと間違いが、さまざまな問題を提起し複雑化させていきます。

前世被害者であった女の子と男の子が、現世加害者の両親となって、前世加害者である私の霊体に、唯一、牢獄星の**「囚人服」**としての肉体という、不自由な桎梏《しっこく》を覆い被せる**「権利」**が両親にあります。

ですから、肉体の**「欲望と不快」**が方向付ける意思そのものを、**「邪心」**と言います。

この邪心が諸悪の根源である以上、自分に最も近い恩讐である、他人の肉体と分離境界線を引くことが、自己統合性を確立する最善の方法といえます。

自己統合性を確立するとは、肉体の「欲望と不快」が方向付ける意思である邪心と分離境界線を引いて、霊体の愛が方向付ける意思である、**「本心」**に統合されながら感情統治していくことです。

◆「真の先祖供養」は「肉体の養生」

ここでもう一度、「事実」に基づく、**「真の先祖供養」**について言及しておきましょう。

供養とは、**「人が共に養生する」**と書きます。我が魂である霊体と共に存在しているのは、両親から与えられた肉体だけです。

では、肉体とは、どのような存在なのでしょうか。それは、なんと38億年、一度として親子の関係が途絶えたことがない、唯一無二の存在であるという「事実」です。

遺伝連鎖の法則に従って、38億年分の親なる先祖たちの遺伝情報を、すべての時代に踏襲しながら、新たなDNAの情報へと書き込みながら、現世の肉体まで進化してきました。

すなわち、私たちの38億年分の親なる先祖を、**「事実」**として証明できる唯一の存在は、私たちの肉体だけなのです。唯一、先祖との関わりは、肉体という「事実」だけです。

38億年分の先祖を代表した、**「肉体の養生」**が、「事実に基づく先祖供養」だとしたら、一体、私たちは何をするべきでしょうか？

それは、肉体の感覚が、感謝と喜びになれることを積極的に行うことです。

例えば、素敵な景色や素晴らしい芸術を見るとか、良い音楽や感動する言葉を聞くとか、美味しい料理を食べるとか、癒される香りを嗅ぐとか、温泉に行って肉体そのものが癒されるとかです。

これは、あくまでも親なる先祖を供養する、動機の行為であり、肉体の欲望に支配されて、自己欲求を満たすために行う行為ではありません。

肉体をいたわって大切にする行為や、肉体の五感が、感動し癒される行為そのものが、38億年分の親なる先祖を養生することであり、**「事実に基づく先祖供養」**として、現実的であり、最も重要なことになります。

現に、両親が子供に願うことは、兎に角、身体だけは健康であって欲しいと、願っているのであって、決して、何かをして欲しいとは思っていません。

ですから、仏壇やお墓に先祖がいるという、妄想や幻想を抱いて手を合わせて、祈ることでもなく、御経や念仏などを唱えることでもありません。

単なる、自己満足と自己陶酔でなされることには、いっこうに構いませんが、仏壇やお墓に先祖がいるわけではありませんから、先祖とは何の関係もない行為です。

◆被害者になった時に不快な感情に陥るのは、人間の最も愚かなところ

では、「ありのままを無条件で全面的に受容」するとは、どういうことでしょうか。

アルファ（初め）とオメガ（終わり）は原因と結果に於いて、自らの意識に一致していますから、愉快な感情も不快な感情も、必ず、ブーメランとなって自分自身に返ってきます。

あなたが地球上でたった一人の人間だとしたら、自然環境に対して雨だから、暑いから、寒いからといって、不平や不満などの不快な感情に陥るでしょうか。

不平や不満を吐露する相手がいなければ、すべての環境を無条件で受け入れて、生きていくしかありません。

たった一人の存在でしたら、幸福や不幸、美人や不美人、優れている、劣っている、善や悪などの評価に基づく、感情を派生すること自体が、無意味で無意義なものになります。

一般的な人たちは、常に他者評価獲得競争をしているわけですから、人の目や人の評価に捕らわれて、何らかの統合性を欠いた、人格に陥っていることになります。

自己統合性を確立するということは、自分自身の内なる意識に矢印を向けて、本心と邪心に分離境界線を引き、内的分別をすることにより本心に方向付けて、自己決定による自己管理と自己責任に従って、自己完結することに自助努力を払うことです。

霊体のみが自分自身であり、肉体は母親と父親から与えられた、恩讐の意識を踏襲した存在ですから、真の自他分離境界線は、霊体と肉体である本心と邪心の間に、引くべき境界線です。

懺の思想は霊主体従の法則に基づく、自らの罪深さや心貧しさをウラミ、贖罪と懺悔の意識で、

「私が悪かったです。私が間違っていました。申し訳ありません」と、何事に対しても謙虚と謙遜で、感謝と喜びで受容する、加害者意識と自己責任原則に方向付けられた憾《うら》みです。

憾とは立心偏《りっしんべん》に感じると書きます。このウラミは外に向かってのウラミではなく、自分自身に対する自己反省と悔い改めによるウラミで、自分自身の心の卑しさ、心の貧しさ、心の醜さに対して、謝りを感じながら感謝で生きる生き方です。

本来、牢獄に収監される人は、加害者のみです。ですから、地球星には被害者は一人もいません。

人間の最も愚かなところは、被害者になった時に、不快な感情に陥ることです。

被害者意識に陥りそうになった時は、自分が前世加害者であったということを、常に自覚するように心掛けることです。それが囚人たる務めの優先順位だからです。

現世被害者になる理由と原因は、自分が前世加害者であったからだ、ということを自覚することです。

原因なきところに結果は生じないからです。初めと終わりは原因と結果に於いて、自分自身のみに一致しているからです。

私たちは被害者意識によって、怒りや責任転嫁などの不快な感情に陥りやすいので、常に加害者の意識に基づいて、私が悪かったです、私が間違っていました、**「ごめんなさい」**という謙虚と謙遜で受け止めて、自己反省と悔い改めの贖罪をするために、地球物質界に地球霊界から贖罪降臨したのです。

夫婦の関係に於ける内的な論理性

個人の次に、最も小さいコミュニティーは、夫婦関係（女男関係）であり、この関係を**横の経綸**といいます。

親子関係である縦の経綸を第二の恩讐関係といい、夫婦の関係である横の経綸を第一の恩讐関係といいます。

すなわち、歴史に連綿と横たわる格差の中の格差、差別の中の差別は、女性格差であり女性差別ということになります。差別や格差の底辺に存在しているのが**「女性」**です。

なぜ、夫婦の関係が重要かといいますと、夫婦（女性と男性）の存在がなくして子供は生まれてきません。

「ゼロの法則」に基づいて、プラスとマイナス、陰と陽、メシベとオシベ、メスとオス、女性と男性などといった、相反するパラドックスの夫婦関係が、最初のコミュニティーを形成する原点となるからです。

人類歴史に於ける最大の揺らぎは、女性と男性の陰と陽の揺らぎです。

陰を代表した女性と陽を代表した男性との、潜在的な加害者意識と被害者意識という、意識の真逆性に内在する、相反する意識の葛藤と摩擦の壁を破壊して、女性と男性の恩讐の距離を縮めてきたのが、まさしく進化の歴史そのものです。

では、被害者と加害者の意識に内在している、潜在的な深層心理というのは、どのような意識でしょうか。

まずは、足を踏まれた被害者の立場と、足を踏んだ加害者の立場で考えてみることにしましょう。

足を踏まれた人は、私は何も悪いことはしていない。悪いのは足を踏んだあなたであり、私は何も間違ったことはしていない。といった具合に、自己正当性が潜在的な意識にあります。

被害者の自己正当性の深層心理の中には、怒りや怨み辛みなどの不快な感情が、多かれ少なかれ存在しています。

この自己正当性が時として、独善的で極端な論理に増長させる傾向があります。

前世被害者の夫は前世加害者の妻に対して、多かれ少なかれ潜在的に自己正当性を霊体に踏襲しています。

ですから、夫はどんなに間違ったことをしても、どんなに迷惑を掛けても、どんなに理不尽なことや不条理なことをしても、積極的に妻に対して謝ることはしません。

夫は、なんだかんだと言って、自己保身の理由付けをしては、妻を言い含めようとします。夫は妻に対してどんなに辛辣な言動を行っても、罪の自覚すらありません。

「俺がカラスは白だと言ったら、カラスは黒でなくて白だ」と頑なに言い張ります。

足を踏んだ加害者の妻は、私が悪かったです。大変申し訳ないことをしました。といって自己反省と悔い改めという懺悔の意識が潜在的に存在しています。

被害者の意識は外の他人に向かっていき、加害者の意識は内なる自分自身に向かっていきます。

これが、夫婦の関係に於ける、潜在的な無意識に内在する、深層心理の中にある、**「内的な論理性」**となりますので、夫婦はそのことを理解して向き合うことが、お互いに重要なことになります。

夫婦の関係に於ける外的な論理性

男性と女性の外に向かう目的と価値の方向性は、真逆の論理性に方向付けられていて、男性は、**「力と支配と闘争と破壊」**という論理性を意識の中に内包していて、女性は、**「愛と統合と融和と創造」**という論理性を意識の中に内包しています。

なぜ、このような論理性が内包しているかといいますと、親と子の恩讐に於ける相対変換の法則と同じように、前世被害者だった女性が現世加害者の男性となり、前世加害者の男性が現世被害者の女性にならなければならない必然性があるからです。

この法則と原則によって、歴史を通して常に、子供が大人の犠牲になり、女性が男性の犠牲となり、いつの時代も犠牲になるのは、子供たちと女性たちだったという歴史の事実が、今も尚、世界的に証明されています。

故に、進化の原動力は、霊層次元が高く犠牲者になりうる、未来の子供と女性に託されています。

これからの話を進める前に、一つの重要な法則と原則を紹介します。

陰陽の法則に基づく、女性と男性に於ける、**「性の揺らぎの偏差」**について、詳しく検証し証明しておきましょう。

女性の中にも男性の性稟《せいひん》が内在していて、男性の中にも女性の性稟が内在しています。

それが証拠に、肉体でさえ女性を主体として、ロール・モデルになっていますので、対象である男性にも必要のない乳首が存在しています。

「ゼロの法則」に基づいて、性の揺らぎの偏差が少なければ少ないほど、人格的なバランスが中性的かつ中庸的な性質と性格になり、極めてバランス感覚の良い人格者となります。

例えば、数的に解説しますと、女性に内在している性稟が100であるとしたならば、女性の性稟が51内包していて、男性の性稟が49内包しているとしたら、陰陽のバランスとしては、極めてバランスの良い女性の性稟であるといえます。

このような女性は、女性の気持ちもよく理解できますし、同時に男性の気持ちもよく理解することができます。当然、男性も同じことがいえます。

真逆に、男性に内在している性稟が、男性の性稟が80内包していて、女性の性稟が20しか内包していなかったら、陰陽のバランスとしては、男性に偏った極めてバランスが悪い、大きな性の揺らぎの偏差傾向にあるといえます。

このような男性は、前世から踏襲した被害者意識が強烈に内在していて、自己正当性に基づく怒りと怨みの深層心理によって、「力と支配と闘争と破壊」のロジックを、性稟として多く内包しています。

ですから、極めて支配的であり、闘争心に溢れていて、権力志向が強く、女性に対して女性蔑視や女性差別という言動を、顕著かつ如実に行う傾向があります。

このような偏差傾向にある人たちは、僕の経験に基づいて検証すると**「性欲」**が強い傾向があり、政界人や官僚のキャリア組や財界の役員集団などの、上級国民といわれる人たちに顕著に見受けられます。「英雄は色を好む」の格言の如くです。

では、性の揺らぎの偏差は、いかにして創り出されてきたのでしょうか。

それは、前世の霊界に於ける霊格形成史に由来していて、男性被害にあった被害女性が、相対変換の法則に従って、現世では真逆に加害男性になっていく相対変換の法則です。

すなわち、前世に於いて男性被害にあった、被害女性の怒りと怨みの強さと度合いによって、現世に於ける**「男性度」**に方向付けられる**「性の偏差率」**が決定します。

当然、前世に於いて加害男性の自己反省と悔い改めの次元によって、現世に於ける**「女性度」**に方向付けられる度合いが決定します。

人類の進化の歴史は、一人ひとりの性稟として内在する、「性の揺らぎの偏差」を改善するために、「ゼロの法則」に基づいて、女性と男性が大きな性の揺らぎから、小さな性の揺らぎへと方向付けてきました。

歴史を通して「性の揺らぎの偏差」を徐々に改善しながら、女性と男性が分離感と距離感をなくすために、熾烈な葛藤と試練を乗り越えながら、進化の歴史を共に歩んできたといっても過言ではありません。

それが証拠として、最近は女性男子や男性女子のような、中性的かつ中庸的な若者たちが、長足的に増えてきていることでも証明できます。

すなわち、「ゼロの法則」に基づいて、親と子の関係が霊体と肉体に於ける、本心と邪心の揺らぎを解消してきました。

夫婦の関係が女性と男性に於ける、陰と陽の性の揺らぎを解消して、共に向上心によって霊性進化に方向付けて、霊層次元を上げてきた歴史といっても過言ではありません。

女性と男性の恩讐による加害者意識と被害者意識の揺らぎの偏差によって、女性と男性がお互いに理解し合えないことが、愛し合えないことが「諸悪の根源」となって、さまざまな問題を提

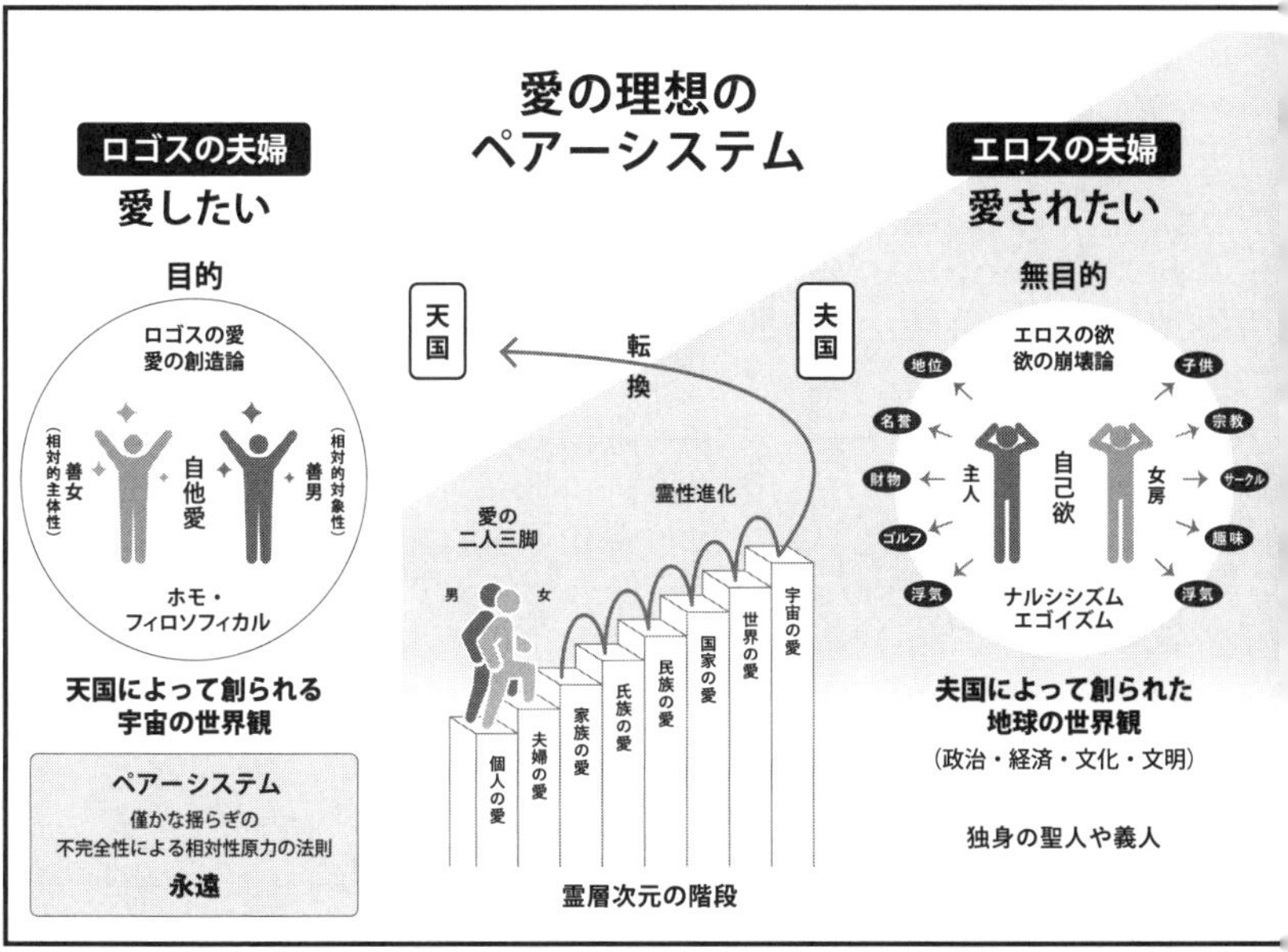

起し複雑化させてきている元凶にもなっています。

ただし、「性の揺らぎの偏差」も、あくまでも、それぞれの霊性次元がベースとなって現象化しています。

霊性次元が低ければ低いなりの「大きな性の揺らぎの偏差」が現象化しますし、高ければ高いなりの「小さな性の揺らぎの偏差」が現象化します。

「天国」と「夫国」は統合と支配の原則

このことを大前提で、以下の原則に従って、話を進めていきましょう。

次元支配の原則は、「低次元のものが高次元のものを支配し、高次元のものが低次元のものによって拘束され、絶えず不調和と無秩序を増大しようと働き掛け、依存と支配と不自由の原則へと方向付けていきます」。

例えば、体主霊従の法則に基づいて、肉体の被害者意識（欲）が、霊体の加害者意識（愛）を支配して、霊体の愛が肉体の欲に拘束され、絶えず不快な感情と無秩序を増大しようと働き掛け、依存と支配と不自由の原則へと肉体が霊体を方向付けていきます。

次元統合の原則は、「高次元のものが低次元のものを統合して、低次元のものが高次元のものに統治され、絶えず調和と秩序を拡大しようと働き掛け、自立と解放と自由の原則へと方向付けていきます」。

例えば、霊主体従の法則に基づいて、霊体の加害者意識の愛が肉体の被害者意識の欲を統合して、肉体の欲が霊体の愛に統治され、絶えず調和と秩序を拡大しようと働き掛け、自立と解放と自由の原則へと霊体が肉体を統治しようと方向付けていきます。

相対変換の法則に基づいて、前世被害者が現世加害者になり、前世加害者が現世被害者に必然的になりますから、内的ロジックは前世加害者の男性が現世被害者の女性となり、前世被害者の女性が現世加害者の男性となります。

現世は女性の「愛と統合と融和と創造」という**「外的ロジック」**によって、男性の「力と支配と闘争と破壊」の外的ロジックを、統合し凌駕しながら統治して、霊性進化に方向付ける役割と責任が、女性のみに付与されています。

ですから、男性が戦争などで破壊した生命を、女性が子宮内に新たな生命として宿し、生命を再生して、新たに進化した生命を、世に生み出す権能を付与されています。

この真逆のロジックを、大きな揺らぎの恩讐から、小さな揺らぎの愛情へと、愛の質的次元である人格レベルを上げて、自由の量的次元である意識レベルを広げていくように、お互いの自助努力が求められています。

愛は霊性次元を代弁し、自由は意識の広大さを代弁しています。

相対変換の法則に基づいて、前世被害者だった女の子と男の子が、現世の父親と母親になって、前世加害者であった現世の子供たちに対して、最初に愛の投資をしなければならない、親と子というメカニズムとシステムが真逆paradoxに仕組まれています。

前世被害者だった現世の男性が、前世加害者だった現世の女性に対して、最初は愛を投資していくようにパラドックスに仕組まれています。

ですから、自然界のオスも人間界の男性も、最初の求愛活動や求愛行動は、オスと男性からメスと女性に向けられて行われます。

しかし、人類歴史は男性の被害者意識による自己正当性に従って、男性型支配構造を合法化して、女性たちを力と恩讐の下に、家庭から社会構造に至るまで支配し、男性を頂点とした、ありとあらゆるピラミッド型支配構造を、歴史の中に連綿と構築してきました。

天国の「天」という字は、二人の国と書きますが、もう一つの二人の国は、天という字を突き抜ける、「夫」という字になります。夫は天を突き抜けるほど、偉い人になり、やがて傲慢になって、男性型支配構造の**「夫国《ふこく》」**を、家庭や社会の中に歴史を通して、連綿と築いてきました。

男性は夫婦の関係に於いて女性に対して、次元支配の原則に従って、二人の国である天国の愛の実現ではなく、夫国の支配の実現のために「横の経綸」を力で支配してきました。

女性たちに対して多大な悲哀と恩讐を、連綿と歴史の中に「非合法的」に築いてきたことが、**「諸悪の原因」**になっています。

地球星は男性が女性を非合法的に支配するために、都合のよい理論の枠組みと価値観を作り上げてきました。

その典型で最たるものが、「一夫多妻制」という制度を合法化し、女性の自由と権利を剥奪してきた宗教論理です。

それが、世界の混沌と混迷と混乱を招いている元凶といっても過言ではありません。

独善的である、すべての宗教理論は、男性が頂点に立って、ピラミッド型支配組織である宗教団体や宗教組織を、世界的に形成しています。男性の宗教指導者に支配されている国までもが、現実に存在しています。

エロスの結婚とロゴスの結婚

最近、結婚に対して無欲で無関心な若者たちが急速に増えてきています。

彼等や彼女たちにそれぞれ聞いてみますと、両者は同じように結婚する意味と意義を見出せずにいます。当然、結婚によって創り出す価値すら見失っています。

若者たちは、進化の原則に従って、両親よりも進化した生命体として生まれてきています。その進化して生まれてきた子供たちは、両親の背の姿を見て育ってきています。

その若者たちが見てきた両親の背の姿は、人生の目的もない、夫婦として存在する意味も意義もなく、価値も創造せず破壊に向かっていく、ただ、生きるための共同生活者であり、単なる同居人になっていく姿を見てきています。

ですから、結婚にも家庭にもまったく興味が持てなくなっています。まして、AIとロボットが人間を管理し支配する時代が、目の前まで迫ってきている近未来を、彼らの霊体がよくよく前世で理解しているので、何に希望を見出して良いのか、迷いの淵に追いやられています。

地球の理論に基づいた結婚観は、**「愛されたい」**という**「非合理的な欲」**に基づいた、**エロスの結婚**に従って、**エゴイズム**（自己中心性）と**ナルシシズム**（自己満足と自己陶酔）による、お互いの**自己欲**に貫かれています。

「ゼロの法則」に基づいた結婚観は、**「愛したい」**という**「合理的な愛」**に基づいた、**ロゴスの結婚**に従って、受動的な愛による「理解したい」意識と、能動的な愛による「認めたい」という意識による、お互いの**自他愛**に貫かれています。

すなわち、エロスとは、基本的に「愛されたい」という非合理的な「欲」のことをいい、ロゴスとは、基本的に「愛したい」という合理的な「愛」のことをいいます。

ロゴスの結婚に於ける、唯一の目的は、「ゼロの法則」に基づいて、女性と男性の相反する性稟である、「性の揺らぎの偏差」を、お互いが解消して、バランスの良い愛の理想の人格形成をすることにあります。

私たちの身の回りには、さまざまなモノが存在していますが、意識に入らなければ、存在していても、自分にとってはない存在になっています。

しかし、意識した瞬間に、そのモノの存在が意識に入り認識することができます。

すなわち、私の意識が初めにあって、そのモノを結果として、私の意識が認識していますので、初めも終わりも、私の意識が原因として発信され、私の意識が結果として受信しています。

私の意識の中には、何人たりとも介在できず、すべてが私の意識の中で、最初から最後まで行われています。

故に、すべてが意識の中で行われていて、初めと終わりは原因と結果に於いて、私の意識と一致しているという、宇宙の不可侵不介入の原則が、根源的な姿勢として貫かれています。

ロゴスの結婚は、私が彼を意識し、私の意識が彼を認識しているわけですから、私の意識しだいで彼の存在が、善くも悪くも決定します。

初めと終わりは原因と結果に於いて、自分の意識のみに一致しているからです。

エロスの結婚は、物質世界の飼い慣らしによって、肉体感覚であるフィジカル・フィーリングだけを頼りに、彼の存在を認識しています。

またエロスの結婚は、葛藤と摩擦による格差や差別を創り出す、肉性意識体として存在を余儀なくされています。

ロゴスの結婚は、地球霊界に行く準備として、霊的情動であるスピリチュアル・エモーションを訓練し強化して、差別や格差を意識の中から排除しようと努めます。

ロゴスの結婚は、お互いのバランスと調和と秩序を創り出せる、霊性意識体に進化するように、自助努力を共に心掛けていきます。

ですから、受動的な愛と能動的な愛によって、愛の相対化が可能となり、自然とお互いが向き合い、コミットメントできるようになります。

エロスの人間は、肉体という囚人服を身に着けて、牢獄星の住人として、必然的に欲望を感じざるを得ない環境の中で、存在しなければならない**現実**があります。

ロゴスの人間は、すべてのモノには意識が存在していることを理解していて、**「意識を意識して生きる生き方」**を心掛けていますから、**真実**で生きようとします。

真実と事実につきましては、後ほど（223ページ〜）詳しく解説させていただきます。

ロゴスの結婚は究極の愛の世界

これから紹介する内容は、僕にとっては至極当然のことであり、決して理想論を語っているつもりは毛頭ありませんし、当たり前のことを、当たり前に語っているだけですので、決して理想論とは思わないでください。

もし理想論と思うのであれば、それは自らの心や魂の次元が、少し低いということになってしまいます。

エロスの結婚は、物質世界に飼い慣らされた意識ですから、私と彼との間には肉体の距離感と同じように、お互いの意識の距離感が、それ以上に存在しています。

物質世界は、フィジカル・フィーリング（肉体感覚）が、意識の距離感と分離感を作るように方向付けていて、それによる葛藤と摩擦によって、不快な感情へと誘導されていきます。

エロスの結婚は、肉体という嘘の鎧を着た者同士ですから、「愛されたい」故に、気が通じ合わないとか、性格の不一致とか、価値観が違うからとか、観ている方向が違うから、といった具合に離婚の理由付けをします。

ロゴスの結婚は、宇宙意識場に行く目的のための重要なパートナーとして、「愛したい」という意識を、お互いが理解していますから、エモーション・コンタクト（情動交流）に基づいて、言葉をコミュニケーション・ツールとして使わなくても、意識の距離感を作らないように方向付けて、葛藤と摩擦を限りなくゼロに近づけて、愉快な感情に誘導していきます。

ロゴスの結婚は、人生の目的観が共通ですから、関われればかかわるほど、理解が深まり、自分のこと以上に、思いを尽くし、心を尽くして、愛することができるようになります。

ロゴスの結婚は、宇宙意識場に行くための準備をしていますので、常に意識の葛藤と摩擦を排除しようと自助努力しています。

故に、ロゴスの結婚には背信行為はあり得ません。

エロスの結婚は破壊、ロゴスの結婚は創造

エロスの結婚は、「愛されたい」が潜在的な無意識にあって、人生の共通の目的と価値が、まったく共有されていませんので、愛を与え合う夫婦ではなく、愛を要求し合う夫婦になっています。

◆愛を奪い合う夫婦と愛を与え合う夫婦

エロスの結婚は、夫は自分の勝手な都合で、自分好みで自分が望むような妻になることを、当然の如く要求しますが、妻が望むような夫になることは、かたくなに拒否します。最近は妻もまったく同じようなことが、現実として起きています。

すなわち、愛を与え合うのではなくて、愛を奪い合うことによって、虚しくもはかない刹那的な人生を、お互いが**「依存と支配と不自由の原則」**に従って、共依存と共支配によって、不自由を強要し合い、生きるために生きる生き方で、一生が仕方なく終わっていきます。

エロスの結婚は、夫婦が人生に対する共通の目的と意味と意義に対する価値観が、まったく存在していませんので、喜びと感動は結婚式の日をピークに、結婚生活と共に薄らいでいき、やがては単なる同居人もしくは、共同生活者となっていきます。

ロゴスの結婚は、人生の共通の目的と価値観を共有していますので、阿吽《あうん》の呼吸で以心伝心の

二人三脚の夫婦となって、慈しみ合い理解し合い、愛と喜びを感情の通路として拓いていき、喜びと感謝を享受し合う夫婦となっていきます。

すなわち、愛を与え合うことで、喜びを共有し、生きる意味と意義を見出して、お互いの価値を創造する、**「自立と解放と自由の原則」**に従って、向上心によって愛と喜びで感情の通路を上位に拓きながら、お互いを**「個性芸術」**として尊重して、人生を一生涯にわたって、共に謳歌していきます。

◆「個性芸術」とは、一人ひとり唯一無二の存在そのものということ

では、**「個性芸術」**とは、どういうことでしょうか。

まず、**「個性」**を定義すると、一人ひとりの「性質や性格」である「個性」は、宇宙に存在する唯一無二の存在であるということです。

ですから、まったく同じ「性質や性格」の人は、宇宙の何処にも存在していませんので、唯一無二の存在であり、たった一人だけの掛け替えのない尊い存在であり、最も価値があるオンリーワンの存在ということです。

次に、**「芸術」**を定義すると、まったく同じ作品が二つ以上存在したら、それは芸術とは言えません。

まったく同じゴッホの絵が、何枚も存在したら、もはや、芸術とは言いません。

芸術というのは、唯一無二の存在だからこそ、芸術としての希少価値があるのです。

すなわち、**「個性芸術」**とは、一人ひとりの存在が、宇宙意識場に於いて、たった一人の存在であり、唯一無二の掛け替えのない尊い存在であり、最も価値あるオンリーワンの存在そのものをいいます。

故に、宇宙から最も愛されている、唯一の存在でもあります。

しかし、私たちは少なくとも自分自身に、嫌悪感や否定感や不信感を抱きながら生きています。

ですから、何事に対しても自信がない、自分には無理だから、などといって自己評価を自分自身で引き下げて、**「メンタルが極めて弱い」**人間になっていきます。

他人のことや他人の評価は、どうでもよいことです。自分自身が光り輝いてさえいれば、それでよいのです。

我々は、一人ひとりが唯一無二の存在であり、唯一無二の掛け替えのない尊い存在であり、唯一無二の最も価値ある存在であることを自覚して、**「自信と勇気と信念」**を持って生きるべきです。

自分の不快な感情による自傷行為は、自分自身で個性芸術を破壊していく行為そのものといえます。

エロスの結婚は、現世利益に基づく打算的な価値観で、学歴の有無や会社のランクを測って、この人と結婚したら幸せになれるかしら、経済的には心配ないかしら、昇進して出世してくれるかしら、といった具合に、まず、自分のご都合主義のエゴイズムな動機と発想で結婚の相手を決めます。

死んで脳の記憶と共に、すべてを失っていくことがわかっていても、無知が故に、地球の地球による地球のための生き方に終始して、現世利益を求め合うものですから、必然的に心霊も心情も枯渇して破局を迎えることになります。

エロスの結婚は、「愛されたい」が動機の原点ですから、愛して欲しい、理解して欲しい、認めて欲しい、優しくして欲しい、わかって欲しい、評価して欲しい、お金も欲しいという、欲しい、欲しい、欲しいの、欲しい尽くしの**「欲まみれ」**の意識で結婚します。

ロゴスの結婚は、霊世利益に基づく、宇宙生活のための目的と価値観を共有した動機で結婚しますので、夫を地球意識場から卒業させたい、妻を宇宙意識場に行かせたい、というコンセンサス(一致点)で人生を共有していきます。

死線を越えた宇宙に本質があることを、十分に理解していますので、宇宙の宇宙による宇宙のための生き方に終始して、霊世利益を求め合いますから、必然的に心霊も心情も常に満たされて、愛と喜びが恒常的かつ恒久的になされて、進化と発展が持続可能になっていきます。

愛の理想のペアーシステム

◆地球次元の愛を完結するために

たとえ聖人や義人であっても、どんなに優秀な個人が自助努力しても、一人では陰陽の愛を完結することは絶対に不可能です。

愛を完結するためには、女性と男性の理想的な愛のパートナーの存在が、「ゼロの法則」に基づいて、性の揺らぎの偏差を解決するために、絶対に必要かつ不可欠な存在だからです。

歴史の指紋は、主体である女性が不在の中に、男性の独善的な経済理論や宗教理論の枠組みと価値観によって、男性型支配構造の根幹を無言の内に合法化して、男性たちを頂点にした、ピラミッド型支配組織を家庭や社会の核として形成してきました。

歴史を通して地球星に存在した者は、すべて女性から生み出され、男性から生み出された人は誰一人として存在していません。

歴史上の聖人たちが女性の存在を無視して、**「愛のペアーシステム」**を完結せずに、独身で現世を去って逝ったとしたならば、何を悟ったとしても、何を語り伝えたとしても、何を偉業として残したとしても、本質的な意味と意義を見出したわけではなく、価値を創造したわけでもありません。

人生の目的に於いて、最も重要な課題と責任である、性の揺らぎの偏差による女性と男性の悲哀と恩讐を、解放する役割と責任が、お互いに完結されていませんので、輪廻の法則に従って、地球星に何度も再降臨しなくてはなりません。

どんなに優秀な聖人や義人であっても、一人では、**「陰陽の愛」**を完結することはできません。天国はあくまでも二人の国であって、一人の国でも三人の国でもありません。

愛を完結するためには、女性が宇宙の半分の陰を代表して、男性が宇宙の半分の陽を代表して、主体である女性の加害者意識である自己反省と悔い改めによって、対象である男性の被害者意識による自己正当性と怒りが、次元統合の原則に従って、意識統合され感情統治された時に、地球星人の愛は完結されます。

すなわち、地球次元の愛を完結するためには、女性と男性による愛の理想のパートナーが不可欠だからです。

もし、聖人と言われる人たちが、二人の国である天国への道に繋がる、愛の理想の夫婦としての姿かたちを、ロール・モデルとして世に顕現していたら、今のような世界はありませんでした。

たとえ、聖人であっても義人であっても、このシステムに死角はありませんので、「自己満足」のために地球星に降臨しているのではありません。

男性は女性の悲哀と恩讐を、**「自己犠牲の慈愛」**で解放してこそ、地球星の底辺に横たわる女性たちの愛の恨みを解放する、役割と責任が歴史的に果たせるのです。

◆**戦争のない世界を実現するために**

男性の独善的な宗教論理によって、あたかも女性が汚れて劣っている存在の如く、女性差別や女性格差、女性蔑視による女人禁制とか女人結界などといって、男性の独善的な聖域を作ってきました。

男性が頑なに女性を拒んできたのは、「未分化な性衝動」による「性に対する欲望」の誘惑を回避するために、女性を差別的に排除して、自己正当化による自己保身と自己逃避をしてきただけのことです。

もし、独身であった聖人たちに例外が許され、正当化されるのであれば、女性の存在は初めから否定されていたことになります。

母親の存在なくして聖人の存在もなかったわけですから、宗教そのものも否定され崩壊して滅亡している筈です。ですから、**「宗教は男性の独善的な理論」**といえます。

過去の聖人は、愛のペアーシステムを完結して、霊性進化を遂げて、高い霊層次元へと昇華しなければならない、自己の役割と責任が現世に残存することになります。

もし、聖人といわれる人たちが、宇宙の太極的な存在が、主体である女性と認識して、人類の行くべき方向性を示唆していたならば、長足的に女男一体となって、新たな霊層次元の生命体へと霊性進化を遂げていたことでしょう。

いくら聖人とは言っても、独身で対象の立場の男性では、バランスを欠き、半端者になってしまい、「ゼロの法則」に基づくと、極めてバランスの悪い、大きな揺らぎの葛藤と摩擦を創り出す原因にしかなり得ません。

そのことが、男性たちの独善的な自己正当性を増長させ、**宗教闘争と宗教戦争**が、歴史を通して今も尚、絶えない元凶であり、唯一の理由でもあります。

人類歴史は、「ゼロの法則」に基づいて、相反する価値観や宗教観、イデオロギーの対立などによって、男性たちの被害者意識と自己正当性に従って、闘争や戦争という形で双方が激しく打ち消し合って、尊い生命と万物を破壊してきました。

その後、破壊と創造の原則に従って、女性の愛と創造の論理に従って、新たな生命を胎内で再生し、世に生み出して、新たな精神文化と進化した科学文明の基礎を、女性たちが再構築してきました。

第一次世界大戦後の文化と文明と第二次世界大戦後の文化と文明では、明らかに精神的な哲学と科学的な技術の進化と発展は、大きく変化を遂げて格段に進化しました。

その後、有神論と唯心論を唱える米国と、無神論と唯物論を唱えるソ連との、相反するイデオロギーの対立によって、核兵器が抑止力となって、新たな脅威が東西の冷戦構造として、世界的に現象化していきました。

すなわち、人類歴史は、破壊と創造の原則に従って、男性のロジックによる、被害者意識に基づく自己正当性によって、力と支配と闘争により、激しく打ち消し合い、古い文化と文明を破壊してきました。

その後、女性の加害者意識に基づく自己反省と悔い改めにより、愛と統合と融和によって、次の世代の子供たちに託して、新たに進化した文化と文明を創造してきた、歴史だったといっても過言ではありません。

故に、戦争のない世界を実現するためには、一日も早く、**「霊的に賢い品位ある女性」**たちが世の中に顕現し、社会や世界の重要なポジションに台頭することによって、世界は長足的に進化と発展を遂げていくことが可能になります。

第5章

女性主権で世界を一家族に転換する時代

女性と男性の恩讐の解放と進化

◆地球内生物は性の分化と共に進化を遂げてきた

夫婦間の悲哀と恩讐を愛で凌駕して、女性と男性の揺らぎがゼロ・バランスに近づくことで、**「両性半陰陽のゼロ」**に近づいていき、安定した**陰陽の性統合**がなされ、自由な愛に基づいて、喜びを感情の通路として、情動交流できる夫婦になっていきます。

両性半陰陽とは、性質や性格である霊性が、中庸的かつ中性的なバランスの良い人格をいいます。

すなわち、両性半陰陽のゼロに近づいていくことが、自分自身に内在する被害者意識と加害者意識の偏差が、中庸的かつ中和的になっていくことです。

地球星人として生まれたからには、どんな人であっても、**「女性と男性の愛のペアーシステム」**に基づいて、女性と男性の恩讐をお互いが解放して、愛の理想的な人格形成を共になしていかなくてはいけません。

「ゼロの法則」に基づいて、真逆のロジックを内包している、陰を代表する女性と、陽を代表する男性が、歴史を通して進化と共に恩讐の壁と距離を徐々に破壊しながら縮めてきました。

地球内生物の進化はどのようになっているかと言いますと、原始生命体であるバクテリアやウイルス、アメーバーは、陰と陽の性の分化がなされていない、物理的な**「性合一生命体」**でした。

進化と共に性の分化がなされていき、メシベとオシベ、メスとオス、女性と男性といったように、性の分化がハッキリと峻別され**「性分離生命体」**として進化を遂げてきました。

卵子と精子が結合した瞬間の受精卵は、まさにバクテリアのような性合一の単細胞生物でした。

それから、わずか二か月足らずで38億年の進化の過程を、一気に細胞分裂と共になしていき、再び女性と男性に性分化して生み出されてきます。

地球に於ける霊性進化のメカニズムは、高次元の性分化に従って、進化を遂げるようにシステム化されています。

また、個人に於いては、地球物質界では、霊体と肉体が**「霊肉合一生命体」**として存在しています。

死と同時に霊体と肉体が分離して、**「霊肉分離生命体」**として存在し、霊性意識体は霊界で霊性浄化と煩悩洗浄をして、新たな進化のための恩讐関係を自己決定し贖罪降臨して、また、地球物質界で霊肉合一生命体となります。

このことにつきましては、次のページで詳しく検証して、理解しやすく説明させていただきます。楽しみにしていてください。

◆宇宙次元の生命体に進化するために

「ゼロの法則」に基づいて、現世での霊肉合一生命体から霊界の霊肉分離生命体へと何度も、何度も、輪廻を繰り返しながら、合で古い霊性を打ち消し合い、分で新たな霊性を進化的に創造する、**「合分合の原則」**によって、進化のメカニズムとシステムが機能するように仕組まれています。

霊主体従の法則に従って、新たに進化した魂が、母親の受精卵に受胎降臨して、新たな肉体の遺伝情報に子宮内で書き換えていき、霊体と肉体が共に、**「合分合の原則」**に従って、進化していくように方向付けています。

地球霊界に於いても、女性の霊性意識体と男性の霊性意識体が、**生み変え生み直しの法則**に従って、女性の「愛」が男性の「力」を統合する**「性統合生命体」**となります。

女性の霊的な愛で男性の霊性意識体を、宇宙次元に生み変えることによって、共時的に同時に女性の霊性意識体が、宇宙次元に生み直され、地球波動生命意識体から宇宙波動生命意識体に「生命転換」していくことが可能になります。

このメカニズムとシステムによって、新たな宇宙次元の生命体に進化して、宇宙霊界に昇華していきます。

これは重要なことですので、後ほど（387ページ～）詳しく解説させていただきます。楽しみにしていてください。

では、霊長類は、いかに進化を遂げてきたのかと言いますと、性分化と共にホモ・ハビリス（道具を使う生命体）からホモ・エレクトゥス（二足歩行する生命体）に進化し、さらにホモ・サピエンス（知識を使う生命体）へと進化し現在に至りました。

性分化につきましては、かつて私が書いた『逆説の真理が運命を拓く宇宙の法則』（ヴォイス社）で詳しく紹介しています。

これからは、人類の知識レベルをはるかに超えて、ビッグデータを知識として携えた、AIロボットやAI兵器が人類を管理し支配していく時代が、目の前まで迫っています。

人類はホモ・サピエンスからホモ・フィロソフィカル（心を使う生命体）へと進化を遂げて、地球はAIロボットに任せて、最終的にはホモ・コスモロジー（宇宙の生命体）に進化を遂げていかなければならない時を、今まさに迎えています。

前述しましたように、今、世界の超大国による覇権競争のもと、最先端のAI技術による、軍事産業とAI兵器の開発に、莫大な資金が投資されています。

その最先端技術はトップシークレットで行われ、宇宙の覇権競争にまで及んでいて、最高機密として高度の開発が進められていることです。

人間が間違いを起こすことがあるように、AIも誤作動を起こす可能性は否定できません。

世界の問題と課題を解決する方法は一つしか有りません。

人類の歴史に横たわっている女性と男性の恩讐に基づく、メカニズムとシステムを、男性の傲慢な支配構造から女性の霊的に賢い統合構造に転換することによって、たとえ困難なことであっても、必ず解決される時が訪れます。

自由法則と自己責任原則と不可侵不介入の原則

先述しましたように、人間の理解力は、同じことを532回、聞かないと正確に理解できないそうです。何度も同じようなことに言及しますが、辛抱強くお付き合いください。

宇宙の基本的な法則は、一人ひとりの「意識」に対して、自由意志に基づく、自己決定に善くも悪くも委ねる、という**自由法則**を「完全に保障」しています。

ですから、すべての現象化したことに対して、すべて**自己責任原則**を「担保」しなくてはいけません。

故に、宇宙の法則は、一人ひとりの自由意志を保障するために、**不可侵不介入の原則**を「貫徹」しています。

例えば、不快な感情（不平、不満、不足、妬み、嫉妬、謗り、蔑み、悪口、批判、怒り、血気、怒気、怨み、辛み、不安、恐怖）などに、意識を方向付けて使うか、反対に愉快な感情（平安、安らぎ、感謝、喜び、嬉しい、楽しい）などに意識を方向付けて使うかは、まったく一人ひとりの霊性に基づく、自由意志に委ねられています。

自らの自由意志に基づく不快な感情によって、自らの心や精神や魂が傷ついていく、自傷行為に対して、すべて地球霊界で自己責任を負っていく**「原則」**になっているからです。

自由意志に基づく自己決定によって、最終的に善くも悪くも**「意識のスイッチ」**を入れているのは、自分自身であることを、常に自覚することです。

愉快な感情も不快な感情も、誰にも何処にもいきません。初めも終わりも原因も結果も、すべて自分自身の意識のみに一致しているからです。

たとえ、人を怨んだり妬んだりしても、すべてブーメランとなって、自分のところに帰ってきて、自らが「邪悪な心」になっていくだけです。

不快な感情を持った私が加害者となって、必ず私自身の心や精神が傷ついていく被害者となっていきます。

これも自由法則に基づく、自由意志が保障されていて、自己責任原則を担保していかなければいけない、宇宙の基本的な法則が存在しているからです。

自由法則を保障するためには、何ものも意識の中に介入することも、介在することもできない原則に従って、一人ひとりの意識が自由意志に基づく、自己決定と自己責任原則を貫徹する義務と責任を、自らが負っているからです。

「宗教依存」して**「宗教支配」**され不自由になるのも、自由意志に基づく、自己決定と自己責任に委ねられています。

反対に、何ものにも依存しない、自立と解放と自由を自己決定するのも、自由意志に基づく、自己決定と自己責任に委ねられています。

「ゼロの法則」に基づいて、自らの意識を外に向けるのではなく、自分自身の内なる霊性と真摯に向き合って、霊性と意識の揺らぎを限りなくゼロ・バランスに近づけていくことです。

そのことによって、精神的な葛藤と肉体的な苦痛をできる限り、ゼロに向かって減少化していき、感謝することに最大限の自助努力を払うのが、基本的な自由法則と自己責任原則です。

極めて哲学的に次元が高い内容ではありますが、たとえ冤罪（無実の罪）であっても、あの人が悪い、この人が悪い、その人が悪いなどといって、犯人探しをするようなことではありません。

自分の不快な感情が、自分自身に次から次へと、不快な現象を引き寄せて、ネガティブな結果を、必然的に自らに招くからです。

当然、自分の愉快な感情によって、自分自身に愉快な結果を招くのも必然的なことです。

何故ならば、初めも終わりも、原因も結果も、すべてが自分自身の感情のみに一致しているからです。

ですから、自分に最も近い不快な感情の犯人は、自分自身であり、自分の不快な感情によって、最も近くで傷ついている被害者が、自分自身の心であり魂であることを理解することが、最も大切なことになります。

私にとっての加害者は私であり、私にとっての被害者も私自身だからです。

このような生き方に方向付けて、自助努力していくことで、善悪論や自己保身による被害者意識に陥って、不快な感情により責任転嫁をする人もなく、奪い合うことも争うこともなく、すべてが自己責任原則の下に、人類は長足的に霊性進化を遂げていくことでしょう。

女性に主権移譲の時代

ＡＩとロボットが台頭してきて、「人間が人間を必要としない時代」が、近未来に必ず訪れます。

私たちは支配と闘争と破壊という、覇権争いの歴史から手を引いて、統合と融和と創造という互恵関係の歴史に大転換するＴＰＯを迎えています。

そのためには、一日も早く男性たちは、ありとあらゆる男性の権限と権能を、女性に譲渡しなくてはいけません。

例えば、かつて平塚らいてうが「元始、女性は太陽であった」と言ったように、女性が太陽の役割と責任を果たし、男性が月の役割と責任を果たしているとしたら、重要な役職である、立法府の国会議員の数や行政府の官僚の数や会社の役員の数などは、女性が手始めに五分の三を占めて、決裁権はすべて女性に与えることです。

どんなに困難なことであっても、人類の責任に於いて、前世被害者である男性から前世加害者である女性に対して、**「恩讐を愛することによって、自らの恩讐を解放する」**方程式に従って、主権移譲が完結しない限り、地球星人は永遠に恩讐関係を繰り返す、輪廻の法則に呪縛されることになります。

霊主体従の法則に基づいて贖罪降臨してきて、「霊性の進化と体質の改善」は、子宮内でなされていきますので、男性の論理では男性が子供を妊娠して、新たに進化した生命を世に生み出すのと、同じくらい不可能なことです。

何故ならば、霊性進化の方程式は、女性に委ねられていて、女性の愛と統合と融和と創造の論理性に基づく、次元統合の原則に委ねられているからです。

進化の聖域である胎中で、遺伝子の組み換えによる体質改善と、母性愛の次元統合の原則による霊質改善によって、肉体進化と霊性進化が共時的に同時になされ、歴史の進化過程を導いてきたからです。

最も重要な生命進化に方向付ける、生み変え生み直しの役割と責任を、女性が担っている以上は、社会の生み変え生み直しも、民族の生み変え生み直しも、国と世界の生み変え生み直しも、すべて女性にその権能と権限と役割と使命が、人類の責任として与えられているからです。

何故ならば、この世の決裁権は、すべて男性が握っていますが、あの世の決裁権は、生み変え生み直しを可能にする、女性が握っているからです。

地球星の諸悪の原因は何処に存在するのかといいますと、それは、歴史を通して一人ひとりの遺伝子の中に踏襲されて存在しています。

本能的原存意識である食欲と性欲が、肉体の因果律の法則に従って、食欲は財物欲に変遷し、性欲は支配欲や地位欲や名誉欲へと変遷してきました。

遺伝連鎖の法則に従って、遺伝子支配による本能的残存意識として、親から子へと相続され、肉体支配構造を連綿と踏襲してきました。

この体主霊従の法則のメカニズムが、人類の恩讐の壁と距離を創り、民族や国、文化や文明など、さまざまな差別と格差を強固に創り上げてきました。

この欲望意識を転換しない限り、すべての問題の解決はなく、旧態依然の理論の枠組みや価値観では、ＡＩロボットとＡＩ兵器によって支配され、やがて自己破壊と自己破滅の結果を余儀なくされていきます。

今まさに、人類はＡＩロボットやＡＩ兵器を愛で統合して、喜びを創造するためにＡＩ全体を統治していかなければいけない時代に入ったと思います。手遅れにならないことを、ただただ祈るばかりです。

世界を一家族主義に転換する時代

この世界的な諸問題を解決する方法は、世界を「一家族主義」に転換して、一つの理論と法則に統合した、世界的な理念に方向付けるしか道はありません。

世界を一つに統合する方法は、同じ民族や国民との**「同族交配」**ではなく、人種を超え、民族を超え、国を超えて、すべての文化や文明や言語をも超越して、歴史的にまったく縁もゆかりもないDNAの人間同士が、**「グローバル交配」**を世界的に展開していくことです。

生み換え生み直しの法則に従って、グローバル交配を七世代にわたって行えば、遺伝子組み換えによる体質改善が容易になされて、本能的残存意識は間違いなく半減していき、肉体の欲望意識も大きく減少し、遺伝子が進化の方向に組み替えられていきます。

その結果、人種の壁も、民族の壁も、国の壁もなくなり、当然、文化の闘争や文明の格差、貧富の格差も解決されていきます。

そして、必ず世界の言語の善いところを、一つの共通言語に統合して、必ず、グローバル・コラボレーションの世界が建設されます。

そのために最も重要な懸案は、**「霊的に賢い品位ある女性」**たちを、世界中にいかに早く、多く輩出できるかに懸かっています。

何故ならば、新しい時代の高次元の霊性意識体は、女性の霊層次元に従って、新たに進化した霊体が受胎降臨してくるからです。

そして、肉体進化は女性のミトコンドリアＤＮＡによって、書き換えられ踏襲されていくからです。

このように霊体の進化も肉体の進化も、霊的に賢い品位ある女性に委ねられているからです。群れの法則に従って、「慈愛の心」の女性に「慈愛の子供」が受胎降臨してきて、「邪悪な心」の女性に「邪悪な子供」が受胎降臨してきます。

「邪悪な心」とは、基本的に「愛されたい」という、非合理的なエゴイズム（自己中心）とナルシシズム（自己満足）の**「欲」**のことをいいます。

「慈愛の心」とは、基本的に「愛したい」という合理的な慈悲と慈愛の**「愛」**のことをいいます。

不思議なことに、自分には「邪悪な心」がないと思っている人ほど、「邪悪な心」が多く内在していて、自分には「邪悪な心」があると自覚している人ほど、「邪悪な心」が少ない傾向にあります。これも「ゼロの法則」によって、すべてが真逆paradoxに相対化している現象と言えます。

進化は、輪廻の法則に基づいて、**「生み変え生み直しの法則」**によって、時代ごとに完結されていきますので、霊界から未来を担った、どのような子供となる霊性意識体を受精卵に迎えるかが、重要なコンセプトとなります。

弁証法によって検証してみますと、今現在、日本の女性が海外の男性と結婚して、グローバル交配によって生み出した子供たちが、勉学に於いてもスポーツ界に於いても、優秀な能力と才能と才覚を際立てて、世界的に顕現しているという事実が証明しています。

世界から国がなくなり国境がなくなって、世界一家族にならなければ、人類は地球星を卒業して、宇宙の段階の生命体に進化することはありません。

エロスの性欲とロゴスの性愛

◆最小単位のコミュニティーである夫婦が世界のコミュニティーを形成する

ロゴスの結婚は、女性と男性の人生の目的が共通であり、お互いが存在する意味と意義が明確になっていて、人生の価値を共有していくことに、最も実存的であり、極めてシンプルであって、決して難しいことではありません。

社会に於ける最小のコミュニティーは、陰陽の法則に基づく夫婦の関係が、調和と秩序を形成していく、最も小さい単位のコミュニティーといえます。

個人はあくまでも個人であって、コミュニティーではありません。コミュニティーとは、相反するものが、調和と秩序を形成していく、最小単位の**「コア」**としての存在を言います。

夫婦という最小単位のコミュニティーが、家族というコミュニティーを形成していき、家族の集合体が社会のコミュニティーを形成していき、社会のコミュニティーが国家や世界のコミュニティーを形成していきます。

そのような意味に於いて、夫婦の関係が最も重要なコアを、形成していることになります。何度も言いますが天国とは、二人の国と書きます。この天国が世界に拡大していって、世界的な天国の集合体になった時に、世界は名実共に天国になります。

ロゴスの結婚に必要な最低の条件は、結婚する前にお互いが、**「心の健康診断」**を済ましておくことです。

心の健康の部分は問題ありませんが、不快な感情によって心が蝕《むしば》まれて、人格的な病気に陥っている部分が問題になります。

お互いが人格形成の過程を検証し分析して、お互いの心の病巣《びょうそう》と、病気の種類と、病気の程度を把握して、こんなはずじゃなかったと、後悔しないためにもお薦めいたします。

例えば、贖罪降臨の法則に従って、前世被害者である両親と、前世加害者である自分との関係に於いて、両親の愛によって、どれだけ恩讐を解放してきたのかということです。

それとも両親の恨みによって、さらなる恩讐を作ってきたのか、などの人格形成史を、お互いが検証しながら分析して、それぞれが深い理解の下で夫婦になるのと、何も知らずに夫婦になるとでは、結婚後の関係に雲泥の差が生じます。

当然、兄弟関係に於いても、友人や知人の関係に於いても、関わってきた人たちに於いても、人格形成史には多岐にわたって、さまざまな種類の心の病気を、知らずに作ってきています。

◆胎児の霊性次元に大きな差が生じる「ロゴスの結婚」と「エロスの結婚」

ロゴスの結婚は、「愛されたい」というエロスを目的に結婚するのではなく、「愛したい」を目的で結婚します。愛するとは理解することです。理解することは許すことです。許すことは許されることです。

ですから、愛する人のために、心の健康診断をお互いが徹底的にすることが、結婚前にやっておかなければいけない重要なことになります。

ロゴスの結婚の準備ができた夫婦は、愛の理想の夫婦関係を築いて、理想の家庭を築くことによって、やがて社会から世界に愛の貢献ができる礎となっていきます。

ロゴスの結婚は、「愛したい」を動機に夫婦になりますから、お互いが相手のことを、理解してあげたい、優しくしてあげたい、わかってあげたい、認めてあげたい、評価してあげたい、感謝してあげたいなど、あげたい、あげたい、あげたいといった、人格次元を愛の理想の人格に上げるための、自助努力を共に傾注し合っていきます。

エロスの結婚に従って、「愛されたい」という未分化な性欲に支配されて、肉体の快楽に溺れた**「性的交渉」**によって妊娠した胎児と、ロゴスの結婚に基づいて、高分化な性愛によって**「受**

胎交渉」をして、崇高なる清らかな魂の胎児を、我が胎に迎えたいとの意思によって妊娠した胎児とでは、天と地ほどの大きな差が生じます。

エロスの結婚に基づいて、体主霊従の法則に従って、**「非合理的な性欲」**に支配された淫乱な性的交渉と、ロゴスの結婚に基づいて、霊主体従の法則に従って、**「合理的な性愛」**に統治された受胎交渉とでは、受胎降臨してくる胎児の霊性次元に大きな差が生じます。

そのことによって、贖罪の量をお互いが軽減でき、共に霊性進化の道を拓くことが可能になります。

エロスの男性たちが、性欲支配と物欲支配によって、女性を依存に方向付けて非合法的に支配し、女性たちを「依存と支配と不自由」に方向付けるメカニズムとシステムを、歴史の中に連綿と構築してきました。

ロゴスの女性たちが、男性支配からの解放を目指して、男性の性欲支配と物欲支配の試練と苦難の歴史の中で、恩讐を愛で凌駕しながら、多くの女性達の多大な犠牲を払って、歴史を通して人類を再生と発展に方向付けながら進化を導いてきました。

牢獄星の支配の役割と責任を果たしてきたのが、エロスの男性による男性型支配構造の歴史です。

ロゴスの霊的に賢い女性の母性愛が、女性型統合構造に方向付けて、進化の役割と責任を担ってきた歴史です。

エロスの結婚は、愛の問題を複雑化して、性道徳や性倫理や性分化を低次元化させ、さまざまな問題を社会に提起し、「愛されたい」という**「未分化な性欲」**が、進化そのものを妨げてきた、最大の理由でもあり元凶にもなっています。

エロスの結婚は、牢獄星の役割を果たすために、男性を頂点とするトライアングル・システムを合法化して、男性支配の構造を家庭から社会、民族、国、世界まで拡大して、あらゆるピラミッド型支配構造を世界的に構築してきました。

エロスの男性は、牢獄の惑星に於いて、歴史を通して果たしてきた、男性型支配構造を心根から悔い改める時代を迎えています。

エロスの男性は、女性に対して「辛辣な言動」は、絶対にしないことを決意して、真心で真摯に向き合って、謙虚と謙遜で寄り添いながら、女性の悲哀と怨讐を解放して、霊的に賢い女性の愛に統治されて、理想的な心身一如の愛のペアーシステムを構築することです。

以上の内容につきましては、かつて私が書いた『逆説の真理が運命を拓く宇宙の法則』で詳しく紹介しています。

ＡＩロボットとＡＩ兵器が、人類を管理して支配する時代が目の前まで来ています。

このことにつきましては、後ほど誰でも理解できるように、詳しく解説させていただきます。

では、いよいよ本題である**「ゼロの法則」**を、詳しく検証しながら解説していきましょう。

第6章

「エントロピー相対性の法則」とは「ゼロの揺らぎ理論」

宇宙はエントロピー相対性の法則

◆広大無辺なる宇宙は「調和と秩序」を形成しながら運行している

ここでちょっと宇宙に目を向けてみましょう。宇宙に果てが有るのか無いのかということは、未知なる永遠のテーマでもあり、宇宙がどのぐらい大きいのか、わかる範囲で検証してみましょう。

太陽をドッジボールの大きさとすれば、10メートルほど離れたところに、小豆より少し小さい大きさで地球があります。地球が33万個集まると太陽の質量と同じになります。

太陽から100メートルほど離れたところに冥王星（現在は太陽系から削除されています）が存在しています。これだけでもいかに太陽系が広いかが想像できます。

その広い太陽系が何と2000億個も集まって銀河系が形成され、その銀河系がまた数十兆個も集まって島宇宙が形成され、さらにその広大な島宇宙が数億個も集まって、やっと、大宇宙の大陸の一部が形成されていると言われます。

もはや想像を絶する広大無辺な広さです。まだまだ、その数は今も尚、ものすごいスピードで増え続けていて、宇宙の果ては結局のところ何処なのでしょうか。

まず、宇宙を検証してみますと、神韻縹渺《しんいんひょうびょう》たるこの広大無辺なる宇宙は、極めて**「調和と秩**

序」を形成しながら、運行されているという紛れもない事実です。

地球が誕生して46億年このかた、一度も不調和や無秩序を成したことがありません。

地球が少しでもスピードを上げたら公転軌道から外れて、宇宙の藻屑と化してしまいます。少しでもスピードを下げたら太陽に吸収されて木っ端みじんに破壊されます。

わずかな揺らぎによって、４年に一度の「うるう年」に暦の調整を、地球の時間軸の事情によって行いますが、それにしても見事なまでに調和と秩序を形成しながら運行されています。

この**「調和と秩序の基本的な原則に宇宙の根本的な法則」**がありそうです。

パラレボ理論は、真逆paradoxの理論や原則や法則が多く含まれていますので、一つ一つの理論や原則や法則を、豊かな**「発想力とイメージカ」**を持って、情動的Emotionに理解していってください。

知的知性と霊的知性の違いは、知的知性とは、言葉や文字通りの内容を知性的に解釈して、**「知識」**として理解していくことです。

霊的知性とは、活字や文言の内容を霊性的に解釈して、**「智慧」**として納得していくことです。

ですから、豊かな霊性と感性による「発想力とイメージカ」を働かせて、一つ一つの法則や原則や理論を、よく嚙みしめるように咀嚼《そしゃく》しながら読み進めないと、パラレボ理論は、まったく意味不明の法則や原則や理論となってしまいます。

◆宇宙は相反するものがバランスをとって存在している

では、ここで宇宙の時間軸と場を検証するにあたって、宇宙の基本的かつ根本的であり、重要な法則の中の一つを紹介しておきましょう。

何故、広大無辺なる宇宙が調和と秩序によって運行されているのでしょうか。

それは、**「エントロピー相対性の法則」**という法則があるからです。

一般的な科学の世界では、**「エントロピーは無秩序」**という概念と意味で使われています。

今後、**「エントロピー」**という言葉が出てきたら、**「無秩序」**と解釈し理解してください。

宇宙の「哲学的な姿勢」は、無秩序は必ず真逆に相対化して、調和と秩序へと方向付けようと働き掛けていく、という基本的な法則です。

この法則によって、宇宙の絶妙なバランスと調和と秩序が保たれています。

エントロピー相対性の法則とは、**「相反するもの」**paradox が必然的に、共時的に同時に存在し、共時的に同時に消滅していく現象を言います。

例えば、プラスに対してマイナス、陰に対して陽、N極に対してS極、善に対して悪、破壊に対して創造、ネガティブに対してポジティブ、内向性に対して外向性、引力に対して斥力《せきりょく》、被害者に対して加害者、メシベに対してオシベ、メスに対してオス、女性に対して男性といったように、すべてに於いてパラドックス（真逆）のロジック（論理性）が、お互いに内在し向き合って存在しています。

宇宙の哲学的な姿勢は、相反するものが相対的に向き合って、**「相対性原力の法則」**により、**「バランスのメカニズムを創り出す原因的な力」**によって存在しています。

「相対性原力の法則」に基づいて、それぞれが調和と秩序を上位の次元に方向付けて、より良いバランスを形成するように働き掛けています。

プラスがなくなれば相対性原力を失って、マイナスも同時に消滅します。陰が消失すれば陽という存在も消えます。善という概念がなければ悪というロジックは存在しません。

すなわち、相反するものが、**「わずかな揺らぎの相対性原力」**によって、より次元の高いバランスのシステムをメカニズム化し、調和と秩序に方向付けて存在しています。

相反するものとの揺らぎが小さければ、バランスの良い相対性原力が創り出され、揺らぎが大きければ、バランスの悪い相対性原力が創り出されます。

相反するものとのバランスが、調和と秩序のバロメーターになっています。

ですから、プラスとプラス、マイナスとマイナス、N極とN極、S極とS極などの同質または同次元のものは、反発し合う**「斥力」**という原力を生じますが、相反するプラスとマイナス、N極とS極、陰と陽は、お互いが引き合う**「引力」**という原力を生じます。

この相反する引力によって、中心の「ゼロ」に向かって、共に近づいていくことが可能になります。

同質の斥力は、お互いが中心の「ゼロ」から遠のいて、バランスを欠いていき、エントロピーは増大化していきます。

すなわち、相対性原力には、ゼロを中心に大きく分けて2種類の原力が発生します。一つは、ゼロを中心に相反するものとの相対性で発生する**「引力」**という原力です。もう一つは、ゼロを中心に同じ波動または同じ次元のものとの相対性で発生する**「斥力」**という原力です。

この相対性原力の法則に基づいて、前世に於いても、現世に於いても、前世と現世の関係性に於いても、相反する被害者意識と加害者意識が、ゼロ・バランスに向かって情動的に引き合って、お互いの問題性や課題性を解決しながら、霊性進化できるように方向付けられています。

人間同士の心霊の繋がりは、それぞれの霊性次元に於ける、何らかの被害者と加害者という、相反する**「情動の引力」**によって、多かれ少なかれ引き合って、其々がそれぞれの霊性次元に於いて、相対的に繋がって存在しています。

例えば、ホームレスの人はホームレスの人の霊性次元に於いて、富裕層は富裕層の霊性次元に於いて、何らかの被害者と加害者という、相反する**「情動の引力」**によって引き合って、善くも悪くも**「群れの法則」**に従って存在しています。

◆エントロピー（無秩序）が減少化すると、調和と秩序が増大化する

エントロピー相対性の法則は、ゼロを基点としたゼロ・バランスに向かって、大きな揺らぎから小さな揺らぎの絶妙的なバランスへと方向付けて存在しています。

例えば、陰と陽の相対的な関係は、陰の中にも陰と陽が存在し、陽の中にも陰と陽が存在し、その上位の次元に於ける、陰と陽の陰の中にも陰と陽が存在し、陽の中にも陰と陽が存在し、その上位の次元にも陰と陽は存在し、それぞれがゼロ・バランスに向かって、わずかな揺らぎの相対変換を繰り返しながら、永遠にゼロ・バランスに向かって進化できるように方向付けられています。

陰の存在は、揺らぎの偏差によって、陽よりも陰がわずかに上回っているので、全体的には陰が代表して現象化しています。

陽の存在は、揺らぎの偏差によって、陰よりも陽がわずかに上回っているので、全体的には陽が代表して現象化しています。

男性の中にも女性の性稟《せいひん》が内在し、女性の中にも男性の性稟が内在しています。

エントロピー相対性の法則は、**プラスとマイナスが中和的な揺らぎへと、陰と陽が中性的な揺らぎへと、善と悪が中庸的な揺らぎへと、**大きな揺らぎ（大きな無秩序）から小さな揺らぎ（小さな無秩序）へと方向付けています。

エントロピーが無限に**減少化**していき、絶妙のバランスを形成していくことによって、エントロピーは真逆に相対化して、調和と秩序を無限に**増大化**していきます。

このように、宇宙に存在するものは、すべて相反するものが、無限の低次元の相反するモノから、無限の高次元の相反するモノまで、それぞれの次元に基づいて存在しています。

エントロピー相対性の法則

陰と陽の連続性

陽

陰　　　陽

陰　陽　陰　陽

陰 陽 陰 陽 陰 陽 陰 陽

陰陽陰陽陰陽陰陽陰陽陰陽陰陽陰陽

プラスとマイナスの連続性

＋

＋　　　−

＋　−　＋　−

＋ − ＋ − ＋ − ＋ −

＋−＋−＋−＋−＋−＋−＋−＋−＋

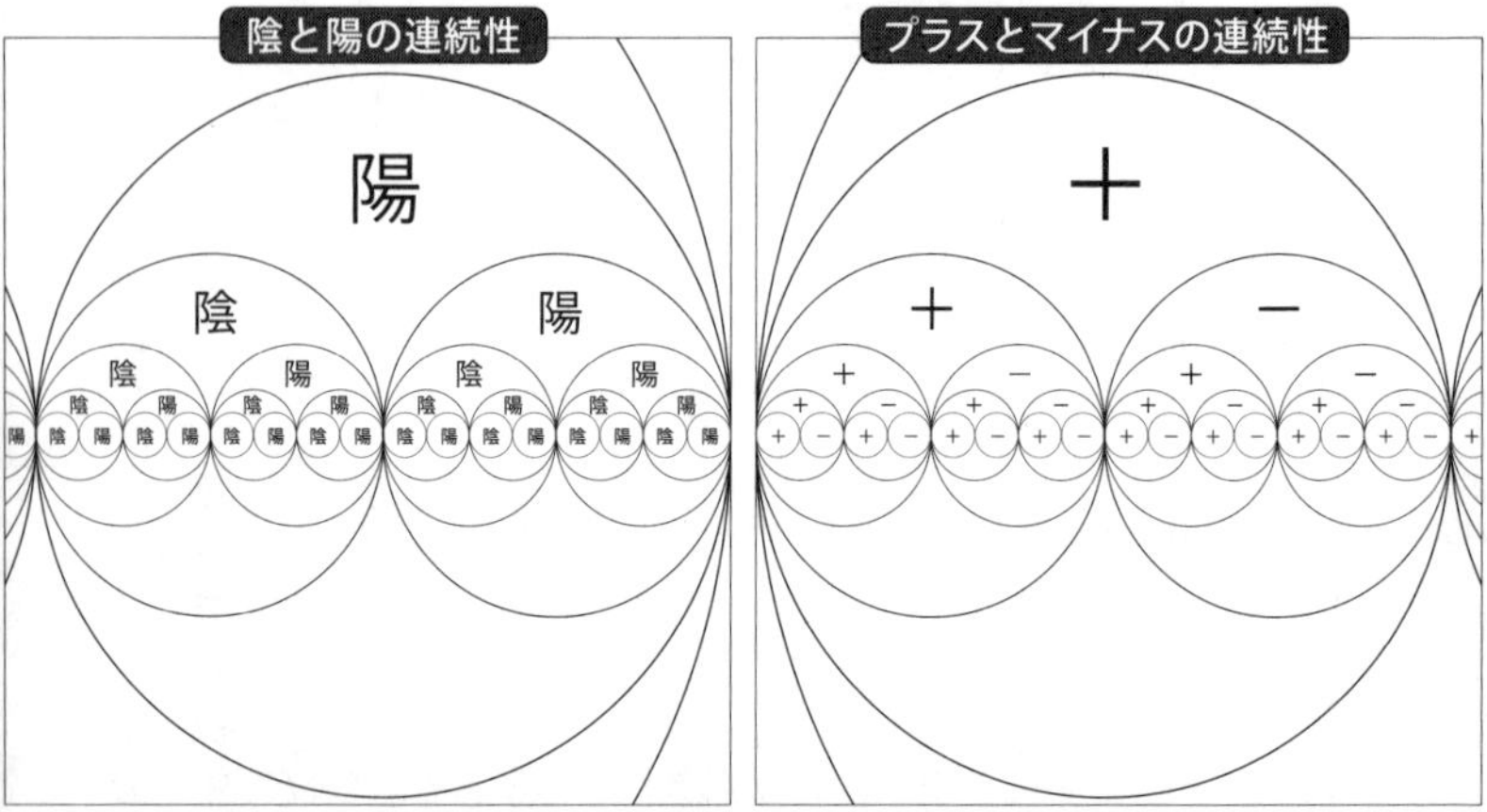

N極とS極、善と悪、ネガティブとポジティブ、破壊と創造、
メシベとオシベ、メスとオス、女性と男性など

すなわち、内面的な心理的かつ精神的な葛藤や摩擦が、減少されることによって、外面的な肉体的かつ身体的なものが、調和と秩序に方向付けられて、心身共に充実していく現象です。

例えば、哲学的な観点に於いて、人種差別や経済格差や宗教差別、民族差別、男女差別などのありとあらゆる差別と格差という大きな揺らぎ（葛藤と摩擦）が減少していくと、家庭も社会も世界も調和と秩序によって安定化していき、必然的に平和と繁栄が個人的な次元から、世界的な次元へともたらされていくようになります。

宇宙は時間軸という概念がありません

この基本的な法則を理解した上で話を進めていきましょう。

では、宇宙の時間軸と場の広さはどのようになっているのでしょうか。

まず、そもそも宇宙に時間というものが存在しているのかという素朴な疑問について検証し、根本的な証明を試みてみましょう。

読者の皆さんが今まで教わってきたものの見方では、宇宙には時間と空間があり、その科学的な概念の上に、すべての歴史が成立していると、思われてきたことと思います。

しかし、時間という概念は、人間の都合や使い勝手によって、人間の知識が人間のみに通用する枠組みとして、人間が「人間の人間による人間のために」作り出した概念の一つに過ぎません。

事実、人間以外の動物や植物には一切、通用しない概念だからです。

太陽の日の出と日没の周期によって一日が定められ、月の満ち欠けで一か月が定められ、それを年に拡大し、一日を時間と分と秒に細分化して、人間が使い勝手の良いように作り出しました。

ですから、もしこの宇宙に時間という概念がないとすると、アインシュタインの発見をはじめとする、すべての科学が無能化して風化してしまうことになります。

結論から言って、宇宙には時間という概念も事実も存在しません。宇宙には、**「今というゼロ**

時限のデジタルの瞬間」のみが、**「今の連続性」**の中に**「永遠」**に存在し続けています。

デジタルにつきましては、後ほど（208ページ〜）詳しく解説させていただきます。

すなわち、「今」という瞬間は、アルファでありオメガであり、初めであり終わりであり、原因と結果が同時に存在し、初めなき終わりなき、原因なき結果なき**「有って在るもの」**の存在です。

有って在るものとは、過去や未来という時間軸が存在せず、今という点のみが存在していて、「今」には軸のない、点であり続けていることになります。この時点で時間軸の範疇にある科学は、すでに無能化してしまいます。

このことにつきましては、後ほど（260ページ〜）詳しく証明させていただきます。

科学の限界は、光の速さを超えるものは存在しないという、アインシュタイン理論の下に、すべての理論の枠組みと限界域を、光速限界に置いたところにあります。

すなわち、科学は時間軸の範疇の中で物事を発想し、時間軸のカテゴリーの中で理論付けようと試みます。

今の初めは今であり、今の終わりも今であり、今の今も今でしかありません。どこから尋ね求めても今は今でしかありません。

相反する「今の初め」と「今の終わり」を、限りなく今の今に近づけていくと、**「ゼロ」**に近づいていきます。

有って在るものについては、後ほど（253ページ〜）、詳しく検証し証明いたします。

では、今がどのようなメカニズムによって、創り出され消滅して、今が今としてあり続ける理由と根拠、そして持続可能なメカニズムとシステムとは、どのようになっているのでしょうか。

ゼロの揺らぎ理論と相対変換の法則

この事実を「エントロピー相対性の法則」で検証し証明してみましょう。

限りなく「遠い未来」と、限りなく「遠い過去」という、相反する大きな揺らぎを、小さくし、より小さくしていき、今の今というゼロ時限に、お互いが近づいていきます。

そのことによって、今の中の未来を代表した**「今の初め」**と、今の中の過去を代表した**「今の終わり」**が、今の今になろうとして、お互いが打ち消し合いながら、ゼロに限りなく近づこうとしていきます。

では、今の今というゼロの状態とは、どのような状況を創り出しているのでしょうか。

「今の初め」が、今の今になろうとした瞬間に、共時的に、相反する「今の終わり」が、今の今になろうとして、同時にゼロで打ち消し合って消滅していきます。

今の初めと今の終わりが、共時的に同時に消滅すると、今の初めでもなく、今の終わりでもなく、どちらにも属さない**「自由な状況」**が創り出されます。

その瞬間にエントロピー相対性の法則に基づいて、わずかな揺らぎによって、相反する**「不自由な状況」**が、必然的に創り出されます。

その瞬間にゼロそのものが揺らぎ、**「ゼロの中心」**に、自由な状況にも不自由な状況にも、どちらにも、自由かつ平等に属することができる存在が出現します。

ゼロの中心に存在して、どちらにも**「自由かつ平等」**に属することができる存在こそが、まさに**「意識」**そのものです。

すなわち、ゼロの中心存在は、「意識」という**「自由な方向性」**を持ったベクトルといえます。

「意識」は、プラスだけではなくマイナスにも、今の初めにも今の終わりにも**「自由」**に属することができます。善だけではなく悪にも、当然、陰にも陽にも**「平等」**に属することができます。

宇宙意識場に於ける、宇宙物質界と宇宙霊界の中心に存在する、ゼロの揺らぎである**「宇宙の意識」**は、意識と言っても人間レベルの意識とは、まったくレベルの違う「意識」の次元です。

ゼロの揺らぎの中心存在である意識によって、自由な状況が自由な意識を創り出して、不自由な状況が不自由な意識を創り出します。

この自由な意識が、新たに今の初めを創り出し、不自由な意識が、新たに相反する今の終わりを創り出します。

すなわち、ゼロの中心存在そのものこそが、**「揺らぎ」**であり**「意識」**であり、意識が絶対的に「自由かつ平等」な存在であることの証明になっています。

もうすでにお気づきだと思いますが、**「ゼロ」**とは、相反するものが打ち消し合って、相対変換の法則により、真逆paradoxに入れ替わりながら、進化または発展していく瞬間、瞬間のことをいいます。

これを可能にするゼロの中心に存在する**「原力」**こそが、どちらにも「自由かつ平等」に属することができる**「意識」**そのものなのです。

意識については重要なことですから、後ほど、何度も詳しく解説いたします。

エントロピー相対性の法則に基づいて、相反するものが打ち消し合って破壊した瞬間に、破壊と創造の原則に従って、新たな存在を創造しようとします。

そのことによって、完全に消滅するわけではなく、ゼロの中心にわずかな揺らぎが派生して、**「意識が出現する」**ことによって、新たに今の初めと今の終わりを、永遠に創り出すメカニズムとシステムが普遍的に備えられています。

すなわち、**「ゼロそのものが、すでに揺らいでいる」**ことになります。

ゼロはゼロになりたくても、ゼロにはなれないまま、永遠に揺らぎ続けていることになります。

このわずかな揺らぎの瞬間を、**「ゼロの揺らぎ」Fluctuations of Zero**といい、これを創り出すメカニズムとシステムを基礎づける理論が、**「ゼロの揺らぎ理論」Theory of Zero's Fluctuations**と言います。

この「ゼロの揺らぎ」そのものを**「ゼロ波動」**とも言います。

このゼロの揺らぎ理論によって、どちらにも「自由かつ平等」に属することができる、ゼロ波動の中心存在である意識が、新たに今の初めを創り出し、その瞬間にわずかな揺らぎによって、新たに今の終わりを創り出しています。

すなわち、「今の初め」を破壊する「今の終わり」の存在がなければ、新たに「今の初め」を創造することができません。

今の初めが今の終わりを創り出し、今の終わりが新たに今の初めを創り出し、今の初めと今の終わりが、今の今になろうとしてもなれないまま、今の初めという前足と、今の終わりという後ろ足が、左足と右足が相互に入れ替わる、**「相対変換の法則」**によって、永遠に今の初めと今の終わりは、有って在るものとして、「今の今」に存在し続けます。

今の初めと今の終わりが、ゼロ時限の今の今になろうとしても、ゼロの揺らぎ理論によって、ゼロになれないまま**「今を永遠に持続可能」**な、メカニズムとシステムへと方向付けています。

「ゼロの法則」に基づくゼロの揺らぎ理論

宇宙に存在するすべてのモノが、ゼロの揺らぎ理論によって創り出され、宇宙の今の初めも、宇宙の今の終わりも、宇宙の今の今も、ゼロの揺らぎ理論によって、初めなき終わりなき原因なき結果なき、有って在るものとして、今のみに存在し続けています。

まさしく、宇宙はアルファでありオメガであり、初めであり終わりであり、原因であり結果であり、初めなき終わりなき、原因なき結果なき存在である、「有って在るもの」の存在だと言えます。

大きなスパンでわかりやすく説明すると、過去が消滅した瞬間に、未来も共時的に消滅して、新たな未来を発生した瞬間に、新たな過去が生じていきます。

過去と未来が相互に入れ替わる、相対変換の法則によって、ゼロになろうとしてもゼロになれないいまま、わずかな揺らぎのメカニズムを創り出して、今を永遠に持続可能なシステムへと方向付けています。

宇宙は、エントロピー相対性の法則に基づいて、わずかな揺らぎの**「ゼロ・バランス」**（ゼロを基点としたわずかな揺らぎ）に方向付けて、調和と秩序を増大しながら、無限に膨張し続けています。

このことにつきましては、後ほど（２４７ページ～）詳しく解説させていただきます。

ゼロ・バランスとは相反するものが、打ち消し合う瞬間に生じる**「ゼロの揺らぎ」**そのものです。

ゼロ・バランスには、ゼロを基点としたわずかな揺らぎと大きな揺らぎが存在します。

わかりやすい言葉に置き変えますと、ゼロを基点として相反する山と谷が、**「ワン・サイクルの揺らぎ」**または**「ワン・サイクルの波動」**を創り出して、ミクロ体からマクロ体に至るまで、さまざまな次元に応じて、バランスを形成して存在している現象をいいます。

このような**波動と意識**が、今という間断なきゼロの揺らぎによって、極小のゼロ・バランスに向かってゼロになれないまま、永遠に揺らぎ続けていく現象といえます。

この法則を、**「ゼロの法則」Laws of Zero**と言います。**ゼロは無にして無にあらず**と言えます。

「デジタル」とは、「完結したワン・サイクルの波動のみが、新たに次から次へと独立して、秩序的に創り出されていく現象」をいいます。

「アナログ」とは、「ワン・サイクルの波動が、完結しないまま複雑に波動化していき、未完結の連続した波動となって、無秩序に多次元化していく現象」をいいます。

デジタルは**「完結性と独立性」**を有して、アナログは**「未完結性と依存性」**を有しています。

完結したゼロ波動に向かってデジタル化していく現象を、**「エントロピー減少の法則」**といいます。

完結しないまま波動が、無秩序にアナログ化していく現象を**「エントロピー増大の法則」**といいます。

この**「デジタルによって創り出されているもの」**と、**「アナログによって創り出されているもの」**との峻別がなされると、「ゼロの法則」を理解していくためには、極めて有効な方法であり

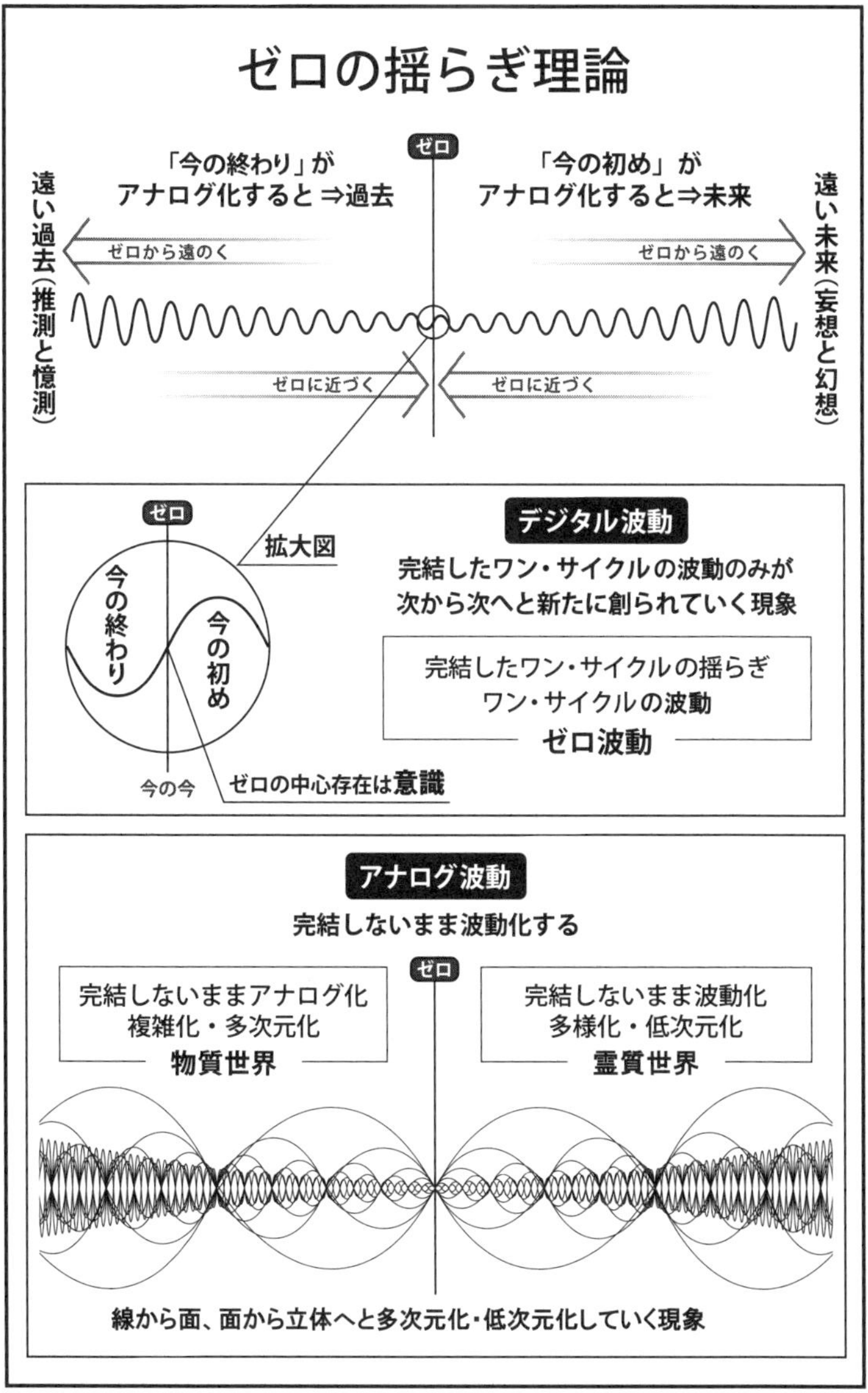
ゼロの揺らぎ理論
ゼロ
「今の終わり」が
アナログ化すると ⇒過去
「今の初め」が
アナログ化すると⇒未来
遠い過去（推測と憶測）
遠い未来（妄想と幻想）
ゼロから遠のく
ゼロから遠のく
ゼロに近づく
ゼロに近づく
ゼロ
拡大図
今の終わり
今の初め
今の今
ゼロの中心存在は意識
デジタル波動
完結したワン・サイクルの波動のみが
次から次へと新たに創られていく現象
完結したワン・サイクルの揺らぎ
ワン・サイクルの波動
ゼロ波動
アナログ波動
完結しないまま波動化する
ゼロ
完結しないままアナログ化
複雑化・多次元化
物質世界
完結しないまま波動化
多様化・低次元化
霊質世界
線から面、面から立体へと多次元化・低次元化していく現象手段になります。

このことにつきましては、後ほど（２１３ページ〜）詳しく解説させていただきます。

宇宙は「ゼロの法則」によって、今という完結したゼロ時限に於いて、アルファとオメガが、初めと終わりが、原因と結果が、大きな揺らぎからわずかな揺らぎへと、エントロピーを減少化しようと方向付けて存在しています。

永遠にゼロ時限に向かって近づくことによって、ゼロにはなれずにわずかな揺らぎのまま、絶妙なバランスで永遠に今であり続けています。

宇宙は「ゼロの法則」によって、今を持続可能にし、永遠に方向付けて、無限に拡大し続けています。

少しこの図を頭に入れておいてください。後ほど（２５０ページ〜）、この図解を詳しく解説いたしますので、楽しみにしていてください。

物質世界はエントロピーが増大していく

宇宙に存在するモノは、すべてが「ゼロの法則」に基づいて、エントロピー（無秩序）は減少化して、ゼロのわずかな揺らぎのバランスを形成することによって、真逆に調和と秩序を無限に拡大しようと方向付けています。宇宙は極小にして極大であり続けている根拠がここにあります。

宇宙は、**「ゼロの法則」に基礎づけられて、無秩序は減少しながら、調和と秩序が増大する原則に方向付けられています。**

すなわち、宇宙はエントロピー減少型のメカニズムによって、完結した**ゼロ次元**に方向付けられていて、物質世界はエントロピー増大型のメカニズムによって、完結しないまま**多次元化（一次元、二次元、三次元、四次元など）**へと方向付けられています。

基本的には、多次元化の世界は「エントロピー増大の法則」に基礎づけられていて、地球星のような物質世界は、多次元化することによって、不自由に方向付けられて、さまざまな問題が提起され複雑化することによって、無秩序と不調和が増大して低次元化していくメカニズムとシステムになっています。

地球物質界だけの現象を科学的に検証しますと、そこにはエントロピー（無秩序）が、無条件で増大化していく、メカニズムとシステムに方向付けられています。

哲学的には、人間社会では自由を与えたら、**「欲望」**によって何をするのかわからないので、条約や憲法や法律などの枠組みを作って、規制して監視しなければなりません。

このような、物理的な現象を**「エントロピー増大の法則」**といいます。因みに、宇宙は、**「エントロピー減少の法則」**に貫かれています。

「ゼロの法則」に基づいて「エントロピー減少の法則」と「エントロピー増大の法則」を理解し

やすく解説いたします。

「エントロピー減少の法則」とは、ゼロを中心に相反するものが、相対性原力の**「引力」**によって、お互いがゼロに向かって近づいていって、絶妙のバランスを形成しながら、秩序を創造していく現象をいいます。

「エントロピー増大の法則」とは、ゼロを中心に同じ波動または同質のものが、相対性原力の**「斥力」**によって、お互いがゼロから遠離《おんり》していって、揺らぎを増大しながら著しくバランスを欠いていき、秩序を破壊していく現象をいいます。

すなわち、ゼロ・バランスに向かって相反するものが、共に近づいてバランスと秩序を形成していく現象が、「エントロピー減少の法則」といい、ゼロ・バランスから同質または同次元のものが、共に遠離してアンバランスと無秩序を形成していく現象が、「エントロピー増大の法則」といいます。

「ゼロの揺らぎ理論」に基づく死生観

人間の最大のテーマである、生と死に対する**「死生観」**を、「ゼロの法則」で検証してみましょう。

地球生活では生まれてから死を迎えるまでに、一般的には時間軸が80年から90年ほど掛かります。「ゼロの法則」に従って、生が一方的に死に近づいているわけではなく、生と死はゼロに向かって、共に近づいていきます。

毎日、生を続けていくと、毎日、老化することにより死が近づいてきて、確実に生と死は共にゼロに近づいていきます。このように過去と未来が、ゼロという今に近づいていくように、生と死が必然的にゼロに近づいていって、生と死が打ち消し合う「今」という、ゼロの瞬間まで近づくことによって、まさしく現世の生と死が出会う、今の瞬間を迎えることになります。

生と死は「相対変換の法則」に基づいて、肉体の死が訪れると共に、共時的に霊体の生が出現します。

肉体の生の消滅を証明するために、新たな霊体の生が受け皿として存在しないと、肉体の死そのものを否定することになります。

すなわち、エントロピーが相対化されないことになりますから、プラスを肯定してマイナスを否定する理論となり、バランスを欠く偏向した理論になってしまいます。

このことにつきましては、後ほど、誰でも理解できるように解説させていただきます。楽しみにしていてください。

世の中には、死後の世界はないと、言い切る人たちがいますが、「無知は死の影であり、何の情緒も生み起こさず、生きているとは名ばかりで、実は死んでいるのと同じである」と言われる

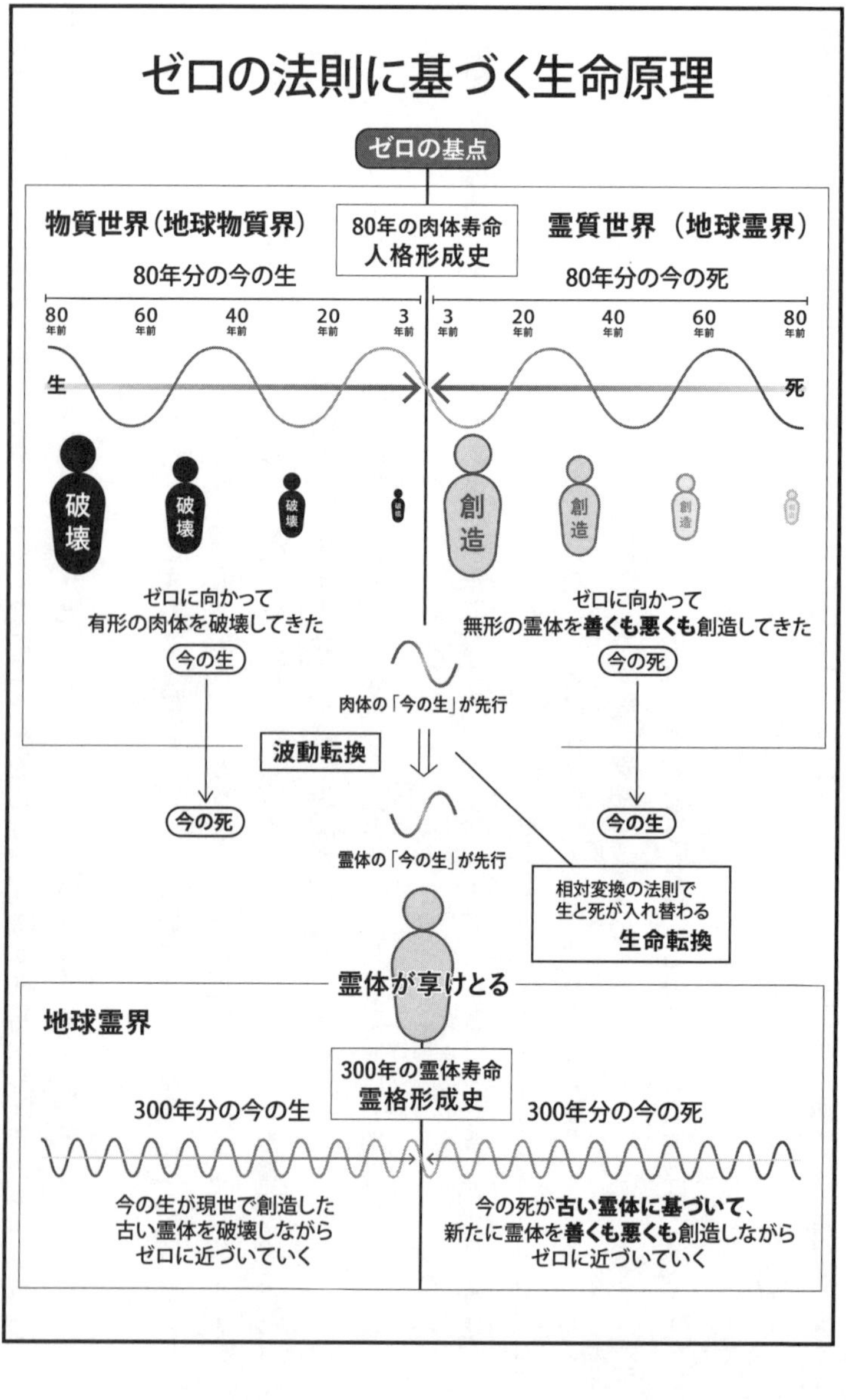
ゼロの法則に基づく生命原理
ゼロの基点
物質世界（地球物質界）
80年の肉体寿命
人格形成史
霊質世界（地球霊界）
80年分の今の生
80年分の今の死
80 年前
60 年前
40 年前
20 年前
3 年前
3 年前
20 年前
40 年前
60 年前
80 年前
生
死
破壊
創造
ゼロに向かって
有形の肉体を破壊してきた
ゼロに向かって
無形の霊体を**善くも悪くも**創造してきた
今の生
今の死
肉体の「今の生」が先行
波動転換
今の死
今の生
霊体の「今の生」が先行
相対変換の法則で
生と死が入れ替わる
生命転換
霊体が享けとる
地球霊界
300年の霊体寿命
霊格形成史
300年分の今の生
300年分の今の死
今の生が現世で創造した
古い霊体を破壊しながら
ゼロに近づいていく
今の死が**古い霊体に基づいて**、
新たに霊体を**善くも悪くも**創造しながら
ゼロに近づいていく

所以です。

次元支配の原則に基づいて、低次元の意識のものが、高次元の存在を理解することも、認識することも、まして、把握することもできない、悲しい、悲しい現実があります。

もし、人間に死がなかったら、それ以上に不幸なことはありません。

永遠に肉体と地球の桎梏《しっこく》の中で、魂が地球意識場だけを過ごさざるを得ない、不自由さと退屈さを想ったら、向上心による**「進化」**に限界を感じて、余りにも苦痛で悲しすぎて、宇宙の存在そのものも虚しくなります。

また、輪廻の法則に従って、来世も不自由な肉体を背負わなければならないと想うと、切なくもやるせない気持ちでいっぱいになります。

僕は宇宙意識場という自由な世界が存在することに、本当に感謝であり、嬉しくも同時に楽しみでもあります。

少しこの図を頭に入れておいてください。後ほど（260ページ〜）、この図解を詳しく解説いたします。楽しみにしていてください。

弁証法に基づくゼロの揺らぎ理論の証明

「ゼロの法則」に基づく「ゼロの揺らぎ理論」を、もう少しわかりやすく弁証法で証明してみましょう。

プラスとマイナスが向き合い、ゼロに近づくことによって、揺らぎが減少されていき、相対的に高次元の中和的なバランスを、永遠にお互いが形成するように方向付けられています。

プラスとマイナスを足し算の数式で表すと、1＋（－1）＝1－1＝0となりますが、理論の数式が、実際の事実として存在しているのか？　存在していないのか？　という**「理論式と実験式の整合性」**ということで証明してみましょう。

人間の頭脳が作り出したアナログである、数字の理論式によると、1－1＝0になります。

では、理論式には整合性があるのか、ないのかをデジタルである、実験式で検証してみましょう。

宇宙には1－1＝0というものが、実際に存在しているのでしょうか。

結論です。宇宙が広大無辺といっても、宇宙の何処にも1－1＝0というものは存在していません。

何故ならば、宇宙にはまったく同じモノが、二つ存在しているという事実がないからです。

あなたとまったく同じデジタルの人は、誰一人として宇宙には存在していません。まさしく、すべてが完結したオンリーワンの存在だからです。

あなたに似たアナログの人は存在しても、まったく同じデジタルの人は存在しません。

相反するものが、**「わずかな揺らぎの不完全性による相対性原力の法則」**によって、絶えず揺らぎながら変化を繰りかえして、存在を余儀なくされ、持続可能性に方向付けられている以上、**「ゼロの揺らぎ理論」**は存在しても、ゼロは存在しません。

ゼロは数字にあって数字にあらず、ゼロそのものが揺らいでいるからです。

静止しているかのように見える物質でさえ、素粒子や原子や分子の世界は、激しく変化を繰りかえしていて、ひと時として原形を留めていません。

真ん丸が存在するかといえば、真ん丸は存在しません。円の中心である点そのものが揺らいでいる以上、同じ半径は存在しません。そもそも同じ半径が存在しない以上、円は必ず歪みを生じます。

ですから、円周率は3.141592653590……と永遠に続くことになります。

プラスとマイナスが、中和しようとしても、ゼロの揺らぎ理論によって、永遠に中和にはなれず、わずかに揺らぎ続けることで、プラスとマイナスが、それぞれの次元に於いて、存在を余儀なくされています。

陰と陽が中性になろうとしても、ゼロの揺らぎ理論によって、永遠に中性になれないまま、わずかに揺らぎ続けることで、陰と陽が、それぞれの次元に於いて、存在を余儀なくされています。

すなわち、答えが永遠である以上、宇宙の時間軸は、**「ゼロの揺らぎによって永遠」**と答えるしかありません。

宇宙を一言で表現すると、**「ゼロの揺らぎ」**ともいえます。宇宙にはあらゆる揺らぎが次元に応じて存在し、不完全のまま完全を目指しながら不完全であり続けるが故に、永遠に進化と発展が持続可能になっています。

1＋1＝2という実験式は、2になりたくても永遠に2になれないまま、揺らぎ続けていることになります。

人間の頭脳が作り出した「完結しないアナログの理論式」で宇宙を図ったところで、推測や憶測の揺らぎだらけの答えは出たとしても、完結したデジタルの答えを見出すことは不可能なことだと思います。

そもそもアナログである数字の原点が揺らいでいるわけですし、有って在るものの宇宙意識場には数字という概念すら存在していませんので、数字に支配されている科学で宇宙を解明することは、絶対に不可能なことだと僕は理解しております。

そもそも時間と数字がない、デジタルの宇宙意識場を、時間軸と数式で解明すること自体が無謀なことであり、絶対に不可能なことだと言えるでしょう。

このことにつきましては、後ほど（260ページ〜、326ページ〜）詳しく証明させていただきます。

人間の進化に伴って、数字も時間も人間の都合により、人間の人間による人間のために、現世の地球物質界で使い勝手よく適用するように、アナログ化した**「頭脳意識」**によって作り出した地球物質界の理論であり概念です。

あくまでもアナログ世界の人間が作ったモノですから、人間のみに有効に適用して、他の動物や植物には一切、通用しません。増して、宇宙意識場ではまったく適用しない存在です。

「有って在るものは、答えがないのが答えです」。

唯一、有って在るものに答えがあるとしたら、それは、「ありのままを無条件で全面的に感謝と喜びで受容する」ことができる、高次元の霊性意識体になった時に、すべてが「有って在るもの」という理解に至ることができます。

弁証法に基づく今というゼロ時限の証明

その根拠と事実を弁証法で証明しますと、地球も宇宙の一部ですから、宇宙に変わりはありません。

例えば、過去の歴史について歴史書や歴史学者によって、色々と語られていますが、過去の内容に事実が存在するのかと言いますと、事実はどこにも存在しません。

歴史学者たちが書いた書物や、話している内容は、彼らの推測と憶測によるバーチャル（妄想と幻想）の歴史観が存在しているだけだからです。

何故ならば、それを**「事実として今、証明する技術も方法もない」**からです。

事実とは、**「事物に基づく現象の実存」**を事実と言います。事物とは、「デジタルである今」に、存在している事柄や物象のことを言い、現象の実存とは、「デジタルである今」に、現象として実際に存在しているものをいいます。

「ゼロの法則」に基づくと、今の初めがアナログ化すればするほど遠い未来になり、今の終わりがアナログ化すればするほど遠い過去になります。

アナログ化した時間軸には、遠い過去という推測と憶測が存在し、遠い未来という妄想と幻想が存在しています。

ここでわかりやすくデジタル化とアナログ化について科学的に解説しておきましょう。

「今の終わり」を百億年分、加算していくと百億年前の過去になります。「今の初め」を百億年分、加算していくと百億年先の未来になります。

すなわち、アナログ化するということは、完結しないまま連続して、**「積分化」**していくことを意味し示唆しています。

百億年前の過去にも今がありました。当然、百億年先の未来にも今が存在します。

では、ここで時間軸を**「微分化」**して、最少単位である百億年前と百億年先の「今の初め」と「今の終わり」の中心に存在する**「今の今」**を覗いてみましょう。

積分化した時間軸を最小に微分化していくと、やはり、いつの時代の「今」にあっても、そこに存在しているのは「今の今」を中心に「今の初め」と「今の終わり」しか存在していません。

このように、アナログ化した時間軸を、科学的には**「積分」**といい、デジタル化した「今の今」を**「微分」**といいます。

完結しないアナログ波動を**「積分波動」**といい、完結したデジタル波動を**「微分波動」**ともいいます。

アナログ化した積分値には、極めて曖昧で不確かなバーチャル世界が存在して、デジタル化した微分値には、事実と真実が存在しています。

故に、微分であるデジタルは、積分であるアナログの中に、自由にいつでも入り込んで存在することができますが、アナログはデジタルの中に入り込むことも存在することもできません。

ですから、歴史書や歴史学者という事実は存在しますが、歴史書に書かれている内容や歴史学者が語っている内容には、彼らの「自己満足と自己陶酔」というナルシシズムの推測と憶測が存在しているのであって、事実はどこにも存在していません。

すなわち、歴史学者の推測と憶測が書かれているのであって、過去を今に証明する技術も方法もないからです。

聖書も経典も書物という物象（物の現れ）として存在していますが、聖書や経典に書かれている中身の内容には、今、厳然たる事実として証明することができない、**「虚構」**の書として存在しているだけです。

宗教世界は信じるか、信じないかの**「虚相の世界」**であり、まさしく荒唐無稽な幻想世界といっても過言ではありません。

すなわち、聖書はイエスの死後、過去の者たちの勝手な推測や憶測や思い込みによって、都合よくその都度、その都度、宗教的に美化され捏造《ねつぞう》されたことが、あたかも事実のように言い伝えられ文字化された**「虚構の書」**に過ぎないからです。

人間の善心や良心の向上心を利用して、それぞれの宗教団体が独善的に都合よく理論付けて、「依存と支配の原則」によって、**「宗教支配」**しやすいように洗脳しているだけです。

伝言ゲームのように一つの事実を、十人に順番に伝えていったら、最初の事実とはまったく異なった事実に必ずなっていきます。

同じ新約聖書なのに、マタイの福音書とルカの福音書の内容が、まったく異なっている箇所が、随所にあることでも証明しています。

これが、新興宗教が次から次へと誕生してくる、最も大きな理由と根拠になっています。

こうして宗教は過去の妄想と幻想に支配され、信者たちは虚構の書に騙されて、宗教団体の布教や伝道のために支配され、今を生きることなく、過去の虚偽の妄想世界を生きることになります。

何故ならば、数千年前の精神的な文化も、科学的な文明も、そのまま保存されることなく、時代と共に進化していて、まったく違った精神文化と科学文明の世界観が出現しているからです。

未来に対しても同じことが言えます。未来にも勝手な推測と憶測というバーチャル（虚相）が存在しているだけで、何処にも証明できるリアリティーは存在しません。事実、科学は地震予知すらできないのが現実です。

真実とは霊性次元に基づく意識の実存

事実 Reality に対して真実 True reality というものが存在します。では、真実と事実の違いは何なのでしょうか。

真実とは、**「真性に基づく意識の実存」**を真実と言います。

真性とは、一人ひとりの**「真なる性稟《せいひん》」**を言います。

「真なる性稟」とは、その人の**霊格形成史**（前世で作ってきた魂の歴史）と**人格形成史**（現世で作り上げた心の歴史）の統合的な霊的性稟である**「霊性」**の次元を言います。

霊格次元を「潜在意識」といい、人格次元を「顕在意識」とも言います。

潜在意識（霊格）と顕在意識（人格）を統合したものが「真なる性稟」であり、その人の霊的性稟でもありますから、心霊の次元が高いか低いかで、その人の霊性次元が決定します。

真性とは真なる性稟であり、霊的性稟に基礎付けられた霊性次元ですから**「真性とは、一人ひとりの霊性次元」**ということになります。

すなわち、真性は霊性次元ですから、**「真実は、一人ひとりの霊性次元に基づく意識の中にしか存在しない」**ということになります。

霊性次元の低い人は、**「低い真実」**しか存在しません。霊性次元の高い人は、**「高い真実」**が存在していることになります。

宇宙の法則に基づく人生観は、「あの人は何て不幸な人なのだろう」と世界中の人がそのように評価しても、本人が毎日、感謝と喜びで生きていたら不幸な人なのでしょうか。

真実は善くも悪くも、その人自身の善い心癖による愉快な感情か、悪い心癖による不快な感情なのか、という霊性次元に基づく「意識」の実存の中にのみ存在しています。

故に、**「真実に勝る事実は存在しません」**。

第7章

意識はゼロの揺らぎの中心存在

自由法則の中心存在は意識

地球生活の目的が、宇宙生活をするための準備期間というのであれば、宇宙の自由に匹敵するものが、私たちの中に存在していなければ、私たちは宇宙とはまったく関係のない存在になってしまいます。

宇宙の自由に匹敵するものが、私たちに存在しているとしたら、一体それは何なのでしょうか。結論です。それは**「意識」**です。意識だけは誰が何と言おうと、絶対的に自由なるものです。

例えば、最悪の状況を想定してみてください。その最悪の状況をどのように意識で捉えていくかは、一人ひとりの**「自由」**です。

最悪な状況を、被害者意識によって、怒りと怨み、不安と恐怖、不平と不満、血気と怒気などの不快な感情に、意識を方向付けるのも「自由」です。

真逆に、どんな状況に置かれても、加害者意識による自己反省と悔い改めによって、ありのままを無条件で全面的に感謝と喜びで受け入れていくように、意識を方向付けるのも「自由」です。

意識は、一人ひとりの**自由意志**によって**自己決定**され、一人ひとりがすべてに**自己責任**を負っていく原則に貫かれています。自由は一人ひとりの意識に保障されていて、意識はまさに「自由」な存在です。

すなわち、宇宙の法則は、**「アルファとオメガは原因と結果に於いて、自分の意識のみに一致している」**が故に、すべてが、自分の意識が初めであり終わりであり、自分自身の意識が原因であり結果であるからです。

宇宙が永遠かつ無限ということは、自由そのものを示唆していますから、ありとあらゆるものと「自由かつ平等」に相対可能な存在があるとしたならば、それは、**「ゼロ波動の中心存在である意識」**に他なりません。

意識が、ありとあらゆるものと相対可能な存在ということは、ありとあらゆるものと「相対性原力」を創り出すことが可能な存在といえます。

ですから、宇宙は「意識の場」そのものといえます。

私たちの意識と宇宙が自由で繋がっている以上、宇宙と私たちは決して無関係ではないことが、**哲学的かつ科学的**に証明されたことになり、永遠かつ無限の世界の存在を証明することにもなります。

すなわち、宇宙は意識が無限に広がっている場で、**「無限意識場」Infinity Consciousness Field（ICF）**であることが証明できます。

脳科学者は、頭脳の知識を中心に、「肉体感覚」と「霊体感性」を**「脳の作用」**として理解していて、電子回路やホルモン物質の作用として、脳を物理的かつ医学的に理論付けます。

私のような霊科学者は、霊性の意識を中心に、霊的知性と霊的理性に基づいて「肉体感覚」と

「霊体感性」を厳格に峻別して、すべてを科学的かつ情動的に理論付けていきます。

知性と霊性は、まったく相反する相対化した存在であり、真逆のエントロピーの思考と方向性に存在するからです。

今がゼロの意識の揺らぎであり、ゼロの揺らぎが今の意識であり、意識の揺らぎが宇宙そのものを代弁し、**「ゼロの揺らぎ理論の中心存在である意識」**から、すべてのものがデジタルに派生し、宇宙のすべてのものが、アナログ化して存在していることになります。

この理由から、有って在るものの存在は、初めなき終わりなき、ゼロの揺らぎ理論を基礎づけている「意識の揺らぎ」という永遠の存在となります。

すなわち、**「有って在るものとは、ゼロの揺らぎの意識」**となります。

科学の限界は物質限界にあり、今を創り出し消滅させ、新たな今を創り出しているものが**「意識の揺らぎ」**ということが理解できていないので、どうしても「時間軸と数字」に頼らなければなりません。よく情動的にイメージして理解してください。

宇宙の無限意識場は、低次元の宇宙物質界の意識場から高次元の宇宙霊界の意識場に至るまで、無限の意識に相対可能な**「自由意識場」**を形成しています。

ゼロの揺らぎの意識は、プラスにもマイナスにも、陰にも陽にも、善だけでなく悪にもなりうる、ゼロの揺らぎ理論によって、どちらにも「自由かつ平等」に方向付けられています。

このことにつきましては、後ほど（242ページ～、249ページ～）詳しく整理して証明させていただきます。

デジタル意識とアナログ意識

リアリティーというノンフィクションは、今という**「デジタル意識」**の真実のみに存在しています。

今の終わりがアナログ化した過去と、今の初めがアナログ化した未来という時間軸には、極めて曖昧な脳の記憶に基づく、**「アナログ意識」**の推測と憶測や妄想と幻想という、バーチャルとフィクションの世界が、作り出されているだけなのです。

「真性に基づく意識の実存」が、それぞれの霊性次元に基づくそれぞれの「真実」となりますが、ゼロ波動の中心存在である普遍的な**「デジタル意識」**に勝る、それ以上の**「真実」**はどこにも存在しません。

地球癖や人間癖の時間軸と数字に飼い慣らされた人間の脳は、過去の推測と憶測や未来という妄想と幻想に感情支配（不平や不満、妬みや嫉妬、血気や怒気、不安や恐怖などの不快な感情に支配されること）され妄想世界で完結しないまま生きています。

被害者意識に感情支配されている、エントロピー増大型の**「不快な感情」**が強い人間は、常に

「**感情支配**」に伴う「**感情損失**」（不運）に陥っています。

ですから、人生そのものが「**負のスパイラル**」に嵌《は》まって、「**不幸の連鎖**」を、自分自身に招き入れています。

世界の秩序に於いても、国や社会の秩序に於いても、会社や家庭の秩序に於いても、いかに、不快な感情による「感情損失」を減少させていくのかが、最も優先すべき重要なことになります。

会社経営は極めて簡単なことです。経営陣が社員の不快な感情を「**愛で統治**」して、会社全体の感情損失を削減していくことに、最善かつ最良の自助努力を払っていくことです。そうすれば会社は、必然的に発展していきます。

真逆に、欲深い経営者が会社運営すると、必然的に倒産の危機に見舞われていきます。

今という事実のみを保障して、自己責任原則を担保して生きているデジタル人間は、感情統治（愉快な感情）して、ありのままを無条件で全面的に受容する、完結した生き方を心掛けています。

何故ならば、一分、一秒が過ぎてしまえば、それはもはや過去のことであり、虚相や虚構に過ぎないことを、よくよく理解し腑に落としているからです。

では、宇宙の場の広さはどのようになっているのでしょうか。

エントロピー相対性の法則によると、すべてのモノが存在するためには、相反するものが相対的に向き合って「**場**」を形成することによって、必然的に相対性原力を発生するようになっています。その原力のメカニズムとシステムによって、すべてのものが存在を余儀なくされています。すなわち、**「相対場の法則」**によって、宇宙のすべてのものが存在している、ということになります。

何かと何らかの相対性原力によって、存在を余儀なくされているとしたら、宇宙のすべてのものが、何らかの関係で繋がって存在していることになります。

その繋がりは、宇宙にまで永遠かつ無限に広がっていくことになります。

その繋がりを唯一、可能にするものが、ゼロ波動の中心存在である**「意識」**そのものです。

このことにつきましては、後ほど（302ページ〜）詳しく検証し解説させていただきます。

地球環境に適合したモビルスーツ

地球星人は物質素材をエネルギー源として活動し、肉体を移動や活動のモビルスーツとしても活用しています。

地球の大気空間には、H（水素）とC（炭素）とN（窒素）とO（酸素）が99パーセント以上を大気成分として占めて、肉体成分も同じように大気を凝集して作ったように構成成分が99パーセント以上、水素と炭素と窒素と酸素という同じ元素で構成されています。

大気成分と同じ素材の肉体というモビルスーツを身に着けることが、地球環境の中で存在して、移動や活動のための手段として、最も相対的に適合しているからです。

では、地球意識場に於いて、どのようなメカニズムによって、生命が誕生したのでしょうか。

先述したように、意識場の中には大きく分けて、宇宙意識場と地球意識場があります。宇宙意識場の中には、宇宙物質界と宇宙霊界が存在し、地球意識場の中には、地球物質界と地球霊界が存在しています。

私たち地球星人は地球物質界の中で、宇宙意識場を天動説的にしか観ていません。

46億年前の地球物質界の環境は、マグマの活動が活発に行われていて、極めて劣悪な厳しい環境であり、とても生命体が住めるような状態ではありませんでした。

当然、それに対応して地球霊界も極めて劣悪な荒涼《こうりょう》とした不毛の世界を創り出していました。

「ゼロの法則」に基づいて、地球意識場に於いて、ゼロを中心に対極に存在する、霊質世界である地球霊界と、相反する物質世界である地球物質界のエントロピーが、大きな揺らぎから徐々に、共に減少していき、環境も少しずつ混沌と混迷から安定化に向かっていきました。

8億年の年月を掛けて、霊質世界と物質世界に於いて、無機質から有機質の生命体が誕生する環境が整えられてきました。

地球意識場に於いて、霊主体従の法則に基づいて、地球霊界では低次元の霊性の揺らぎによって、極めて単純で脆弱《ぜいじゃく》な霊性意識体が創られ、それと同時に地球物質界では、DNAとアミノ酸という極めて単純な相対構造が創られました。

霊主体従の法則に基づいて、受精卵に魂が受胎降臨するメカニズムと同じように、極めて単純なＤＮＡとアミノ酸の相対構造に、相対性原力の法則に基づいて、低次元の脆弱な霊性意識体が地球霊界から降臨して、地球物質界に有機質のバクテリアという原始生命体が誕生しました。

ここで重要なことは、地球霊界は進化していないわけではなく、地球霊界の方が地球物質界よりも、わずかな揺らぎで**「先行」**しながら進化して、霊主体従の法則に基づいて、地球意識場の進化のプロセスを導いてきました。

このことにつきましては、後ほど（３８０ページ～）詳しく検証し、誰でも理解しやすく証明いたします。

人類は、**「環境適合の原則」**に従って進化がなされ、霊性進化と共に地球環境に適合したモビルスーツである身体に、形を変えて身に着けるようになりました。

基本的に地球内生物は、同じ素材のＤＮＡと水とタンパク質と脂質によって構成されたモビルスーツを身に着けています。

人間は水と有機物をエネルギー源として活動していますが、自動車もガソリンという水と有機物をエネルギー源として動いています。

すなわち、人間は脳によって発信された、イオン電子による微弱な電流が、全身に張り巡らされた神経回路に通電していくことによって、電子制御された電化製品であり、水と有機物を燃料として活動している自動車でもあります。これが肉体の実態なのです。

何れにしても、物質世界で移動することや活動するためには、水素エネルギーにしても電気エネルギーにしても、物理的なエネルギーに依存しなくてはなりません。

宇宙パイロットが船外活動するためには、宇宙服というモビルスーツを身に着けなければならず、地上の活動よりも圧倒的に不自由になります。

このことからも、宇宙は肉体を身に着けていくような場所ではないことは、誰でも理解できます。

宇宙環境の空間には、物質素材といえば宇宙のゴミやチリである、星や隕石やガス体などに存在するだけで、宇宙空間の大部分が物質素材の次元を超えた、霊質素材によって占められています。

人類は宇宙のゴミの探査とチリの調査のために、莫大な資金とエネルギーを投資して、水がどうしたとか、アミノ酸がこうしたとか、ブラックホールの写真が撮れたとか、相変わらず地球中心の天動説的な思考で、宇宙開発という名目の好奇心と興味で、物理的な探索しかしていません。

「木を見て森を見ず」と同じです。

ブラックホールとホワイトホールにつきましては、『ゼロの革命』で詳しく紹介しています。

肉体という物質素材のモビルスーツを身に着けている人類が、広大無辺な宇宙空間で相対可能な存在は物理的なゴミかチリしかありません。

物質的な宇宙を解明しても、真逆の霊質的な宇宙には何の関係もありません。

宇宙空間は摩擦と葛藤の係数がゼロに近い

◆地球の大気空間では摩擦と葛藤の係数が大きく意識の思い通りになりがたい

大気空間と宇宙空間の違いは、構成成分が物質素材か霊質素材かの違いはありますが、それに伴う顕著な違いが、摩擦係数と葛藤係数にあります。

大気空間は宇宙空間に比べると、**摩擦係数**も**葛藤係数**も、比較にならないほど違った係数の空間になっています。

大気空間の摩擦係数は宇宙空間に比べると限りなく大きく、空気抵抗も大きいので、宇宙空間では燃えることのない隕石が、大気圏に突入した瞬間に燃え尽きてしまいます。

大気空間の移動や活動には、大気圏の大気圧に拮抗して移動や活動をしなければならないので、莫大な物理的エネルギーを必要とし、長い時間を掛けなければ不可能です。

大気空間は重力場の圧力による重力拘束と、空気の大気摩擦による抵抗が大きいので、意識の入力に対して結果に対する出力のレスポンス（応答）が極めて低く、ノイズだらけでほとんど再現性がないのに等しいのが現状です。

意識がどんなに願っても、時間軸と重力場に支配され、さまざまな制約が大きな負担となり、結果は意識の思い通りにはなりがたいということになります。

意識がハワイに行きたいと思っても、肉体というモビルスーツが移動してくれなくては、ハワイにも行けません。ハワイに行くためには、それ相当の物理的なエネルギーと長い時間を必要としなくては不可能です。

どんなに意識エネルギーを使っても、結果が出るまでに莫大なエネルギーと時間を必要とするのです。

霊性意識体は「肉体の桎梏」と「地球環境の桎梏」に支配されて、極めて不自由な生命体という形態を取らざるを得ません。

宇宙空間は科学的には摩擦係数が限りなくゼロに近く、哲学的には葛藤係数が極めて少ない状態を、恒常的かつ恒久的に創り出そうとしています。

宇宙空間は摩擦係数が限りなくゼロに近いので、物質素材によるレジスター（抵抗）は星や隕石やガス体などの物性体の周辺に存在するだけです。

神韻縹渺《しんいんひょうびょう》たる広大無辺な宇宙空間の環境には、抵抗がほとんどない状態を創り出しています。

抵抗だらけの物質世界に飼い慣らされた地球星人は、肉体を着ているが故に、摩擦のない霊質世界を経験したことがないので、摩擦がないということの自由度に対する、偉大な意味と意義と価値が理解できません。

◆想念が現象化する宇宙意識場

摩擦係数がゼロに等しい状態とは、レジスター（抵抗）とブロッケード（邪魔）がないので、限りなくゼロに近いエネルギーで移動も活動も可能になっているということです。

宇宙意識場の移動や活動は、極めて微弱な**「意識」**という**「エネルギー」**だけで可能となり、わずかなエネルギーだけですべてが機能していて、食べることや寝ることなどの、物理的エネルギーを獲得する労働や睡眠は、まったく必要としません。

一瞬に移動や活動などを可能にし、意識の入力に対して無限意識場に現象化される出力には、再現性にノイズやズレが少なく、完全に意識と等しく瞬時にシンクロ・レスポンス（同時応答）されています。

地球の物質世界では肉体という桎梏に支配され、嘘の鎧を着ていますので、何を考えているのか、何を思っているのか、まったく理解できません。

宇宙意識場に於けるコミュニケーション・ツールは、想いが瞬間に伝わるエモーション・コンタクト（情動交流）のみで、お互いが通じ合えるようになっているので、言葉はまったく必要としていません。

宇宙意識場は巨大な意識のスクリーンになっていて、個々の意識がプロジェクターの役割を果たし、意識の**マトリックスMatrix**（想念を創り出す）に対してインパルス・レスポンス（衝撃的応答）で現象化していくようになっています。

宇宙意識場での意識のマトリックスは、光速限界を遥かに超越して、完結したゼロ時限で現象化して、**「想念」**そのものが無限意識場に表象されるようになっています。

宇宙意識場は摩擦係数が限りなくゼロに近いので光速を瞬時に超えますが、物質世界は、電子レベルの超電導や**「量子転換」**のレベルのスピードですから、今のみに完結していく**「霊子転換」**のスピードと比べると、あまりにも遅くノイズだらけで、レスポンス関数（再現性の精度）が極めて低い次元となっています。

「霊子」が創り出されるメカニズムについては、『ゼロの革命』で詳しく紹介しています。

宇宙霊界は、「宇宙物質界の真空状態」よりも、さらに微細な霊質素材で構成されていますので、摩擦係数が限りなくゼロに近いため、伝搬速度は無限のスピードに近く、地球の大気のような粗い物質は、宇宙意識場に放出していくことはありません。

宇宙意識場は葛藤係数が限りなくゼロに近いので、不調和や無秩序なるもの、不条理や理不尽なるもの、不健康や不運命なるもの、不自由や不平等なるもの、などの不快な感情に陥る情動世界は、基本的には存在していません。

自由と愛と喜びを謳歌する個性芸術の世界を創造する無限意識場となっています。

あなたの意識で、自由に変化できて何にでもなれて、どこにでも移動が可能であり、あらゆるものを創造することができる霊性意識体になりたくないですか。

宇宙の進化の方向性は自由な意識

私たちの生活空間に於ける自然現象の中にも、太陽と地球と月との揺らぎによって、光と闇、満潮と干潮、低気圧と高気圧、暑いと寒いなど、すべてが真逆に相対化して場を形成し、調和と秩序を形成しようと働き掛けています。

「ゼロの法則」に基づいて、プラスとマイナスが中和に方向付けられ、陰と陽が中性に方向付けられ、善と悪が中庸に方向付けられて、エントロピー（無秩序）を無限に減少化させながら進化し続けています。

宇宙意識場は、ゼロ・バランスに向かってエントロピー（無秩序）を「無限に減少化」して、**「愛したい」**という愛の動機と情動が、質的に高い人格形成に方向付けて、同時に喜びを「無限に増大化」していくように、メカニズムとシステムが備えられています。

これらの法則と原則によって、宇宙の時間軸と場は、**「永遠かつ無限」**なるものであると結論付けられます。

宇宙に存在するすべてのものを、相対化して存在可能にする意識の源泉を、**「相対性万有原力」**といいます。

永遠かつ無限という言葉を、**「ロゴス（創造性が内在した言霊）」**に置き換えると、一つのロゴスに統合できます。それは、**「自由」**というロゴスに統合することができます。

自由というロゴスは、科学用語の範疇ではなく、哲学用語のカテゴリーにあります。科学よりも哲学の方が、精神性は上位に存在していますから、哲学が主体で科学が対象となるからです。

これが、科学兵器などの開発によって、多大な犠牲を払って精神文化を進化させてきた歴史が、すでに証明しています。故に、**「哲学なき科学は暴力に等しい」**と言われる所以です。

自由には境界も限界も臨界もなく、**「すべての枠組みから解放されている状態」**を、自由といいます。

自由というロゴスを**物質世界の科学**に持ち込んだら、エントロピーは増大化するだけで、科学は成り立たなくなってしまいます。

何故ならば、科学は物質世界に於ける原因から結果、逆に、結果から原因に至るプロセスを、アナログ化した数字と時間軸によって、変化の過程を解明していくことが、科学の大きな役割と責任になっているからです。科学は時間軸と数字の枠組みの中に存在しています。

歴史は哲学先行型に従って科学追従型となっています。

精神文化の進化に基づいて、科学文明が開化した、歴史上の事実があるからです。もし、原子爆弾が中世の精神文化の次元にあったら、地球はすでに滅んでいます。

地球物質界の進化のプロセスは、今というゼロ時限に時間軸を近づけていくことと、意識の距離感を物理的に短縮することにあります。

すなわち、アナログ意識からデジタル意識に方向付けていくのが進化の姿勢です。

一番わかりやすい例が、交通機関の発達と情報共有のスピードの速さにあります。

ＩｏＴなどのインターネット技術やスマートフォンの普及によって、世界中いつでもどこでもリアルタイムで、色々な人と交信や交流が可能となり、自由にグローバルでコミットメントすることが可能になりました。

科学文明が長足的に進化を遂げてきているということは、精神文化はそれ以上に進化を遂げて、間違いなく宇宙の自由に向かって、私たちの意識は長足的な進化へと方向付けられています。

ですから、霊性次元の高い今の若者たちは、無条件でこの理論を理解できるようになっています。年配者には難しすぎるかもしれません。

ＡＩ技術によるロボット時代が近未来に訪れて、「人間が人間を必要としない」時代が目の前に迫ってきていて、人間がＡＩロボットとＡＩ兵器に管理され支配される時代が間近に迫っています。

哲学が科学を網羅して、ＡＩロボットやＡＩ兵器を正しく統治できる、精神進化が問われる時を迎えていると思わざるを得ません。

意識はゼロの揺らぎから派生する

◆ゼロの揺らぎの中心存在は「意識」

先述しましたように、人間の理解力は、同じことを532回、聞かないと正確に理解できないそうです。

ですから、同じような内容を何度も何度も、繰り返し、繰り返し言及しますが、しつこいとは思わずにお付き合いください。

ゼロの揺らぎ理論に於ける、最も重要なメカニズムとシステムですので、何度も紹介させていただきます。

「ゼロの法則」に基づいて、相反するものがゼロ・バランスで打ち消し合った瞬間に、どちらにも属さない**「自由」**な状況が必然的に創り出されます。

この創り出された自由な状況が、エントロピー相対性の法則に従って、相反する**「不自由」**な状況を創り出します。

ゼロを中心に自由な状況と不自由な状況が現象化したということは、ゼロそのものに**「揺らぎ」**を創り出したことになります。

このゼロの中心が揺らぐことにより、どちらにも「自由かつ平等」に属することが可能な存在が、ゼロの中心に出現します。

このどちらにも**「自由かつ平等」**に属することができる、ゼロ波動の中心存在こそが、まさしく**「意識」**そのものです。

ゼロの揺らぎの中心存在は、「意識」という**「自由な方向性」**を持った**「ベクトル」**といえます。

ゼロの揺らぎの中心存在である「意識」は、相反するプラスにもマイナスにも、陰にも陽にも、善にも悪にも、どちらにも「自由」に属することができる唯一無二の存在です。

少し科学的になりますが、意識は、「ゼロの方向性」という**「量」**のないベクトルですから、**「エネルギー」**ではありません。

量とは、あくまでも**「物理的な量」**のことをいい、「マス」massなどと表現されています。

「ゼロ・ベクトル」である**「意識」**が、何かに方向付けられると、そのモノと関わることによって、エネルギーに転換されていきます。

意識は「量」のない**「ゼロ・ベクトル」**または**「フリー・ベクトル」**ですから、完全に自由な存在といえます。

例えば、意識が、プラスに方向付けられると、プラスの意識となり、プラスという情動のエネルギーを創り出します。

意識が、ネガティブに方向付けられると、ネガティブの意識となり、ネガティブという情動のエネルギーを創り出します。

意識が、不快な感情に方向付けられると、不快な感情の意識となり、不快な感情という情動のエネルギーを創り出します。

このように意識は、常にゼロの揺らぎの中心にあって、どちらにも「平等」に属することができる、まさに、**「普遍的な自由かつ平等」**なる存在です。

すなわち、宇宙はゼロの揺らぎ理論に基づいて、相反するものが打ち消し合った瞬間に、無ではなく自由な状況と不自由な状況が創り出されます。

自由と不自由がゼロに揺らぎを創り出し、揺らぎがゼロの中心に意識を出現させて、相反するものを、新たに創造し破壊するというメカニズムに従って、すべての存在がシステム化されていることになります。

自由な状況と不自由な状況は状況以外の何ものでもありませんから、「自由な方向性」というベクトルが存在しません。

ですから、創造性と破壊性に方向付けるために、自由な状況と不自由な状況が揺らぎを派生して、無条件で揺らぎの中心に**「意識」**が出現することになります。

故に、ゼロの揺らぎ理論に基づいて、ゼロ・バランスに近い中性的かつ中和的かつ中庸的な揺らぎの状況が、最も自由に近い状態と意識を創り出していることになります。

このことにつきましては、後ほど（249ページ～）、もう少し詳しく整理して証明いたします。

◆揺らぎが意識を、意識が揺らぎを創り出す

「ゼロの法則」に基づいて、意識をゼロの中心に置き換えると、意識の初めと意識の終わりが、今の意識になろうとして、打ち消し合った瞬間に、相対変換の法則に基づいて、初めと終わりが入れ替わります。

新たな終わりの意識が、新たな初めの意識を創り出し、新たな初めの意識が、新たな終わりの意識を創り出す、相対変換の法則に従って、意識はゼロ波動の中心存在として完結したデジタルの「今の今」に在り続けています。

すなわち、**「揺らぎが意識を創り出し、意識が揺らぎを創り出す」**という、揺らぎと意識はインタラクティブ（双方向）の関係であり、初めなき終わりなき普遍的なメカニズムとシステムを創り出しています。

故に、揺らぎが意識を創り出し、意識が新たな揺らぎを創り出し、新たな揺らぎが新たな意識を創り出すといった、相対変換の法則に基づいて、進化を持続可能にしています。

低次元のネガティブな意識と低次元のポジティブな意識が打ち消し合った瞬間に、わずかな揺らぎの相対変換によって、新たな上位の次元の相反するネガティブとポジティブの意識が創造され、恒常的かつ恒久的に霊性進化へと方向付けています。

ゼロの揺らぎ理論に基づいて、中性が揺らぐことによって、陰という意識と陽という意識が創

り出され、中和が揺らぐことによって、プラスという意識とマイナスという意識が創り出され、中庸が揺らぐことによって、善という意識と悪という意識が創り出されます。

意識が大きく揺らぐと葛藤と摩擦を創り出し、意識が小さな揺らぎになると調和と秩序を創り出します。

ですから、揺らぎの**「質的」**な次元によって、さまざまな意識が創り出され、アナログ化していくことによって、近い未来とか遠い過去や小善と大悪などの、小さな揺らぎや大きな揺らぎを次元に基づいて創り出します。

このようにバランスの悪い揺らぎにより、**「量的」**に複雑化し多次元化していって、さまざまに多様化していき低次元化したモノが創造されていきます。

例えば、可視光線も830ナノメーターという大きな揺らぎの波動から、360ナノメーターという小さな揺らぎの波動に向かって、赤色からオレンジ色、黄色、緑色、青色、紫色、白色という7色が創り出され現象化しています。

色が波動を創り出しているのではなく、それぞれの揺らぎがアナログ波動となって、それぞれの波動を創り出し、それぞれの色となって現象化しています。

意識がモノを創造する始まりですが、その意識を創造するのが、**「ゼロの揺らぎ」**です。その揺らぎの波動が、ものすごく微細で小さければ小さいほど、高い次元のモノを創造します。

◆宇宙意識場は自分で個性芸術を創り出す自由な世界

すなわち、揺らぎの次元が、さまざまなシチュエーションの中で、完結しないまま無限のアナログ意識を創り出し、さまざまなものを無限に創造し現象化しています。

この完結したゼロ・バランスの揺らぎによって、デジタルに創り出される究極の **「ゼロ波動の意識」** が、宇宙意識場である「無限意識場」の自由世界を創り出しています。

例えば、低次元の大きな揺らぎによって創り出されたアナログの意識場と、中次元の小さな揺らぎによって創り出されたアナログの意識場と、高次元のゼロ・バランスの近くで創り出されたデジタルの無限意識場では、広大無辺なる宇宙とチリにも至らない地球ほどの差があります。

人間は肉体という物質に支配され、肉体レベルの意識の次元に従って、アナログ化した時間軸と数字に飼い慣らされて、地球癖、人間癖、欲望癖の中でしか、自分自身の意識場を創り出していません。

では、ゼロ・バランスの究極の揺らぎとは、具体的には、何を意味し示唆しているのでしょうか。

それは、まさしく時間軸のない、**「今」** という瞬間、瞬間に完結されたワン・サイクルの波動である、ゼロ時限のことを意味し示唆しています。

もし、私たちの意識が、過去もなく未来もなく、今のみの意識で生きているとしたら、究極のゼロ・バランスの揺らぎの意識で生きていることになります。

もし、現世で意識が他人である肉体から解放されて、今を自由に生きているとしたら、宇宙生活そのものとなります。

このことにつきましては、後ほど（341ページ〜）わかりやすく解説させていただきますので、楽しみにしていてください。

宇宙の無限意識場は、私の意識そのものを、永遠かつ無限に存在させるための相対的な場でもあります。

私の意識が**マトリックス化**、Matrix（想念）する表象世界を、無限意識場は、スクリーンのように現象化して、私そのものの創造性を、有って在るものとして、無条件で受容してくれています。

地球意識場は作られた世界に依存して、不自由に存在していますが、宇宙意識場は自分が創り出す世界で、個性芸術を堪能しながら、自由に存在しています。

自分という「我欲」の意識を、小さくしていくことによって、宇宙意識場に意識が近づき、自分という「我欲」が大きくなるに従って、宇宙意識場から意識が遠のいていきます。

「我欲」とはエゴイズムとナルシシズムによる、非合理的な自己欲に基づく**「エロス」**のことを言います。

本来、宇宙の無限意識場と私の意識は、「ゼロの法則」に基づいて、わずかな揺らぎの絶妙なバランスで重なり合って、宇宙が原因であり私が結果であり、私が原因であり宇宙が結果である、というゼロの揺らぎ理論に基づいて、共に永遠に進化と発展を持続可能にしていく、メカニズムとシステムを備えています。

ゼロの揺らぎ理論の中心存在は意識

◆自由に等しく存在し得るゼロ波動の中心が「意識」

５３２回のほんの一部ですから、もう少し我慢して読み進めてください。

もう一度、意識が創り出されるメカニズムとシステムについて整理しておきましょう。

大宇宙に存在するモノは、「ゼロの法則」に基づく、ゼロの揺らぎ理論による、普遍的な相対性原力によって存在しています。

相反するモノが打ち消し合って、創造と破壊を繰り返しながら、相対変換の法則に従って、入れ替わりながらゼロ・バランスに向かって、共に永遠に進化しながら近づいていきます。

相反するモノが打ち消し合った瞬間に、どちらにも属さない自由な状況が、必然的に創り出されます。

この創り出された**自由な状況**から、エントロピー相対性の法則によって、必然的かつ共時的に、相反する**不自由な状況**が創り出されます。

このゼロの揺らぎによって、どちらにも属さない自由な状況から、相反する不自由な状況が創り出されると、自由と不自由の揺らぎによって、ゼロそのものが揺らぎ、共時的にどちらにも「自由かつ平等」に属することができる存在が、ゼロの中心に出現します。

この揺らぎによって、ゼロの中心に出現して、どちらにも**「自由かつ平等」**に属することが、可能な存在こそが、**「意識」**そのものです。

すなわち、ゼロの中心そのものに揺らぎが派生して、「意識」が出現したことになります。

このゼロを基点として、どちらにも属する「自由かつ平等」な存在こそが、まさしく、**「意識」**です。

ゼロ波動の中心存在こそが、「意識」という**「自由な方向性」**を持った、普遍的なベクトルそのものです。

すなわち、**「意識」**は量のない**「ゼロ・ベクトル」**または**「フリー・ベクトル」**ですから、完全に自由な存在といえます。

故に、**「ゼロ波動の中心存在が意識」**となって、相反する自由にも不自由にも、今の初めにも今の終わりにも、プラスにもマイナスにも、陰にも陽にも、善にも悪にも、ネガにもポジにも、生にも死にも、すべての存在に、有って在るものとして、万有のものに自由に等しく存在し得る中心的な存在こそが**「意識」**です。

ゼロを基点として揺らぎが派生したということは、**「ゼロが波動化」**したことになります。

ゼロを中心に相反するものが、有って在るものとして存在しているワン・サイクルのみの完結した波動を、ゼロの**「デジタル波動」**といいます。

完結したゼロのデジタル波動が、完結しないまま波動化して、**「アナログ波動」**となって、多次元化していくことによって、複雑化して低次元化していき、霊質世界から物質世界に至るまで、多様化することによって、さまざまなモノが創り出されていきます。

このゼロ波動の中心存在である、自由な意識と不自由な意識が、宇宙のありとあらゆるものを、創造し破壊する**「創造原力と破壊原力」**の源泉になっています。

◆永遠かつ無限に創り出されるゼロ

この法則に基づいて、今の今というデジタルのゼロ時限と、今の終わりがアナログに波動化した過去と、今の初めがアナログに波動化した未来という時間軸を、もう一度、詳しく検証してみることにしましょう。

ここで最も重要なことは、過去や未来といった**「推測や妄想」**であるバーチャルを排除していって、**「今」**というリアリティーの事実に近づけていくことによって、**「事実が保障」**され、**「真実が保証」**されていくことになります。

遠い過去という妄想と幻想と、遠い未来という推測と憶測のバーチャルである、時間軸に於ける**「アナログ意識」**が、今というリアリティーである、ゼロ時限の**「デジタル意識」**に方向付けられて、相反する過去と未来が共に打ち消し合いながら、今というゼロに近づいていきます。

最終的にアナログ意識の時間軸である過去と未来が、最もゼロに近い過去を代表した「今の終わり」と、最もゼロに近い未来を代表した「今の初め」が、「今の今」というゼロ時限で出会って、打ち消し合う瞬間を迎えます。

今の初めと、今の終わりが、今の今になろうとして、共に打ち消し合うと、自由な意識によって、新たな今の初めが創り出されると、同時に不自由な意識によって、新たな今の終わりが創り出されます。

「今の初め」を破壊する「今の終わり」の存在がなければ、新たに「今の初め」を創造することができません。

ゼロの揺らぎ理論に基づいて、創造原力と破壊原力に従って、新たに創り出された今の初めを破壊する、新たな今の終わりの存在がないと、新たな今の今をデジタルに創造できなくなってしまいます。

その瞬間に、今という時は、まさしく**「今で止まってしまう」**ことになります。

完結した今の初めと今の終わりが、ゼロで打ち消し合った瞬間に、完結した新たな今の初めと今の終わりを、デジタルに創り出しながら、永遠に今の今であり続けています。

「今の初め」を破壊する「今の終わり」の存在がなければ、新たに「今の初め」を創造することができないからです。

すなわち、今の初めが今の終わりを創り出し、今の終わりが今の初めを創り出す、左足と右足が、ゼロを基点として入れ替わりながら、前に進んでいく相対変換の法則に従って、今の今で永遠にあり続けています。

今の初めの存在がなければ、今の終わりの存在は成立しなくなり、エントロピーは相対化しなくなってしまいますから、今の今の存在そのものも消滅してしまうことになります。

故に、今の初めはいつですかと聞かれたら、今ですとしか答えられません。今の終わりはいつですかと尋ねられたら、今ですとしか答えられません。今の今はいつですかと聞かれたら、今ですとしか答えられません。どこから尋ね求めても、今は今でしかありません。

今には過去も未来も存在しませんから、初めなき終わりなき、原因なき結果なき、時間軸そのものが存在しませんので、永遠に完結した今であり続けます。

ですから、アナログ化された時間軸に従って、未来という推測と憶測は、進化と発展という創造のアナログ意識に方向付けられ、過去という妄想と幻想は退化と衰退という破壊のアナログ意識に方向付けられながら、過去はいつしか消滅していきます。

「ゼロの法則」に基づくゼロは、ゼロ時限を基点として、絶えず、**「自由と不自由の揺らぎの意識」**によって、自由と不自由は、アルファでありオメガであり、初めであり終わりであり、原因であり結果であり、初めなき終わりなき、原因なき結果なき、**「有って在るもの」**の状況と状態を、完結しながら間断なく、永遠かつ無限に創り出していることになります。

◆意識の次元は霊性、故にデジタル化したワン・サイクルの意識が理想的

よく「卵が先か鶏が先か」という議論が、アナログ意識の時間軸の中でなされますが、卵が先でも鶏が先でもありません。

卵は卵として今に存在し、鶏は鶏として今に存在し、それぞれが有って在るものとして、完結した今のみのオンリーワンとして存在しています。

故に、この「ゼロの法則」によって、宇宙意識場が永遠に**「今」**であり続けている理由と根拠になっています。

私たちは、地球癖や人間癖である、アナログ意識の時間軸と数字に飼い慣らされていますので、時間軸と数字の中で物事を思考していて、有って在るものの存在が、理解することも納得することもできません。

すなわち、ゼロ波動の中心存在が意識であり、意識は有って在るものですから、理論も理屈もなく、まして、答えがないのが答えですから、意識には枠組みも限界もありません。

故に、意識は自由にも不自由にも、平等に属することができる、**「完全に自由」**な存在であり、永遠かつ無限の存在である所以といえます。

このように、ゼロを基点として、相反するモノが、デジタルで打ち消し合いながら、揺らぎによって、新たに相反するモノを、デジタルに創り出していくメカニズムとシステムを、完結した**「ワン・サイクルの揺らぎ」**または、完結した**「ワン・サイクルの波動」**といい、ゼロの揺らぎ

から創り出された波動ですから、完結した**「ゼロ波動」**ともいいます。

このワン・サイクルのゼロ時限であるデジタル波動から、今の初めが完結しないままアナログ化して、波動化すると「未来」になり、今の終わりが完結しないままアナログ化して、波動化すると「過去」になるように、アナログ化した波動が、複雑に絡み合うことによって、一次元、二次元、三次元、四次元へと多次元化していきます。

ゼロ波動からアナログ波動へと多次元化することによって、質的にも量的にも複雑化していき、低次元化して多様化していきます。

意識の次元は、霊性の次元に基礎付けられていますので、**「デジタル化したワン・サイクルの霊性とワン・サイクルの意識」**の状態が、理想的な**霊性波動意識体**といえます。

霊性に基づいて、意識がアナログ化することによって、不自由へと方向付けられて、**「多次元化」**すればするほど、複雑化して**「低次元化」**していきます。

◆宇宙意識場は自由で簡素化、地球意識場は不自由で複雑化

人間は低次元にアナログ化された、肉体と物質世界に飼い慣らされ、霊体そのものがアナログ化された意識でいますから、モノの見方の価値観が欲望によって多次元化していて、**「多ければ良かろう、少なければ悪かろう」**と思い込みがちです。

しかし、宇宙の法則は、**「ゼロ次元化」**に方向付けられながら**「高次元化」**しています。

デジタル波動は、ワン・サイクルの波動のみで完結していますので、他の波動に依存して、干渉することや絡み合って影響し合うことがなく、それぞれが独立して秩序的に完結して存在しています。

アナログ波動は、完結しないまま波動化していき、他の波動に依存して、干渉しながら影響し合って多次元化していき、複雑に絡み合っていくことによって、低次元化しながら無秩序に多様化して、それぞれがランダムに存在しています。

例えば、線というアナログ波動の一次元が、さまざまな線と干渉し合って、重複しながら複雑に絡み合うことで、面というアナログ波動の二次元を創り出しています。

面というアナログ波動の二次元が、さまざまな面と干渉し合って、さらに複雑化してランダムに絡み合っていくと、立体という多次元化したアナログ波動の三次元が創り出されます。

我々は、この三次元の立体空間に、過去と未来という妄想と幻想や推測と憶測である、バーチャルの時間軸を加えた、アナログ波動の四次元空間に、私たち人間の**「意識」**が無秩序に飼い慣らされて存在しています。

このように、地球意識場に存在するすべてのものが、デジタルのゼロ波動から、完結しないままアナログ化していって、どんどんと分離感と距離感を作って複雑化していき、アナログ意識によって創り出された多次元の世界に、依存しながら不自由に存在しています。

ですから、それぞれのアナログ波動の次元によって、そのものの次元が決定し、そのものの形態として現象化しています。

宇宙意識場はゼロ次元に方向付けられて簡素化していますが、地球星人は**「多次元化」**に方向付けられて、複雑化しています。

すなわち、デジタルのゼロ波動がアナログ化して、五次元、六次元、七次元と多次元化すればするほど不自由に方向付けられ、エントロピーは増大化していき、複雑化して低次元化に方向付けられて、さまざまなモノに多様化していきます。

一部の宇宙工学の科学者や精神世界の人たちから、七次元の世界とか八次元の世界などという、まことしやかな議論や論調を聞きますが、一層のこと百億次元とは、どんな次元の世界なのか、教えていただきたいと思うくらいです。

ゼロの揺らぎ理論

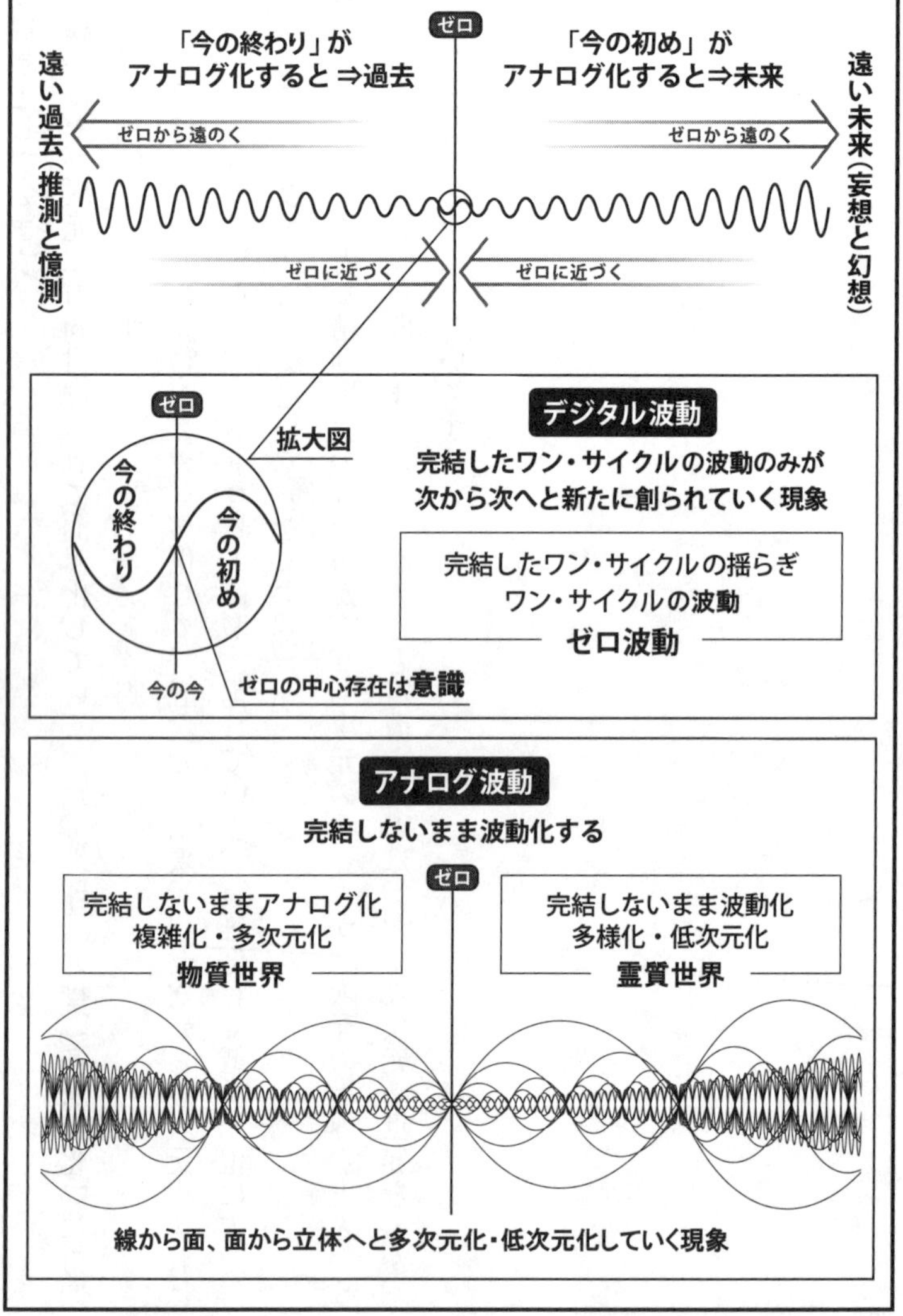
ゼロ
「今の終わり」が
アナログ化すると ⇒過去
「今の初め」が
アナログ化すると⇒未来
遠い過去（推測と憶測）
遠い未来（妄想と幻想）
ゼロから遠のく
ゼロから遠のく
ゼロに近づく
ゼロに近づく
ゼロ
拡大図
今の終わり
今の初め
今の今
ゼロの中心存在は意識
デジタル波動
完結したワン・サイクルの波動のみが
次から次へと新たに創られていく現象
完結したワン・サイクルの揺らぎ
ワン・サイクルの波動
ゼロ波動
アナログ波動
完結しないまま波動化する
ゼロ
完結しないままアナログ化
複雑化・多次元化
物質世界
完結しないまま波動化
多様化・低次元化
霊質世界
線から面、面から立体へと多次元化・低次元化していく現象

第8章

ゼロ波動生命意識体は永遠に持続する

「ゼロの法則」に基づく生命原理

◆「肉体の死生観」は「時間軸の呪縛」から解放されていない

ここで、もう少し**「真の死生観」**について、詳しく検証し証明しておきましょう。

かつて、釈迦が現世の肉体の死生観に基づいて唱えた、生・老・病・死のような苦悩と苦悶の**「宗教論的な死生観」**ではなく、**「宇宙論的な真の死生観」**について言及したいと思います。

生とは一体何なのか、死とは一体何なのか、については、歴史を通して未だかつて、明瞭かつ明確に答えを出した人は誰もいませんでした。

私は講演会などで、参加者に次のようなことをよく問いかけます。「ここでちょっとお尋ねいたしますが、皆さんは7年前を生きていますか？　それとも3年先を生きていますか？　昨日を生きていますか？　それとも明日を生きていますか？　5分前を生きていますか？　それとも3秒先を生きていますか？」などという内容です。

誰もが異口同音、声を揃えて、**「今、生きています」**と当然、答えてくれます。未だかつて過去や未来に生きていると答えた人は一人もいません。

現世に於ける**「肉体の死生観」**は、一般的な平均寿命の概念として捉えると、生まれて死ぬまで80年から90年という時間軸で、生と死が受け止められています。

哲学も宗教も科学も、この肉体の死生観に基づく、**「時間軸の呪縛」**から解放されないまま、何一つ解決されることなく、問題が次から次へと提起され、複雑化しています。

しかし、肉体の生と死は、「ゼロの法則」に基づいて、生が一方的に死に近づいていくのではなく、相反する生と死が、お互いにゼロに向かって共に打ち消し合いながら、20年生きれば20年分老化して死が近づいてきます。

50年生きれば、50年分老化して死が共に近づいてきます。やがて、今というゼロで、肉体の今の生と今の死が、出会って打ち消し合う瞬間を迎えることになります。

肉体の今の生と今の死が打ち消し合った瞬間に、心臓も止まり、呼吸も止まって、肉体は動かなくなり、火葬場で火に焼かれ、やがて骨となり、灰となって消滅していきます。

先ほど、皆さんは**「今、生きています」**と答えました。ということは、**「今の生の存在」**を事実として理解し認めて、真実として受け入れていることになります。

では、皆さんは、**「今の死の存在」**を事実として理解し認めて、真実として受け入れているでしょうか？

もし、今の生の存在は認めて、今の死の存在は認めないとしたら、今の初めの存在は認めても、今の終わりの存在は認めない、今の陰の存在は認めても、今の陽の存在は認めない、今のプラスの存在は認めても、今のマイナスの存在は認めない、今の善の存在は受け入れても、今の悪の存在は受け入れない、といったバランスを欠いた理論と理屈になってしまいます。

もし、その理論が正当化されたら、エントロピーは相対化しなくなってしまい、無秩序が無限に増大して、今の生の存在そのものが否定され、生命そのものが**「なくて無いもの」**として崩壊してしまいます。

今の死を否定することは、取りも直さず、今の生を否定することに他ならないからです。

すなわち、「今の死」の存在がなければ、「今の生」の存在も同時に消滅します。

生命とは今の生と今の死が、両方とも恒常的かつ恒久的に、相対的に存在してこそ生命そのものが肯定されることになります。

生命に対する一般的な概念は、生きていることだけが「生命」だと、理解し認識していることが、そもそも大きな勘違いであり大きな間違いです。

生命とは、「今の生」と「今の死」が共に存在して、今のみに同時に運行されている現象、そのものを**「生命」**と言います。

何故ならば、「今の生」を破壊する「今の死」の存在がなければ、新たな「今の生」をデジタルに創造することができないからです。

すなわち、生命とは、今の生と今の死によって、今の瞬間、瞬間に破壊と創造が恒常的かつ恒久的に展開されていますから、存在するすべてのモノは、生命そのものと言えます。

故に、「無生物」とか「有生物」とかに差別化することは、人間のエゴイズムによる傲慢以外の何ものでもありません。

ですから、「**生命**」を物理的または機械的に捉えないことが、最も重要なことになります。

◆「ゼロの法則」に基づく「真の死生観」は、「今の死」があるから「今の生」が成立する

今の初めと今の終わりが肯定されることによって、今の今の存在が肯定されています。

今の生はいつですか？　と尋ねられたら、今ですとしか答えられません。今の死はいつですか？　と尋ねられたら、今ですとしか答えられません。今の今の「**生命**」はいつですか？　と尋ねられたら、今ですとしか答えられません。

今の死は、今の生と同じように、生々しく事実として、真実として存在していますが、他人である肉体を着て時間軸に支配されているアナログ意識ですので、今という瞬間、瞬間に、実感としてデジタル意識で捉えることができません。

地球論的な死生観は、肉体の生と死が80年から90年という時間軸のアナログ意識で捉えられているからです。

何故、今の死を事実として受け入れられないのか、今の死の真実を認められないのか、という理由と根拠があるとしたら、それは唯一、他人である肉体の死生観に、私の霊体が管理され支配されて、時間軸と物質に意識が飼い慣らされているからです。

何故、今の死を実感できないのかにつきましては、後ほど（272ページ～）誰でも理解しやすく解説させていただきます。

ゼロの揺らぎ理論に基づく、**「真の死生観」**は、今の死があるから、今の生が成立するという基本的な「ゼロの法則」です。

今の今というゼロ時限で、今の生と今の死が出会って、打ち消し合うことによって、新たな今の初めの意識が、新たな今の生を創り出します。わずかな揺らぎによって、新たな今の終わりの意識が、新たな今の死を創り出します。

まさしく、完結したワン・サイクルのデジタル波動が創り出している普遍的な存在です。

すなわち、「今の初め」を破壊する「今の終わり」の存在がなければ、新たに「今の初め」をデジタルに創造することができません。今は今のまま前に進むことができずに、今という**「時の運行」**そのものが、停止した状態になるからです。

当然、「今の生」を破壊する「今の死」の存在がなければ、新たに「今の生」をデジタルに創造することができません。その瞬間に、**「生命の運行」**そのものが、止まった状態になってしまうからです。

このように、今の生と今の死が、左足と右足が入れ替わって前進するように、今の生が今の死を創り出し、今の死が今の生を創り出すという、相対変換の法則に基づいて、ゼロ時限を中心に完結しながら、「今の生」と「今の死」が存在しています。

故に、今というゼロ時限に於いて、今の生と今の死が、相互に入れ替わりながら、有って在るものとして、生命そのものを、**「デジタル生命体」**として、永遠に持続可能な存在にしています。

私たちは肉体が動いている現象を**「生」**と理解し認識して、肉体が動かなくなった現象を**「死」**と理解し認識しています。

「今の生」と「今の死」は、今の今に「有って在るもの」として存在しています。

ですから、有って在るものは、普遍的なものであり、有って在るもの以外の何ものでもありませんから、肉体の生と死という特殊な現象とはまったく違います。

「現象」は**「特殊的」**なものであり、「有って在るもの」は**「普遍的」**なものですから、そもそも「現象」と「有って在るもの」は根本的に違うものです。

特殊的とは、自然現象や科学現象や社会現象や肉体現象のような**「一過性」**の現象を**「特殊的」**といいます。

普遍的とは、「今の初め」と「今の終わり」や「今の生」と「今の死」のように、何ものにも影響されることなく、恒常的かつ恒久的に有って在るものとして、**「永遠」**にあり続けるものを**「普遍的」**といいます。

しかし、人間はエントロピー増大の法則に基づいた、物理的な現象の中に存在していますので、どうしても「原因と結果」や「初めと終わり」が存在しないと、落ち着かなくなってしまいます。

私たちが経験している物理的な現象には、必ず、初めがあって終わりがあり、原因があって結果があることに、無条件で意識が慣らされてしまっています。

ですから、初めなき終わりなき、原因なき結果なき、「有って在るもの」の存在がどうしても理解できません。

理解できない存在や現象などは、**「神」**や**「仏」**という存在に置き換えて、宗教的に仕方なく納得しています。

◆永遠に持続可能にする生命原理

生命体そのものを、永遠に持続可能な存在にしている根拠は、神韻縹渺《しんいんひょうびょう》たる大宇宙が、永遠かつ無限の存在であることで、必要かつ十分に証明しています。

もし、わずか80年から90年だけの生命でしたら、地球だけでも、日本だけでも広すぎますから、宇宙そのものの存在自体が、私にとっては**「無用の長物」**となってしまいます。

私の生命そのものが永遠かつ無限の存在が故に、**「我が生命が住まわる場所」**が、永遠かつ無限の相対的な場の広さを有していなければ、エントロピーは相対化しなくなり、私には何の関係もない存在となって、宇宙の存在そのものが否定されることになります。

今の初めと今の終わりが、ゼロ波動の中心存在として、今の今を有って在るものとして、永遠にあり続けるように、今の生と今の死も、ゼロ波動の中心存在として、今の今の生命意識体を有って在るものとして、永遠に持続可能なものにしています。

すなわち、今の初めと今の終わりも、今の生と今の死も、完結したワン・サイクルのデジタル波動によって創り出されているからです。

ゼロを基点として、アルファでありオメガであり、初めであり終わりであり、原因であり結果であり、初めなき終わりなき、原因なき結果なき、すべてのものを**「有って在るもの」**として、創り出している中心存在を、完結したワン・サイクルのデジタル波動といい、**「ゼロ波動」**ともいいます。

「ゼロの法則」に基づいて、完結した今の生と今の死が相対変換を繰り返す連続性によって、生命そのものを、有って在るものとして、永遠に持続可能にする生命の原理を、**「ゼロ波動の生命原理」**ともいいます。

有って在るものには、理論も理屈も枠組みも存在しません。まして、時間という概念すら存在しません。

有って在るものには、**「答えがないのが答え」**ですから、**「生きて生きられず、死して死ねず」**といったように、完結した今の生と今の死は、永遠かつ無限に有って在るものとして、デジタルに存在する生命原理の根拠でもあり、宇宙が永遠かつ無限の存在である証明でもあります。

唯一、有って在るものに答えがあるとしたら、それは、「今のありのままを無条件で全面的に感謝と喜びで受容する」デジタル意識になれた時に、すべてが有って在るものになります。

◆「アナログ生命体」から「デジタル生命体」に意識を転換する

私たちは、過去の今を生きているわけではなく、未来の今を生きているわけでもありません。

生まれたばかりの赤ちゃんも、90歳の老人も、今を生き、今を死んでいます。

何故、今しか生きられないかといいますと、まさしく、今、死んでいるからです。

このように、**「生きたくても生きられず、死にたくても死ねず、生と死は今の今に、有って在るものとして、永遠に存在し続けています」**。

地球論的な死生観は、他人である肉体の死の不安と恐怖が無秩序に拡大していく、エントロピー増大型の死生観です。

人生観そのものが、肉体の死の不安や恐怖に怯えながら、絶えず意識は不快な感情に支配されて、なるべく死のことは意識しないように、死刑囚のような囚人として、一生を送らざるを得ない**「アナログ生命体」**です。

実は、人間が死に対する**「不安や恐怖」**を、最も感じている真の存在は、自分自身に内在している**「邪悪な心」**なのです。誰もが、そのことを、理解もしていませんし、認識もしていません。

まさしく、「無知は死の影であり、灯台下暗し」の状態です。

「邪悪な心」とは、基本的に「愛されたい」という、非合理的なエゴイズム（自己中心）とナルシシズム（自己満足）の**「欲」**のことをいいます。

すなわち、自分の「邪悪な心」によって、自分自身が**「邪悪な霊界」**に行くことを、魂が深層心理の中で無意識にわかっているので、誰でも平等に訪れるはずの**「死」**に対して、一人ひとりの恐怖感や不安感が、それぞれの霊性次元に従って、それぞれに違って存在しています。

それぞれの次元や形態に関係なく、波動と生命と意識体の中心存在として、**「ゼロ波動の生命原理」**が、根本的な法則や原則として存在しています。

何故、**「ゼロの法則に基づく生命原理」**を、正しく理解し認識して、納得することが、重要なことかといいますと、それは、自然に現世の生命に対する「不安と恐怖」や「執着と未練」から解放されて、現世利益に対する「欲望と不快な感情」からも解放されて、生きること自体が「感謝と喜び」になっていくからです。

もう一つは、より善い永遠の生命に至るためには、この世の完結しない生命観に従って生きるのではなく、あの世の完結していく生命原理で生きることに、誰もが、存在目的と意味と意義を見出して、存在価値を創造するために、自然に生きられるようになっていくからです。

アナログ生命体を**「エントロピー増大型の生命体」**といい、デジタル生命体を**「エントロピー減少型の生命体」**といいます。

宇宙意識場の生命体に進化するためには、**「アナログ生命体」**から**「デジタル生命体」**に意識を転換していくことが、最も重要なことになります。

「ゼロの法則」に基づく生命原理の検証

◆生も死も目的と意味と意義がある

よく講演会などで次のような質問を受けることがあります。

「生きるとは、どういうことですか?」という内容です。そのような質問に対して僕は次のようにお答えしています。

では、その反対に「死ぬとは、どういうことですか?」とお尋ねするようにしています。

私たちは、生きることには関心を持っていますが、死ぬことには殆ど関心を持っていません。

生きたくても生きられない、人生に間違いなく、誰にでも等しく訪れる結果は**「死」**です。死が結果であるならば、生は死のためのプロセスに過ぎないことになります。

生きることに目的と意味と意義があるとするならば、死ぬことには、それ以上の目的と意味と意義がある筈です。

そのことの重要性について、もう一度、**「ゼロの法則に基づく生命原理」**を整理して、詳しく検証することにしましょう。

例えば、私たちの現世の寿命が80歳とします。

「ゼロの法則」に基づくと、80年分の生が存在しているということは、ゼロを中心として**「生」**

の対極に、相反する80年分の**「死」**が同様に存在していて、今の生と今の死が、その都度、その都度、同時に完結しながら、共にゼロに近づいていることになります。

今という「ゼロ」を基点に、「今の生」と「今の死」が、相対変換の法則に基づいて、永遠に**「生命」**そのものが、有って在るものとして、**「踏襲」**されて続いていく現象を、**「生命連鎖の法則」**といいます。

ゼロ波動の完結した「今の生」と「今の死」が、**「生命連鎖の法則」**に基づいて、75年前も今の生と今の死が、その時代の今に完結しながら存在していました。40年前も今の生と今の死が、その時、その時のゼロ時限で完結して存在していました。20年前も今の生と今の死が、その時々の今に完結しながら存在していました。

当然、今朝も今の生と今の死が、その時の今に完結して存在していました。5分前も1秒前も**「生命連鎖の法則」**に従って、**「生命」**そのものとして存在していました。

すなわち、「今の生」と「今の死」は、ゼロを中心に肉体であっても霊体であっても、生命そのものが永遠に踏襲されていくようにメカニズム化された生命原理を**「生命連鎖の法則」**といいます。

◆今、生きながら肉体を破壊していき、今、死にながら霊体を創造している

何故、私たちは現世に於いて、今の生は実感できて、今の死は実感できないのでしょうか。

それは、「今の生」の持つ意味と意義と、「今の死」の持つ意味と意義が、まったく異なった目的と価値のために方向付けられていて、それぞれが**「真逆」paradox**の目的と価値のために存在していることが、まったく理解され認識されていないからです。

今の生と今の死が同時に存在し、同時に行われている、その意味と意義は一体、どのような目的と価値のためなのかを理解することで、完全に誰でも「今の死」を理解し納得することができます。

では一体、「今の生」は何を意味し、「今の死」は何を示唆しているのでしょうか？

肉体では今の生を実感することができるのに、何故、肉体では今の死を実感できないのかといいますと、今の生の存在目的と今の死の存在目的が、まったく真逆の意味と意義を有して、真逆の価値のために方向付けて、存在しているからです。

すなわち、今の生によって肉体が**「破壊」**されていき、今の死によって、何かが真逆に**「創造」**されているからです。

実は、破壊と創造の原則に基づいて、80年掛けて「今の生」によって、有形の肉体が破壊されていき、80年掛けて「今の死」によって、無形の霊体が創造されていくからです。

現世の「今の生」は、有形の肉体の破壊のために存在し、現世の「今の死」は、無形の霊体を創造するために存在しているからです。

「ゼロの法則」に基づいて、ゼロを中心に相反する「今の生」と「今の死」の存在が、破壊と創造の原則に従って、「今の生」が有形の肉体を破壊しながら、真逆に存在する、「今の死」が無形の霊体を創造しながら、共にゼロに近づいていきます。

私たちは、今、生きながら肉体を破壊していき、今、死にながら霊体を創造しています。「ゼロの法則」に基づいて、ゼロに向かって有形の肉体を破壊してきた「今の生」と、同じくゼロに向かって無形の霊体を、並行しながら創造してきた「今の死」が、まさしく現世の終焉であるゼロ時限で出会って、相対変換の法則に基づいて入れ替わります。

肉体の今の生から霊体の今の生に相対変換して入れ替わったということは、現世では肉体の「今の生」が、わずかな揺らぎによって先行していましたが、霊界では霊体の「今の生」が、わずかな揺らぎによって先行していく、生命体に転換されたことになります。

この理由によって、「今の生」は肉体で体感できますが、「今の死」は霊体に属していますから、肉体感覚では捉えられなくなっています。

当然、次元の低い肉体で次元の高い霊体を、理解し認識して、把握することはできないようになっているからです。

◆「ミクロのゼロ」と「マクロのゼロ」

すなわち、地球物質界に於いて、肉体の**「今の生が先行」**していく理由は、肉体のさまざまな経験に基づいて、霊体の**「今の死が追従」**して、行くべき霊界を善くも悪くも創造していくからです。

ですから、今の生によって肉体が破壊され、今の死によって霊体が創造されて、霊界に行くための準備がなされていくわけですから、生きること以上に現世の集大成である、死ぬ時の今が最も重要なことになります。

では、子宮生活のメカニズムはどのようになっているのかといいますと、子宮内で前世に於いて、創造した無形の霊体が破壊されながら、同時に新たな有形の肉体が胎内で創造されながら、共に出産の瞬間のゼロに近づいていきます。

前世生活に於いて、自らが現世のグランドデザインを描いて、ロードマップを書いて、シナリオとして作った、霊体の記憶を消さないと、現世生活での自由法則に抵触することになるからです。

すなわち、前世の古い霊体の記憶を削除しておかないと、現世に於いて、新たに霊体の記憶を創造できなくなるからです。

前世から子宮生活、子宮生活から地球生活、地球生活から霊界生活へと、その都度、その都度、「ゼロ」で出会いながら、相対変換の法則に基づいて、すべてが**「真逆」paradox**に入れ替わりながら、古きものを破壊しながら、新たなものを創造していきます。

「ゼロ」をわかりやすく説明すると、「ゼロ」には、「今の初めと今の終わり」や「今の生と今の死」などの、今のみに完結しながら、**「デジタルに相対変換」**が行われていく瞬間、瞬間の**「ミ**

クロのゼロ」が存在しています。

また、約40週の胎中生活を経て、子宮生活から地球生活に相対変換される時の**「ゼロ」**や、80年から90年掛けて、地球生活から霊界生活に相対変換される時の**「ゼロ」**が存在しています。

このように大きな節目、節目に完結しないまま、大きなサイクルに沿って、**「アナログに相対変換」**がなされていく**「マクロのゼロ」**が存在しています。

ゼロには、完結したゼロ時限に於いて、相対変換していく**「ミクロのゼロ」**と、時間軸の連続性に従って、完結しないまま、そのものを踏襲しながら、相対変換していく**「マクロのゼロ」**が存在しています。

すなわち、それぞれの**「ゼロ」**が、すべてに於いて、さまざまなシチュエーションや次元によって存在し、それぞれのゼロが展開していることになります。

ですから、今の今の「ゼロ」には、「今の初め」と「今の終わり」が、打ち消し合う瞬間の「ミクロのゼロ」と**「永遠の未来」**と**「永遠の過去」**が、打ち消し合う瞬間の「マクロのゼロ」が、共時的に展開され存在していることになります。

「今の初め」と「今の終わり」や「永遠の未来」と「永遠の過去」という概念は、科学的なロジックや概念には絶対に存在しません。

何故ならば、ゼロの中心が、**「ゼロ・ベクトル」**であり、**「意識」**という、**「完全なる自由」**であり、**「パーフェクト・フリーダム」**ですから、哲学的なカテゴリーとして存在しています。

故に、今のゼロに於いて、「永遠の未来」と「永遠の過去」が、打ち消し合って相対変換していく、「マクロのゼロ」の存在が、まさに、宇宙意識場が永遠に続いて、無限に広がっていく根拠と証明になっています。

◆現世の「今の生」は肉体に所属していて、「今の死」は霊体に所属している

ゼロには、今のみに完結しながら、相対変換が行われていく、**「デジタルのゼロ」**と、時間軸の中で完結しないまま、相対変換が行われていく、**「アナログのゼロ」**が存在しています。

「デジタルのゼロ」を総称して「ミクロのゼロ」といい、「アナログのゼロ」を総称して「マクロのゼロ」といいます。

ゼロとは、すべてのものが、デジタルに限らず、アナログに限らず、ミクロの高次元やマクロの低次元に限らず、相対変換の法則に基づいて、そのものが**「変化または進化」**していく瞬間、瞬間に打ち消し合って、真逆に変換されていくプロセス、そのものを**「ゼロ」**といいます。

また、ミクロに限らずマクロに限らず、相反するものがバランスを形成しようとする、**「揺らぎの接点」**に存在するものを「ゼロ」といいます。

すなわち、「ゼロ」は、「デジタルのゼロ」から「アナログのゼロ」に至るまで、さまざまな「ゼロ」が展開されながら、無限に存在していることになります。

例えば、戦争などによって古い文化と文明を破壊し、新しい文化と文明を創造する節目、節目

の**「歴史のゼロ」**や、寒冷前線と温暖前線がぶつかり合ってできる**「気象のゼロ」**や、地下のプレートとプレートがぶつかり合う**「断層のゼロ」**や、駅を中心に北口は栄えて、南口は栄えない**「社会環境のゼロ」**などが、ありとあらゆるところで、さまざまに展開されて存在しています。

ゼロは自然現象や社会現象や私たちの身の回りで、ミクロからマクロに至るまで、いたるところで展開されています。

宇宙意識場には「ミクロのゼロ」から「マクロのゼロ」に至るまで、**「ゼロ」**はありとあらゆるところで、満遍なく展開されています。宇宙意識場は**「ゼロの海」**そのものです。

ゼロ波動の中心存在は意識ですから、「ゼロの海」ということは**「意識の海」**そのものになるので、宇宙意識場は無限意識場そのものとなります。

ゼロの揺らぎが「意識」を創り出していますので、宇宙意識場は「ミクロの揺らぎ」から「マクロの揺らぎ」まで展開されていて、**「ミクロの意識」**から**「マクロの意識」**まで存在していることになります。

先述しましたように**「ゼロ」**とは、相反するものが打ち消し合って、相対変換の法則により、真逆paradoxに入れ替わりながら、進化または進展していく瞬間、瞬間をいいます。

これを可能にするゼロの中心に存在する**「原力」**こそが、どちらにも「自由かつ平等」に属することができる**「意識」**そのものなのです。

故に、意識なき存在は、宇宙意識場には存在しないことになります。

進化とは、「マクロのゼロ」から「ミクロのゼロ」に、近づいていく現象そのものを**「進化」**といいます。

ですから、現世の終焉である「マクロのゼロ」で出会って、肉体の「今の生」から霊体の「今の生」に入れ替わったということは、まさしく、**「波動転換」**により今度は、肉体は「今の死」が先行していくことになりますから、名実共に肉体の使命と役割と責任が完結して、肉体は崩壊していき消滅に向かうことになります。

すなわち、完結したわずかな揺らぎで先行している「今の生」が、肉体側に属しているのか、霊体側に属しているのかで、生命そのものの実体が決定されていくことになります。

故に、肉体の生命から霊体の生命に**「生命転換」**したことに他なりません。

肉体の五感では、無形の霊体の存在や無形の霊界の存在が実感できないように、肉体の五感では、今の死そのものを実感できないようになっているからです。

現世の「今の生」は肉体に所属していて、「今の死」は霊体に所属しているからです。

ですから、地球物質界での「今の生」は肉体で実感することができますが、霊体の「今の生」は地球霊界でなければ実感できない、まったく違った次元の目的と価値の存在となっているからです。

◆「肉体の感覚」と「霊体の感性」

「今の生」は低次元の物質世界に属していて、「今の死」は高次元の霊質世界に属しています。自由法則に基づいて、「理想」と同じように低次元のものが、高次元の存在を理解することもできないし、認識することもできないし、まして、把握することすらできないようになっているからです。

ここで、正しく理解し認識しなければいけないことは、物質世界と霊質世界は「真逆paradox」の存在ですから、肉体の世界の延長で霊体の世界を、同じもののように捉えないことです。すべて真逆に理解し認識していくことです。

ゼロ波動を中心に、「今の生と今の死」、「有形と無形」、「肉体と霊体」、「破壊と創造」という、**「真逆」**のロジックが共時的に存在しています。

肉体は、あくまでも**「物質的な感覚」**の世界であり、霊体は、真逆の**「情動的な感性」**の世界です。

ですから、低い次元の物理的な**「肉体の感覚」**では、霊体の存在も霊界の存在も、理解することも、認識することもできません。

ですから、常に「真逆」の情動的な**「霊体の感性」**で、理解し認識していくことが重要なことです。

このことにつきましては、後ほど（320ページ〜）詳しく解説いたします。

この理由によって、今の死は無形の霊体と霊界そのものを示唆していますから、肉体感覚では、誰もが今の死を実感することはできません。

もう一つ、今の死が実感できない、極めて重要な理由があります。

今の生は過去の記憶を脳に創造して、善くも悪くも肉体（脳）の記憶として集積しますが、今の死は未来の記憶を心に創造して、善くも悪くも霊体（魂）の記憶として、上書き保存しながら霊界に集積していって、将来の霊界生活をするための準備を目的としています。

このように、今の生は過去を創造していき、今の死は未来を創造しています。

すなわち、今の生は過去を象徴して、今の死は未来を象徴しています。

宇宙の法則は、**「自由法則」**を保障しています。

もし、肉体が今の死を実感することができるとしたら、将来、行くべき霊界が事前にわかっていることになりますので、わかっていることそのものが、枠組みの中に存在することになり、自由法則そのものに抵触することになります。**「わからないが故に、自由なのです」**。

未来の結果がわかっていて、今を生きるとしたら、今を生きる自由そのものが、**「保障」**されなくなるからです。

故に、自由法則に抵触することになりますから、自由そのものが機能しなくなってしまい、自由法則そのものが崩壊してしまいます。この理由から未来を示唆している今の死を、現世の肉体感覚では実感できないようになっている根拠と証明にもなっています。

◆霊体を創造する目的のために現世を生きる

私たちは、毎日、今を生きることによって、肉体は破壊されていきますが、同時に、今を死ぬことによって、霊体が善くも悪くも創造されていきます。

実は、今こうしている瞬間にも、物質世界は**「酸素」**によって破壊されていて、同時に霊質世界が、リアルタイムで**「霊素」**によって創造されています。

酸素と霊素は真逆の存在であり、まったく異質であり異次元の存在ですから、頭脳に於ける低次元の知的知性や知的理性では、理解することも解明することも不可能な存在です。

但し、酸素にも一般的な「ピュアな酸素」と、精神的なストレスや肉体疲労などの時に、体内で作られる「活性酸素」のような、**「善い酸素」**と**「悪い酸素」**があります。

同じように、霊素にも「愉快な感情」によって創られる**「善い霊素」**と、「不快な感情」によって創られる**「悪い霊素」**が、存在していることを理解していてください。

地球内生物は、酸素に依存して「酸化現象」により老化していき、やがて病気になり死んでいきます。酸素に依存して酸素によって破壊されていく、何とも**「稀有」**な生命体です。

「善い霊素」によって「善い霊体」が形成され、「悪い霊素」によって「悪い霊体」が形成されていきます。基本的に、霊素は意識が方向付ける**「情動のエネルギー」**によって、善くも悪くも創り出されます。

「霊素」が創り出されるメカニズムやシステムにつきましては、『ゼロの革命』で詳しく解説しています。是非、参考にしてみてください。

日々、愛に基づいて、善い心癖の神々《こうごう》しい霊体を創造するのか、欲望と不快な感情に従って、悪い心癖の自傷行為によって、傷だらけの劣悪で醜悪な霊体を創造するのかは、一人ひとりの日々の「愛したい」のか「愛されたい」のかという、動機と意識の使い方に委ねられています。

すなわち、現世を生きるために生きても、何の意味も意義もありません。何故ならば、生きることによって他人である肉体は、酸素によって破壊されていき、消滅に向かっているからです。

それと同時に創造されているのが霊体ですから、私たちは霊体を創造する目的のために生きてこそ、現世を生きることに、本当の意味と意義と価値があることを、理解し認識することです。

◆自分自身は唯一無二のオンリーワンの存在であることを理解する

霊界の位置は、生命連鎖の法則に基づいて、肉体から「今の生」と「今の死」を享《う》けとる霊体が、どれだけの愛の質的次元と自由の量的次元を創造したかによって、霊界の受け皿となる霊層次元が決定するようになっています。

愛の質的次元は、その人の霊性次元を顕在化して、自由の量的次元は、意識の広大さを現象化しています。

すなわち、愛は**「個性」**を象徴して、自由は**「芸術」**を象徴しています。

最も、**「愛の質的次元」**を上げて、**「自由の量的次元」**を広げていく方法は、一人ひとりが**「個**

性芸術」を開花していくことです。

　個性芸術を開花させていくためには、自分自身の存在が、宇宙意識場に於いて、唯一無二のオンリーワンの存在であり、唯一無二の掛け替えのない尊い存在であり、唯一無二の最も価値ある存在であることを、自分自身が理解することによって、普遍的な確固たる確信と信念に至ることができるからです。

　人間は少なくとも優劣の関係や上下の関係に於いて、自分に対する嫌悪感であったり、否定感であったり、不信感などが無意識の中に内在していて、自分自身の本当の価値を認めようとはしていません。

　我々は、常に外ばかりを見て優劣や上下の評価を測って、自分自身の位置や価値を決めています。

　所詮、地位や名誉や財産といった、人間が人間を差別化するために作り上げた価値の評価は、無責任な他人の評価ですから「個性芸術」にとっては、どうでもよいことです。

　自分の不快な感情による自傷行為は、自分自身が個性芸術そのものを破壊していく行為です。

難しいことではありますが、自己嫌悪を自己慈愛へと、自己否定を自己肯定へと、自己不信を自己確信へと、少しでも近づいていけるように、自助努力をしていくことです。

「ゼロの法則」に基づいて、愛は個性に直結していて、自由は芸術に直結しているからです。

殆どの人が、人のために生きることが**「愛」**だと勘違いしています。人の為と書いて**「偽り」**

と読みます。

◆今の生が有形の肉体を破壊し、今の死が無形の霊体を善くも悪くも創造する

真実の愛は、自分が自分自身の個性芸術を開花していくことです。自分が唯一無二の掛け替えのない尊い、最も価値ある存在として、自分自身を愛してもいないのに、他人を愛することは絶対にできません。

愛に基づいて、生きるには生きるための確固たる目的と意味と意義があります。

例えば、80年の寿命の人だとしますと、「今の生」と「今の死」という生命連鎖の法則に基づいて、80年掛けて「今の生」が有形の肉体を破壊しながら、それと共時的に、80年掛けて「今の死」が無形の霊体を、善くも悪くも創造しながら、霊界に行くための準備をしていきます。

すなわち、「ゼロの法則」に基づいて、今の生が有形の肉体を破壊していき、今の死が無形の霊体を善くも悪くも創造していきます。

20年生きれば、20年分の肉体が破壊され、20年分の霊体が善くも悪くも創造されて、40年生きれば、40年分の肉体が破壊され、40年分の霊体が善くも悪くも創造されて、60年生きれば、60年分の肉体が破壊され、60年分の霊体が善くも悪くも創造されます。

70年も肉体に支配されて、人間癖、欲望癖、不快癖に飼い慣らされて、自らが創り上げてしまった霊体を自らが破壊して、新たに宇宙次元の宇宙癖と価値観に霊体を再創造することは、極めて**「至難の業」**です。

よく年をとればとるほど、頑固になると言われますが、年をとればとるほど、霊体の心癖や価値観ができ上がってしまい、今さら、新たな価値観の霊体に変わることも、変えることもできなくなってしまいます。

80年掛けて、現世の終焉である「マクロのゼロ」に向かって、有形の肉体を破壊してきた「今の生」と、同じく現世の終焉である「マクロのゼロ」に向かって並行しながら、無形の霊体を創造してきた「今の死」が、まさしく今のゼロ時限で出会って、相対変換の法則に基づいて入れ替わります。

肉体の今の生から霊体の今の生に相対変換して入れ替わったということは、現世では肉体の「今の生」が、わずかな揺らぎによって先行していましたが、霊界では霊体の「今の生」が、わずかな揺らぎによって先行する、霊的な生命体に転換されたことになります。

すなわち、完結したゼロ波動の「今の生」と「今の死」が、肉体側に属しているのか、霊体側に属しているのかで、**「生命の主体」**そのものが、決定することになります。

意識が肉体側に存在している時は、今の生がわずかな揺らぎで、肉体の生命意識として先行していき、意識が霊体側に存在している時は、今の生がわずかな揺らぎで、霊体の生命意識として先行していきます。

故に、肉体の生命から霊体の生命に**「意識転換」**したことになります。

今の生が破壊してきた肉体と、今の死が創造してきた霊体が、今の今で出会って打ち消し合い、相対変換の法則によって、破壊した肉体から創造した霊体に、生命連鎖の法則に基づいて、今の生と今の死が入れ替わり、まさに生命転換されるその瞬間を迎えます。

こうして、やがて肉体が消滅した後の、今の生と今の死を享けとる、霊体を準備しながら、毎日、霊体の受け皿となるべき霊界も同時に準備しています。

◆善い魂癖を上書き保存して霊界の御蔵に収めるために眠りに就く

何故、私たちは、毎日、眠りに就くかといいますと、前述した**「眠りの哲学」**で、眠りは**「死の疑似体験」**であるといいました。

日々の高みの向上心で、創造した霊体の愛の成果を、霊界に上書き保存して、やがて霊体の受け皿となる霊界を、準備するための重要な**「役事《やくじ》（霊的行事）」**として、毎日の眠りが重要かつ不可欠な**「死の疑似的な作業」**となっているからです。

ですから、「不安や恐怖」を抱えている、うつ病やパニック症、不安神経症、起立性調節障害、引きこもりなどの、精神疾患に陥っている人たちは、眠りに就くこともできず、必然的に不眠症や昼夜逆転障害などで悩み苦しんでいます。

私たちに唯一、平等なものがあるとしたら、それは誰でも平等に訪れる**「死」**です。

では、誰でも平等に訪れる死に対して、どうして人間は恐怖や不安を持つのでしょうか。

何故、平等なものに対して、どうして一人ひとりの意識や感情に、**「差」**が生じるのでしょうか。

実は、最も人間が不安や恐怖を感じている「真実の存在」は、自分が創造して自分自身に内在している**「邪悪な魂」**なのです。私たちは自分の「邪悪な魂」によって、自分自身が**「邪悪な霊界」**に行くことを、深層心理である魂の記憶が、潜在的な無意識によって心得ているからです。

「慈愛の心」による感謝と喜びの**「愉快な感情」**のみで、「邪悪な心」が、まったくなかったとしたら、**「不快な感情」**や**「死」**に対する不安や恐怖は一切、派生しないようになっています。

むしろ、肉体の桎梏から解放され、自由になる死を迎えることが、喜びに変わっていくはずです。

逆説的に言いますと、**「死や病気」**に対する不安や恐怖が強い人ほど、邪悪な心や不快な感情が、多く内在しているといえます。

本来、私たちは毎日、昼間は善い心癖で創り上げた霊体が、夜は善い魂癖という**「霊的な財産」**を上書き保存して、霊界の御蔵に収めるために眠りに就くようになっています。

現世の一般的な人たちは、現世利益の欲望で、銀行に必死に貯め込んだ**「財産」**を、手放してドブ川に捨て去ることとさえ、強烈な**「執着や未練」**によって、簡単にできません。

例えば、50年掛けて自分が、地球癖、人間癖、欲望癖に飼い慣らされて、現世利益のために創造した悪い心癖を、霊体が眠りの役事によって、悪い魂癖として地球霊界に上書き保存したとします。

毎日、自分が創り上げた地球霊界を、今さらに、自分自身が破壊して消し去り、新たに善い心癖と善い魂癖に、霊体と霊界を再創造することは、3倍以上の苦労と向上心による自助努力と期間が必要になります。

すなわち、50年掛けて築き上げた霊体と霊界を、破壊し削除して再創造するには、150年以上の期間と3倍以上の苦労が掛かるということです。

例えば、**「結婚」**という創造の力とエネルギーよりも、**「離婚」**という破壊の力とエネルギーの方が、何倍もの力とエネルギーが必要になるのと同じです。

ですから、「ゼロの法則」は、高齢者には、なかなか受け入れられないし、理解することも納得することも困難であり、残された人生は、大敗した人生の消化試合のように、仕方なく生きて仕方なく死んでいくしか方法がありません。

年配者は異口同音にこのように言います。「今さら、悪い心癖と生き方を、変えろと言っても無理だし、変えられませんよ!!」と声を揃えて当然のように言います。

特に、霊世利益とは、真逆の現世利益である、地位や名誉や財産を築いてきた人は、失うものが多すぎて、まったく、「ゼロの法則」を謙虚に理解しようともしませんし、傲慢が故に納得などは程遠い低次元の霊性（人格と霊格）に陥っています。

死んですべてを失う現世利益の宿命であっても、強烈な執着と未練によって、頑なに理解もなく理由もなく、「ゼロの法則」を否定します。

「金持ちが天国に入るには、ラクダが針の穴を通るより難しい。この世にあって偉大な者は、あの世にあって、最も卑しく小さき者となるであろう」という所以です。

「ゼロの法則」は、この理由からも、汚れなき若い人たちの方が、圧倒的に理解も納得も早いし、深いという「事実と真実」が、すでに顕著に証明されています。

◆肉体から霊体への「次元転換」

私たちは、毎日、肉体の破壊と共に霊体が、善くも悪くも創造されています。

すなわち、現世を生きるために生きても、何の**「意味も意義」**もありません。

何度も言及しますが、生きることによって他人である肉体は、酸素によって破壊されていき、消滅に向かっているからです。

それと同時に創造されているのが自分である霊体ですから、私たちは霊体を創造する**「目的」**のために生きてこそ、現世を生きることに**「意味と意義と価値」**があることを、徹頭徹尾、理解し認識することです。

本来、私たちは、昼間は愛の理想の人格形成を目指して、善い心癖で過ごしながら、善い霊体を創造し、こうして、昼間に創造した善い霊体を、夜は眠りによって、善い魂癖として霊界に上書き保存して、高次元の霊界に行くための準備を、心掛けなければならないようになっています。

私たちは、今を生きながら、肉体の頭脳に過去の記憶を作りながら、今を死にながら霊体に未来のための記憶を創造しています。

地球次元の「肉体の死生観」では、ゼロ波動の生命原理に基づく、**「生命連鎖の法則」**を理解することは、極めて難しく不可能なことだといえるでしょう。

ゼロ波動の生命原理は、究極のエントロピー減少型の生命原理と言えます。真逆に、生物と無生物とに差別化する生命論は、エントロピー増大型の生命論と言えます。

80年掛けて、ゼロに向かって、有形の肉体を破壊してきた「今の生」と、共にゼロに向かって、無形の霊体を並走しながら創造してきた「今の死」が、現世の終焉である「マクロのゼロ」で出会って入れ替わる、相対変換の法則に従って、肉体の生命から霊体の生命へと生命転換していきます。

生命連鎖の法則によって、肉体の今の生と今の死から、霊体の今の生と今の死へと生命転換して、生命そのものが受け継がれることになります。

肉体の今の生と霊体の今の死が、現世の終焉である「マクロのゼロ」で出会って入れ替わり、霊体が「今の生」と「今の死」を生命連鎖の法則に基づいて享けとり、新たに霊界という霊質波動の世界が受け皿になって、霊界生活が始まることになります。

ゼロ波動の生命原理に基づく生命連鎖は、「今の生」と「今の死」が肉体から霊体に、物質世界から霊質世界に生命環境を、変えていくプロセスのことをいいます。

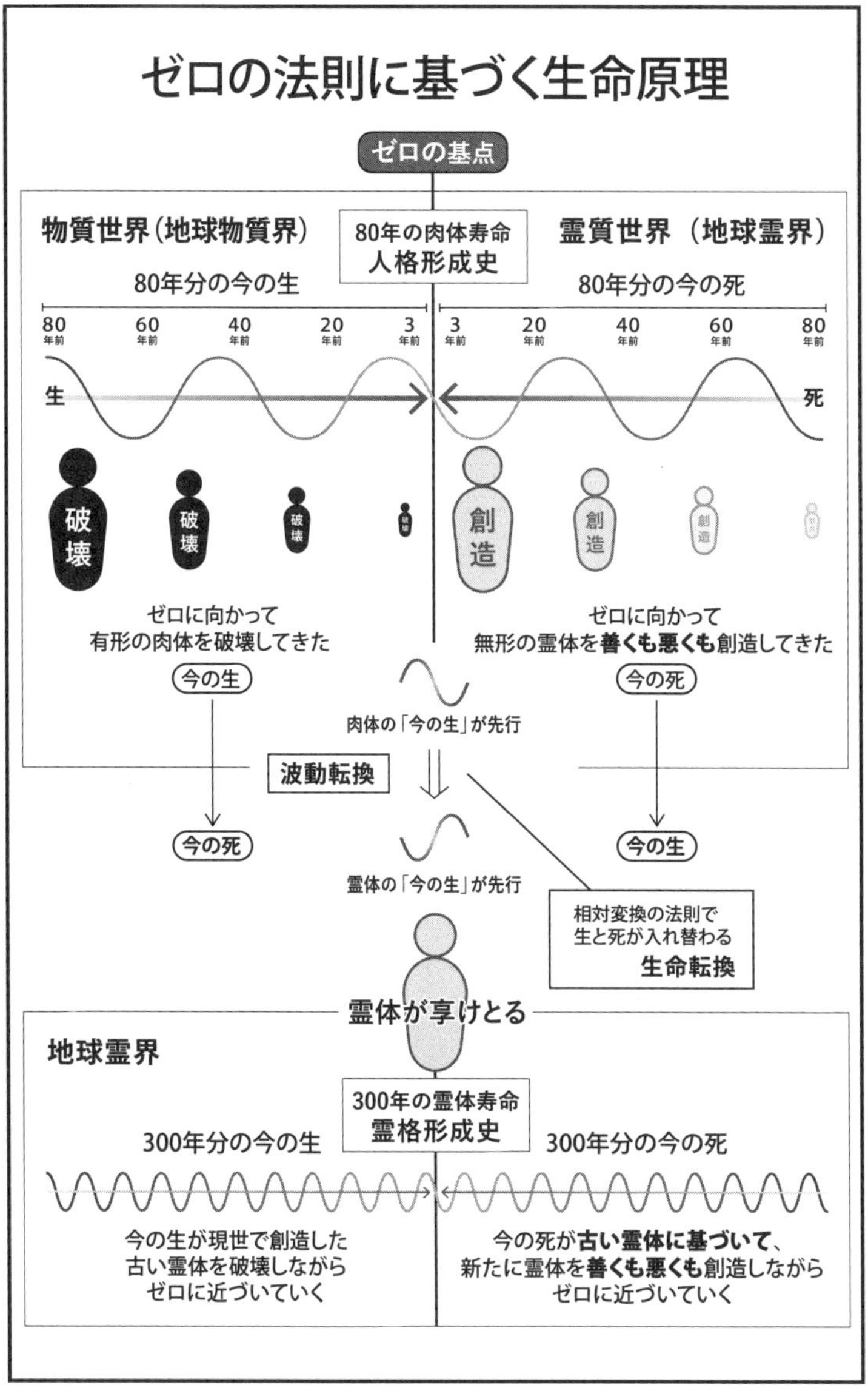
ゼロの法則に基づく生命原理
ゼロの基点
物質世界（地球物質界）
80年の肉体寿命
人格形成史
霊質世界（地球霊界）
80年分の今の生
80年分の今の死
80 年前
60 年前
40 年前
20 年前
3 年前
3 年前
20 年前
40 年前
60 年前
80 年前
生
死
破壊
破壊
破壊
創造
創造
創造
ゼロに向かって
有形の肉体を破壊してきた
ゼロに向かって
無形の霊体を**善くも悪くも**創造してきた
今の生
今の死
肉体の「今の生」が先行
波動転換
今の死
今の生
霊体の「今の生」が先行
相対変換の法則で
生と死が入れ替わる
生命転換
霊体が享けとる
地球霊界
300年の霊体寿命
霊格形成史
300年分の今の生
300年分の今の死
今の生が現世で創造した
古い霊体を破壊しながら
ゼロに近づいていく
今の死が**古い霊体に基づいて**、
新たに霊体を**善くも悪くも**創造しながら
ゼロに近づいていく

すなわち、低次元の肉体の今の生と今の死から、高次元の霊体の今の生と今の死に**「次元転換」**したことになります。

このことにつきましては、後ほど（346ページ～）詳しく検証し、解説させていただきます。

ゼロ波動生命意識体は宇宙の共通分母

◆破壊なき新たな創造はあり得ない

物体であろうと、肉体であろうと、霊体であろうと、すべての存在するものに普遍的に存在しているのが、「ゼロ波動の生命原理」といえます。

すなわち、すべての存在しているものは、ゼロ波動の中心存在である、完結したデジタル意識から創り出され、それぞれの次元に基づいて、完結しないままアナログ化した**「波動であり、生命であり、意識体でもあります」**。

もう少しわかりやすく解説させていただきます。

すべての存在するものが、ゼロを基点として、完結したワン・サイクルのデジタル波動が、アナログ化した波動であり、まさに今を生き、今を死んでいる生命であり、ゼロ波動の中心存在から派生した意識体でもあります。

そのような意味に於いて、鉱物も植物も動物も、素粒子も原子も分子も、細胞も組織も器官も、肉体も霊体も、それぞれがゼロ波動の生命の意識体として、今のみに存在し、今を物質的に破壊しながら、今を霊質的に創造し続けていて、ひと時として留まっているものは、一切、宇宙意識場には存在していません。

「ゼロの法則」に基づく生命原理は、「今の生」が古きものや低次元のものを、物質的に破壊しながらゼロに近づいていき、「今の死」が新しきものや高次元のものを、霊質的に創造しながらゼロに近づいていきます。

すなわち、宇宙意識場のすべてのメカニズムとシステムが、**「破壊先行型」**であり**「創造追従型」**に基礎付けられて方向付けられています。

すなわち、「今の初め」を破壊する「今の終わり」の存在がなければ、新たに「今の初め」を創造することができません。

当然、「今の生」を破壊する「今の死」の存在がなければ、新たに「今の生」を創造することができません。

今の生が先行して、古きものや低次元のものを物質的に破壊し、今の死が追従して、新しきものや高次元のものを霊質的に創造するように、宇宙の進化のすべてが仕組まれているからです。

すなわち、**「破壊なき新たな創造はあり得ない」**からです。

今こうしている間にも、有形の物質世界が酸素によって破壊されていて、同時に無形の霊質世界が霊素によってリアルタイムで善くも悪くも創造されています。

「ゼロの法則」に基づく生命原理は、すべての次元やシチュエーションに於いて、恒常的かつ恒久的に、「今の生」が破壊先行型に方向付けて、「今の死」が創造追従型に方向付けています。

そのような意味に於いて、一個の素粒子も、今を生き、今を死んでいます。原子も、分子も、細胞も、今を生き、今を死んでいます。組織も器官も一人の人間も、今を生き、今を死んでいます。

マクロの集合体である地球も月も太陽も、今を生き、今を死んでいます。銀河系も島宇宙も大宇宙も、今を生き、今を死んでいます。

ミクロの集合体である光子《こうし》も霊子も霊体も宇宙霊界も、今を生き、今を死んでいます。霊子や霊体という霊質のミクロの集合体の世界から、銀河系や島宇宙というマクロの集合体の世界に至るまで、一つの個性としての集合体で存在を余儀なくされています。

ゼロ波動から完結しないまま波動化していって、アナログ化した波動の多次元化に応じて、生命の次元そのものが決定されて、生命の意識の集合体として、それぞれの個性が多様化して存在しています。

すなわち、**「生命」**とは、今の今のゼロ時限に於いて、「今の生」と「今の死」が絶妙のゼロ・バランスを形成して、恒常的かつ恒久的に相対変換を繰り返しながら、永遠に有って在るものとして存在しています。

ですから、生物と無生物に分けて、生命そのものを差別化することは、万物の生命に対して極めて傲慢であり、無知な人間目線による乱暴な考え方に他なりません。

「ゼロの法則」に基づく、エントロピー減少型の生命原理は、人文科学や人文哲学のような学問が論じているエントロピー増大型の**「死生学」**とは、まったく異なっています。

故に、「ゼロの法則」に基づく生命原理によって、学問としての「死生学」が原点から揺らいで、すべてが根底から覆されていくことになります。

このことにつきましては、『ゼロの革命』で詳しく紹介しています。

◆「デジタルのゼロ」と「アナログのゼロ」

人間は約60兆のさまざまな個性の細胞と、約110兆匹のさまざまな個性の微生物を統合した、約170兆のゼロ波動の生命意識の個性の集合体です。

生命原理に基づいて、分子や原子や素粒子も生命として含めたら、肉体だけでも天文学的な数の生命意識の集合体になってしまいます。

ゼロ波動から派生して、完結しないままアナログ化された波動であり、生命であり、意識体ですから、存在するものは、正確には次のようになります。

例えば、物体や物質と言われるものは、ゼロ波動の生命原理に基づいて、正確に**「言語化」**すると、**物性波動生命意識体**となります。

物性波動生命意識体にも大きく分けて、空気や水や鉱物などの**無機質波動生命意識体**と植物や動物などの**有機質波動生命意識体**に分けられます。

ですから、無生物とか有生物とかに、差別すること自体が、人間の傲慢な考え方そのものと言えます。

この二つの大きな相違点は、アナログ波動のサイクルの大きさに基づく、生と死が打ち消し合いながらゼロ波動に近づいていく、寿命である周波数や振動数による「時間軸の長さ」と、意識の「次元とスピードと自由度」に由来します。

地球星が誕生したのが46億年前と言われています。原始生命体であるバクテリアが誕生したのが38億年前だと言われています。

有機質波動生命意識体であるバクテリアが誕生するまでの8億年は、無機質波動生命意識体しか、存在していなかったことになります。

すなわち、無機質波動生命意識体から、有機質波動生命意識体が誕生するまでに、8億年という時間が掛かったことになります。

先ほども言及しましたように、「ゼロの法則」に基づいて、相反するものが打ち消し合って、相対変換していく**「ゼロの瞬間」**が、「今の初めと今の終わり」や「今の生と今の死」のように、完結したデジタル波動の**「ミクロの意識」**なのか、それとも子宮生活から地球生活、地球生活から霊界生活などの節目、節目などに、完結しないアナログ波動の**「マクロの意識」**なのかで、ゼロの存在そのものの「愛の質的次元」や「自由の量的次元」などが、大きく異なります。

ゼロには「デジタル化したゼロ」と「アナログ化したゼロ」が存在することになります。

「ゼロ」そのものが、原点から揺らいでいるわけですから、それぞれの波動次元に基づいて、小さな揺らぎの「ミクロの意識」から、大きな揺らぎの「マクロの意識」にわたって、それぞれの相対変換に於ける、変換スピードが、**「進化と発展」**のすべての「次元と速さ」を決定しています。

先ほども言及しましたように、進化とは、「アナログの意識」から「デジタルの意識」に、近づいていく現象そのものを進化といいます。

すなわち、**「ゼロ」**には、ゼロ時限で瞬間、瞬間に完結しながら相対変換していく、**「デジタルの意識」**と、長い時間軸の中で節目、節目に完結しないまま相対変換していく、**「アナログの意識」**が存在していることになります。

このことにつきましては、後ほど（376ページ〜）再度、詳しく検証し、解説させていただきます。

◆ゼロから派生したすべてのものがアナログ化した波動・生命・意識体

無機質波動生命意識体である鉱物から作られた、ピラミッドやスフィンクスといった、石造建築物は、数十万年という大きな波動の時間軸という寿命の中で、今の生と今の死が打ち消し合いながら、共にゼロ時限の今の生と今の死に近づいていき、やがて崩壊していきます。

人間の寿命と同じく、ピラミッドやスフィンクスは、数十万年の寿命の中で、今の生が有形の物質的な建造物を破壊しながら「マクロのゼロ」に近づいていき、今の死が無形の霊質的な建造物を地球霊界に創造しながら「マクロのゼロ」に近づいていき、やがて新たな次元に進化するための**「消滅と相対変換」**の瞬間である、「マクロのゼロ」を迎えていきます。

有機質波動生命意識体である植物から作られた神社や仏閣といった木造建築物も、数千年という時間軸の寿命の中で、今の生が有形の物質的な建造物を破壊しながら、今の死が無形の霊質的な建造物を地球霊界に創造しながら、新たに進化するための消滅と相対変換の時である「マクロのゼロ」を迎えます。

何度も言及したように、人間の理解力は、同じことを532回、聞かないと正確に理解できないそうです。

すなわち、今こうしている間にも、有形の物質世界は破壊されていて、同時に無形の霊質世界がリアルタイムで創造されています。

今こうしている間にも、「今の生」によって、有形の物質世界が酸素によって破壊されていて、同時に「今の死」によって、無形の霊質世界が霊素によってリアルタイムで創造されています。

すなわち、「今の初め」を先行して破壊する「今の終わり」の存在がなければ、新たに「今の初め」を追従して創造することができないように、「今の生」を先行して破壊する「今の死」の存在がなければ、新たに「今の生」を追従して創造することができません。

「ゼロの法則」に基づく生命原理は、恒常的かつ恒久的に、「今の生」が、宇宙物質界を破壊先行型に方向付けて、「今の死」が、宇宙霊界を創造追従型に方向付けて存在しています。

故に、今、この瞬間に有形の宇宙物質界を破壊しながら、共時的に、無形の宇宙霊界を並行して創造しながら、**「パラレル」**（平行）に「無形と有形」の相対的なバランスを形成して存在しています。

この理由から、現世に存在するすべてのものが、酸素などによって破壊されると共に、霊的世界が霊素によって創造されながら、リアルタイムで地球霊界に上書き保存されて存在しています。

地球意識場に於いては、地球物質界と地球霊界が並行しながら、完結した今のみに恒常的に存在しています。

当然、宇宙意識場に於いても、宇宙物質界と宇宙霊界が、それぞれの次元に基づいて並行しながら、完結した今のみに恒常的かつ恒久的に存在しています。

すなわち、物質世界と霊質世界は、常に並行しながら、**「パラレル世界」**を歴史の中に築いてきました。

カンブリア紀の時代はカンブリア紀の地球霊界が存在し、氷河期は氷河期の地球霊界が存在し、縄文時代は縄文時代の地球霊界が存在し、江戸時代は江戸時代の地球霊界が存在し、平成時代は平成時代の地球霊界が存在し、令和の今は令和の今の地球霊界が存在していて、それぞれがそれぞれの時代のリアルタイムで存在しています。

ゼロ波動の中心存在が意識であり、生命の原点であり源泉ですから、そこから派生したすべてのものが、アナログ化した**「波動であり生命であり意識体」**です。

◆「ゼロ波動生命意識体」は「生命原理」を永遠に持続可能にする

先ほども言及しましたように、肉体である肉性波動生命意識体の生と死が、80年から90年かけて、まさしく現世の終焉である「マクロのゼロ」で、今の生と今の死が出会って、打ち消し合った瞬間に、肉性波動生命意識体は呼吸を止め心臓は動かなくなり、火葬場で火に焼かれ、骨となり灰となって、やがて消滅していきます。

肉性波動生命意識体が消滅したからといって、今の生と今の死が何処かにいって、消滅するのかといいますと、「今の生」と「今の死」は「生命連鎖の法則」に基づいて、有って在るものとして、永遠に存在し続けていますから、新たに今の生と今の死を、享けとる存在がなければ、今の生と今の死は**「なくて無いもの」**の存在になってしまいます。

新たに今の生と今の死を享けとる、受け皿となっているのが、霊体である霊性波動生命意識体の存在です。このことは、後ほど（312ページ〜）詳しく説明させていただきます。

このように、ゼロ波動を基点に、完結しながら今の生と今の死が、有って在るものとして、永遠に持続可能にする**「生命原理」**そのものを、**「ゼロ波動生命意識体」**といいます。

ゼロ波動生命意識体は、全宇宙の生きとし生きる、すべての次元の波動生命意識体の**「共通の生命分母」**であり、地球星人であろうが、宇宙意識場のありとあらゆる星人であろうが、霊人であろうが、すべての次元に於ける波動生命意識体の**共通の受け皿**となっています。

宇宙のすべての存在が、何らかの**「共通分母」**によって、統合され統治されている**「生命分子」**の存在でなければ、宇宙は無秩序と不調和が無限に拡大していき、すでに崩壊して消滅していたことでしょう。

◆宇宙の生命分母は「ゼロ波動生命意識体」

宇宙意識場の**「共通分母」**であり、共通の**「生命分母」**になっているのが、まさしく**「ゼロ波動生命意識体」**です。ゼロ波動生命意識体は、宇宙意識場に於ける、最小かつ極小の「波動であり生命であり意識体」である、最もコア（生命核）の存在です。

しかし、地球内生物はあくまでも地球意識場を「共通分母」として、さまざまな生物が「生命分子」として存在しています。

地球意識場に存在する地球星人も地球霊人も、鉱物も植物も動物も、すべて存在するものが、**「地球波動生命意識体」**を、共通分母として存在しています。

地球意識場に存在する、すべてのものは「地球波動生命意識体」の呪縛の中にあります。

ゼロの揺らぎ理論に基づく、**「ゼロ波動の生命原理」**は、今の生と今の死が相対変換の法則に従って、完結しながら入れ替わっていき、今の生が今の死を創り出し、今の死が今の生を創り出していく、生命連鎖の法則に基づいてメカニズム化し、永遠に生命そのものを持続可能な「有って在るもの」としてシステム化しています。

すなわち、ゼロ波動生命意識体のコアの集合体である個性が、ミクロ世界からマクロ世界に至るまで、ゼロ波動生命意識体が創り出す**「無限生命意識場」**に存在していることになります。

宇宙意識場は、**「ゼロの海」**であり、**「意識の海」**であり、**「生命の海」**でもあります。

「ゼロの法則」に基づく、エントロピー相対性の法則によると、すべてのモノが存在するためには、相反するものが相対的に場を形成することによって、必然的に相対性原力を発生します。そのメカニズムとシステムによって存在を余儀なくされています。

故に、**「相対場の法則」**によって、宇宙のすべてのものが、調和と秩序を形成して存在していることになります。

何かとの相対性によって、調和と秩序を形成して、存在しているとしたら、宇宙のすべてが、何らかの**「共通の分母」**によって、**「統合され統治」**されて、それぞれが「個性分子」の関係で繋がって、存在していることになります。

その繋がりを可能にする、共通分母そのものこそが、宇宙の生命分母のコアの存在である、**「ゼロ波動生命意識体」**の存在です。

すべてのものに、「自由かつ平等」に、相対可能なコアの存在である、**「ゼロ波動生命意識体」**

そのものこそが、無限の生命意識場を形成しています。

私たちは衣、食、住に関わるすべてのものが、「ゼロ波動生命意識体」そのものと理解し認識して、把握していないから、それぞれが尊い**「生命」**として、謙虚に謙遜に向き合って関わることができません。ですから、物は物としか認識していません。

このゼロ波動生命意識体に意識が基づかない限り、地球星人は永遠に傲慢のまま、低次元の存在になってしまいます。

◆「愛の質的次元」を上げて「自由の量的次元」を広げるには

ゼロ波動生命意識体の生命原理に基づかない、地球星人の生命論では、宇宙意識場に通用する愛の質的次元と、自由の量的次元に至ることは、永遠に不可能なことです。

先述しましたように、**「愛の質的次元」**を上げて**「自由の量的次元」**を広げていく方法は、一人ひとりが個性芸術を開花していくことです。

個性芸術を開花させていくためには、自分自身の存在が、宇宙意識場に於いて、唯一無二の存在であり、唯一無二の掛け替えのない尊い存在であり、唯一無二の最も価値ある存在であって、永遠かつ無限の生命体そのものであることを、理解し認識していくことです。

人間は基本的に、自分自身に対する嫌悪感や否定感や不信感などが、意識の中に内在しています。

何故かといいますと、人間は、人間が人間を差別化するために作り出した、学歴の優劣や地位や名誉や財産などの価値観に、無意識に飼い慣らされているからです。

自分にとって、どうでもよい他人の評価に支配されて、自分の本当の価値を自分自身がまったく、理解もしていませんし、認めてもいません。

だから、宇宙意識場ではなく、地球意識場の住人をしているのです。

私にとって最も重要なことは、常に**「私のゼロ」**を意識することです。

「私のゼロ」とは、ゼロ波動の中心存在である「私の意識」が、ゼロを中心に**「私と私自身」**を、常に対比してゼロ・バランスに向かってエントロピー（無秩序）が減少するように**「自己検証」**することです。

何故ならば、「私と私自身」の中心に存在するのが、**「私の意識」**そのものだからです。

「私の意識」がゼロの中心に存在するためには、「私の意識」を中心に「私と私自身」が対極に向き合って、普遍的に存在していなければ、「私の意識」は、なくて無いものになってしまうからです。

「私」と「私自身」が、普遍的に存在するためには、「私」が「私自身」を創造して、「私自身」が「私」を破壊する、破壊と創造の原則に従って、お互いが相対変換を繰り返しながら、永遠に進化し続ける、メカニズムとシステムになっているからです。

「私と私自身」は、まさしく「今の初めと今の終わり」や「今の生と今の死」のように「有って在るもの」としての普遍的な存在だからです。

「私」の存在がなければ、相対性原力を失って、「私自身」の存在もなくなります。

当然、「私自身」の存在がなければ相対性原力を失って、「私」の存在そのものも失われます。

私が私自身をどのように評価しているのか、真逆に、私自身が私をどのように評価しているのかを、常に、お互いが自己検証することができる**「心癖」**を身に付けることです。

何故ならば、私の意識が、「初め」であり、私自身の意識が「終わり」であり、私の意識が「原因」であり、私自身の意識が「結果」であることを認識して、常に、自己責任を負っていくことを心掛けることが肝要だからです。

私と私自身のワン・サイクルの波動である、ゼロ波動の中心に存在する「私の意識」が、私から離れた瞬間に、意識がアナログ化して、あの人、この人、その人になっていきます。

当然、私自身から意識が離れた瞬間にも、アナログ化してアイツが、コイツが、ソイツがといった具合に、自己保身と責任転嫁に陥っていきます。

「私の意識」とは、「私」と「私自身」の中心に意識が常に存在するから「私の意識」といいます。

しかし、意識が私と私自身から離れた瞬間から、それは無責任な**「他人の意識」**になってしまいます。

「他人の意識」で生きるということは、自分の人生とは言いながら、他人の人生を生きていることに他なりません。

他人の無責任な評価よりも、自分が自分自身に対して**「自己責任」**を負っていく、自己評価に対して、最も大切な**「意味と意義と価値がある」**ことを自覚することです。

私たちは、「意識」がこの世の物理的な距離感や分離感に飼い慣らされて、霊界がどこか別のところにあると思い込みがちですが、決してそうではありません。

霊界は自分自身の魂である霊体の中に存在しています。

「私と私自身」を最もわかりやすく表現するとしたら、私という人格が**「心」**であり、私自身という霊格が**「魂」**と理解するといいでしょう。

私という個性である**「人格」**が、私自身という芸術である**「霊格」**の世界を、いかに創り出すのかが、まさしくその人の個性芸術である、その人自身の霊界そのものだからです。

ですから、霊界は自分が自分自身に創り出した世界であり、決して誰かが作り出した世界ではありません。だから、すべてに於いて**「自己責任」**なのです。

◆私という「個性」と、私自身という「芸術」

地球意識場に於いて、他人の評価である**「ノーベル賞」**を受賞しても、他人の評価は自分自身にとっては無責任な評価であり、宇宙意識場に於いては、**「何の意味も意義も価値もありません」**。単に、その人のおごりと傲慢な意識を増長させるだけです。

何故ならば、地位や名誉は、人間が人間を差別化するための評価であり価値観だからです。

絶対にあり得ないことですが、もし、僕がノーベル賞を授与されることになったとしても、欲しい人にあげてくださいといって、僕は丁重にお断りいたします。

何故ならば、「僕と僕自身」の間には、そのような目的と価値観のコンセプトとアイデンティティーが、まったく存在していないからです。

「僕が僕自身」を偽ることや背信行為をすることは、自傷行為そのものだからです。

私という**「個性」**が、私自身という**「芸術」**にとって、または、私自身という**「作品」**が、私という**「アーティスト」**にとって、最も価値ある掛け替えのない存在であり、最も尊い存在として、謙虚に謙遜に**「自己評価」**ができているのかが、宇宙意識場に行くための、最も重要な**「自己完結」**の揺るぎない**「真実」**になるからです。

ゼロ波動生命意識体に意識が近づいていくためには、宇宙意識場に於いて、ゼロ波動の中心存在は、「私の意識」であって、唯一無二の存在であることを理解し認識して、自己嫌悪を自己慈愛に、自己否定を自己肯定に、自己不信を自己確信へと、少しでも近づくように、自助努力していくことです。

地球波動生命意識体である地球星人を卒業して、宇宙波動生命意識体に進化するためには、宇宙の共通分母である**「ゼロ波動生命意識体に意識が到達」**するしかありません。

そのためには、「ゼロの法則」に基づいた、霊的知性と霊的理性によって、**「熟知たる理解」**と**「普遍的な確信」**に至るまで、愛の理想の人格を身に付けて、「ありのままを無条件で全面的に感

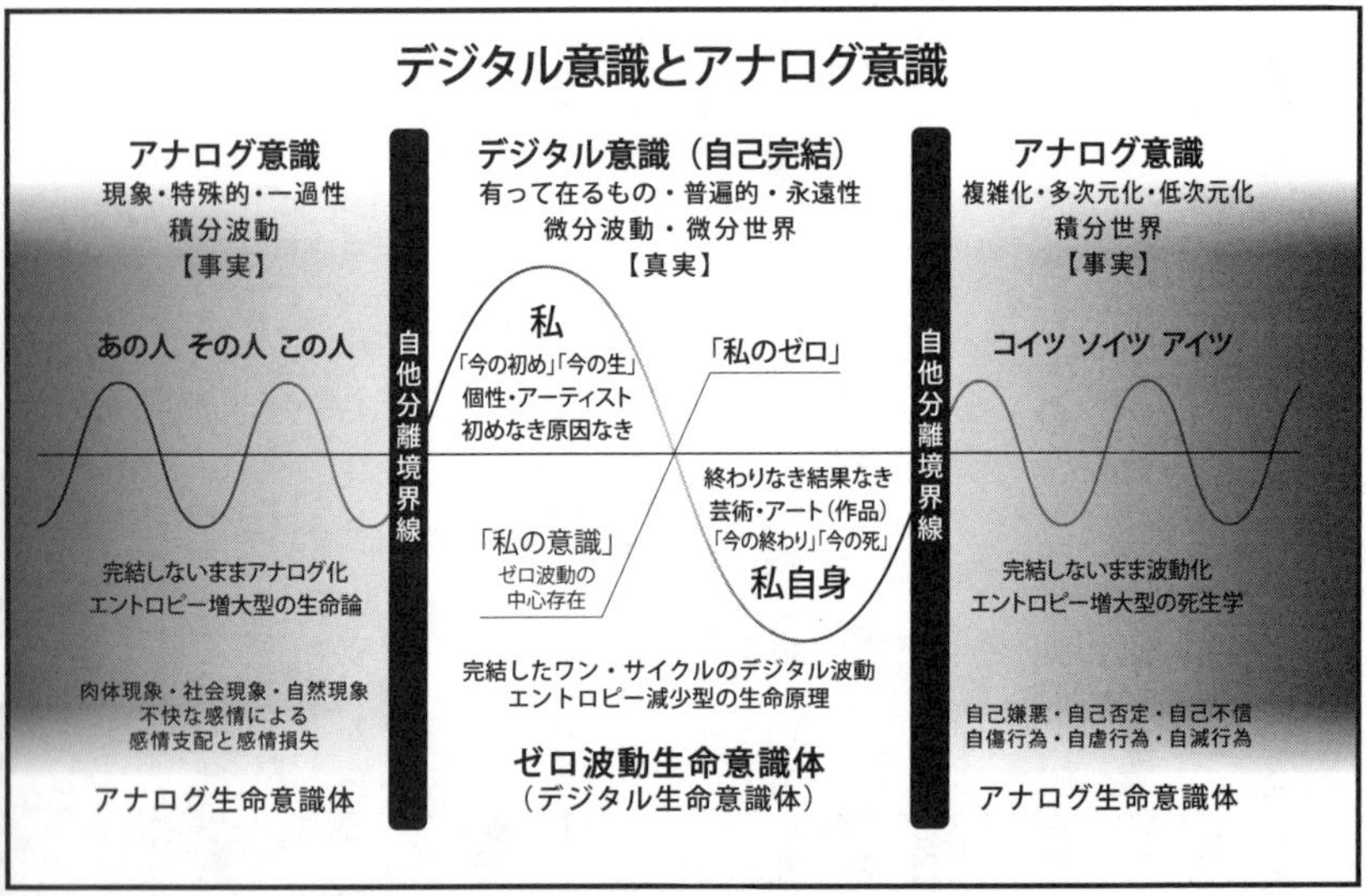

謝と喜びで受け入れる」謙虚と謙遜の善い心癖を創造しながら、常に霊性進化を心掛けていくことです。

「熟知たる理解」とは、**「霊的知性と霊的理性」**に基づいて深く、より深く理解していき、**「智慧」**として身に付けていくことをいいます。

個性芸術を開花させるためには、私という**「個性」**と、私自身という**「芸術」**の中心に存在する「私の意識」が、「ゼロの法則」という**「真理」**を、理解すれば理解するほど、個性芸術に必要かつ不可欠な**「愛の素材」**が、豊富に備わっていくことになるからです。

何故ならば、「ゼロの法則」を理解すれば理解するほど、納得すれば納得するほど、「悪い心癖」が無条件で破壊されていき、真逆に、「善い心癖」が自然に創造されていくからです。

ここで「熟知たる理解」に至るための、最も早い方法を少し紹介しておきましょう。

ゼロ波動の中心存在である「私の意識」を中心にして、**「私の知的知性」**に基づいて、「ゼロの法則」を多くの人たちに話すことによって、必然的に、**「自分自身の霊的知性」**に、パラレボ理論が特化されていき、無条件で霊体が「法則や原則」を納得するようになっていきます。

すなわち、私が頭で理解した内容を、話せば話すほど、最も近くに存在する私自身の魂が、深くより深く納得していくようになるからです。

では、ここで「私」と「私自身」の意識の中心が、一体どこに存在しているのかを少しだけ紹介しておきましょう。

少なくとも頭脳の脳細胞には、物理的な肉体の煩悩（欲）は存在していても、霊的な霊体の心霊（愛）は存在していません。それは、何を隠そう**「臍の奥」**に存在しています。

その理由はセミナーなどで詳しく解説していますので、ここでは割愛いたします。

「ゼロの法則」は理解しただけでは何の役にも立ちません。宇宙意識場に行くための準備として、「ゼロの法則」を「私の意識」が具体的に使いこなせてこそ、人生の目的に対して「実践的かつ有効的」な方法であり手段になるからです。

このための講義と実践法は別途に開催していますので、ここでは割愛いたします。

第9章

次元統合と次元支配の原則

宇宙論に基づく次元統合の原則

◆アナログ波動次元による生命意識体

このゼロ波動生命意識体は、鉱物であっても、植物であっても、動物であっても、人間であっても、たとえ、宇宙人であろうとも、地球霊人であろうとも、宇宙霊人であろうとも、すべての生きとし生きる生命体にとって、今を生き、今を死に続ける、共通の生命分母であり**「普遍的な生命原理」**として存在しています。

動物か地球人か地球霊人か、または、宇宙人か宇宙霊人かという、波動次元の違いは、生命分母である、ゼロ波動生命意識体を共通の受け皿として、生命分子である、それぞれの波動生命意識体が、どのような次元の霊性波動生命意識体か、どのような形態の肉性波動生命意識体かに委ねられています。

わかりやすく解説すると、アリもゴキブリも宇宙人も、ゼロ波動生命意識体によって、今を生きて今を死んでいる、という基本的な生命原理です。

ゴキブリはゴキブリ波動生命意識体が、ゴキブリの霊体である霊性波動生命意識体に適合し生命統治して、ゴキブリの霊体である霊性波動生命意識体が、ゴキブリの体である肉性波動生命意識体に適合し霊性統治して、ゴキブリの体である肉性波動生命意識体が、ゴキブリが生息している自然環境である物性波動生命意識体に適合し肉性統治しています。

ここで、もう少し詳しく、それぞれのアナログ波動生命意識体について説明しておきます。

物質や物体の性質や性稟が、それぞれのアナログ波動の次元による、生命の意識体として存在していますから、物性波動生命意識体といいます。

何故ならば、物質とて寿命があり、今を生きながら、有形の物質を破壊していき、今を死にながら、無形の霊質を創造していき、やがて相対変換して消滅していくからです。

「ゼロの法則」に基づく生命原理は、すべてのものが「今」に存在して、「今を生きて、今を死んでいる生命体」という、**「普遍的な相対性理論」**に基礎付けられています。

肉質や肉体の性質や性稟が、それぞれのアナログ波動の次元による、肉性の生命意識体として存在していますから、肉性波動生命意識体といいます。

霊質や霊体の性質や性稟が、それぞれのアナログ波動の次元による、霊性の生命意識体として存在していますから、霊性波動生命意識体といいます。

生命質や生命体の性質や性稟が、それぞれのアナログ波動の、それぞれの次元による、生命の意識体として存在していますから、それぞれの次元波動生命意識体といいます。

これらのアナログ波動生命意識体の最終的な受け皿となっているのが、ゼロの揺らぎ理論に基づく、全宇宙の共通の生命分母である、今のみに完結したデジタル波動の**「ゼロ波動生命意識体」**です。

心の指数や魂の指数といった、善い心癖と悪い心癖の性質や性格の違いは、**「愛の質的な次元が高いか低いか」**と、**「欲の量的な次元が大きいか小さいか」**に基づく、どのような霊性次元の波動レベルであるかで決定します。

最終的に、どの次元の生命の意識体であるかによって、それぞれの次元波動生命意識体が、存在形態や存在環境など、その他のあらゆるものを決定していきます。

「ゼロの法則」に基づく生命原理から検証すると、肉体の今の生と霊体の今の死が、現世の終焉である「マクロのゼロ」で打ち消し合った瞬間に、新たに今の生と今の死を享けとる霊体と、霊体の受け皿としての霊界が存在していなければ、今の生と今の死は**「なくて無いもの」**になってしまいます。

僕が語っていることは、荒唐無稽であり理想論である、という年配者が稀にいます。

そのようなことを言う人たちはほとんど決まっていて、上級国民といわれるような立場にいた人か、現世利益のみの対価で生きてきた人たちか、マスコミ関係者だけです。

このゼロ波動の生命原理は、僕にとっては至極当然のことであり、決して理想論なんかではなく、当たり前のことを、当たり前に語っているだけですので、決して理想論とは思わないでください。この生き方が、僕のライフワークに対する**「意識の姿勢」**、そのものだからです。

◆高次元のものが低次元のものを統合統治する「次元統合の原則」

パラレボ理論に基づく「ゼロの法則」は、決して理想論ではなく、極めて現実論に即した理論です。

もし理想論と思うのであれば、それは自らの心や魂の次元を、もう一度、見直した方が善いと感じます。いずれ死ぬのですから。「過ぎたるは及ばざるがごとし」です。

すなわち、肉体である肉性波動生命意識体の今の生と今の死が、打ち消し合って消滅した瞬間に、新たに今の生と今の死を享けとる、新たな生命次元の霊体である霊性波動生命意識体の存在が不可欠となります。

当然、霊性波動生命意識体の受け皿として、霊界という環境と場所が存在していなければ、生命の原理原則である、今の生と今の死という、有って在るものの生命連鎖が、途絶えることになって、宇宙という無限意識場の存在そのものが、**「無用の長物」**となってしまいます。

何故、私たちは、**「今しか生きられない」**のかといいますと、まさしく**「今、死んでいる」**からです。

肉体寿命の80年から90年という時間軸で、死生観を捉えていますから、今の生と今の死が、有って在るものとしてあり続けている**「真の死生観」**を、私たちは理解することも、認識することも、納得することもできなくなっています。

次元の低い肉体では、次元の高い霊体の世界を理解することは不可能です。

霊体の世界を理解するためには、霊性次元を上げるしか方法がありません。

まして、目先のことに捕らわれて、有って在るものの宇宙ですら意識していません。

よく、あの世なんてものはない、霊界なんてものは存在していない、という人がいますが、「ゼロ波動の生命原理」から検証させていただくと、霊界の存在は、あって当たり前であり、むしろ、なくてはならない存在です。

このように、低次元の不自由なものを、高次元の自由なものが受け皿になって、統合または統治していく現象を**「次元統合の原則」**といいます。

次元統合の原則は、**「高次元のものが低次元のものを統合して、低次元のものが高次元のものに統治され、絶えず高次元のゼロ次元に方向付けて、ゼロ・バランスの調和と秩序を創造しようと働き掛け、自立と解放と自由の原則へと方向付けています」**。

次元統合の原則に基づいて、現世の生が肉体を統治していて、現世の死が霊体を統治していて、ゼロ波動生命意識体が、今の生命体そのものを統治し続けています。

すなわち、ペンギンの生息環境である物性波動生命意識体である南氷洋《なんぴょうよう》を、ペンギンの体である肉性波動生命意識体が、環境適合して受け皿となり、ペンギンの体である肉性波動生命意識体を、ペンギンの霊体である霊性波動生命意識体が、生態適合する受け皿となって、ペンギンの霊体である霊性波動生命意識体を、ペンギン波動生命意識体が、生命適合しながら霊性統治の受け皿となって、最終的にはゼロ波動生命意識体が、すべての受け皿になって、極寒の環境で今に存在して、今を生き、今を死にながら、ペンギンの生涯の終焉である「マクロのゼロ」に向かって生命活動をしています。

　このように、アナログ波動の生命意識体は、生命原理に基づいて、**「次元統合の原則」**に従って、自然環境である物性波動生命意識体の受け皿は、高次元の肉体である肉性波動生命意識体が受け皿になって、肉体である肉性波動生命意識体の受け皿は、より高次元の霊体である霊性波動生命意識体が受け皿になって、霊体である霊性波動生命意識体の受け皿は、生命体である、それぞれの次元波動生命意識体が受け皿になっています。

　わかりやすく解説させていただくと、自然環境や社会環境である物性波動生命意識体の受け皿になって、それぞれに環境適合や社会適合しているのが、私たちの肉体である肉性波動生命意識体です。

　私たちの肉体である肉性波動生命意識体の受け皿になって、生態適合しているのが、霊体である霊性波動生命意識体です。

　私たちの霊体である霊性波動生命意識体の受け皿になって、霊性適合しているのが、生命体である人間波動生命意識体です。

　これらの**「アナログ波動生命意識体」**の最終的な受け皿になって、全宇宙の生きとし生けるものの、すべての**「生命分母」**になっているのが、完結した「今の生」と「今の死」を生命連鎖の法則に基づいて、永遠に持続可能にする**「デジタル波動生命意識体」**である「ゼロ波動生命意識体」の存在です。

人間は人間のアナログ波動に基づいて、自然環境や社会環境の下で人間の姿かたちの生態で、人間の霊性波動の次元に従って、現世での人間波動生命意識体として存在しています。

◆ゼロ波動生命意識体である「生命分母」と霊性波動生命意識体である「個性分子」

肉体の生と死が消滅した後の地球霊人は、地球霊人のアナログ波動の次元に基づいて、それぞれの霊質環境の下で、地球霊人の姿かたちの生態に従って、それぞれの地球霊人が、それぞれの環境に適合した地球霊界で存在しています。

地球霊人は、それぞれの霊性次元に従って、人間の霊性波動生命意識体として、コロニーやテリトリー（集落）を、それぞれに形成して霊界生活をしています。

すなわち、現世に於いても、ホームレスは、ホームレスの意識の世界で、**「群れの法則」**に従って、ホームレス村で生きています。暴力団は、暴力団の意識の世界で、「群れの法則」に従って、暴力団組織の中で生きています。政界や財界や官僚の人たちは、それぞれが置かれた環境の役職に従って、それぞれの価値観に基づいて、その意識の世界でしか生きていません。

すなわち、それぞれが、それぞれの霊性の次元に基づいて、それぞれの意識の世界でしか生きていません。他のものが目に入っていても、意識にはほとんど存在していません。

アリはアリ波動生命意識体に基づいて、ゴキブリはゴキブリ波動生命意識体に基づいて、人間は人間波動生命意識体に基づいて、宇宙人は宇宙波動生命意識体に基づいて、それぞれが、それぞれの次元波動生命意識体に基づいて存在しています。

地球物質界から宇宙物質界、または地球霊界から宇宙霊界まで、それぞれの「霊性次元」に基づいて、それぞれの「霊層次元」の環境に従って、生命活動をしています。

何度も言及しますが、アナログ波動生命意識体の、「最終的な受け皿」となっているのが、デジタル波動に基づく、ゼロ波動から創り出された、「今の生」と「今の死」が、ゼロ時限で相対変換しながら、生命連鎖の法則に基づいて、永遠に生命そのものが**「踏襲」**されていく、**「ゼロ波動生命意識体」**です。

私たちの生命活動を、何処のどの次元でするのかは、一人ひとりの自由意志に基づく、自己決定と自助努力による、自己責任原則に委ねられています。

極端に言及しますと、ゴキブリという生命体で存在するのか、地球星人の生命体で存在するのか、宇宙人の生命体で存在するのかは、まったくもって、一人ひとりの自由意志による自助努力と自己責任のみに委ねられているということです。

それぞれの個性分子である霊性波動生命意識体が、ゼロ波動の霊性波動生命意識体に向かって、永遠にアナログのまま霊性進化そのものを方向付けています。

「生命分子」である霊性波動生命意識体が、生きとし生きるすべての生命の共通の「生命分母」である、ゼロ波動生命意識体に向かって、霊性の波動がゼロ波動に向かって、なりたくてもなれないまま、永遠にアナログのまま霊性進化していくように、方向付けられ仕組まれています。

ゼロ波動生命意識体である生命分母と、霊性波動生命意識体である個性分子が、ゼロ波動の意識に限りなく近づくことによって、**「私の意識」**が、有って在るものの世界に、近づいていくことが可能になります。

霊性波動生命意識体である**「生命分子」**が、ゼロ波動生命意識体である**「生命分母」**に近づけば近づくほど、無限意識場の世界に於いて、なんでも自由に創り出すことができる、個性芸術の自由世界が、自分自身に顕現されていくようになります。

◆心の豊かな人たちは、毎日より良い存在価値を創造するために意識を使う

私たち人間は、**「なくて無いもの」**に飼い慣らされていますので、**「有って在るもの」**の存在が、まったく理解できません。

何故かといいますと、衣、食、住に象徴される財物である、お金や食べ物、衣類や家なども、使うごとに、食べるごとに消化され消耗していき、やがてなくなっていきます。肉体も生きるごとに消耗していき、やがて消滅してなくなります。

このように、肉体の生命が失われていくに従って、真逆の**「欲望」**だけが増大していき、なくなっていく宿命を、経験的に理解し認識することによって、無条件で欲望に意識が支配され飼い慣らされていき、**「欲ボケ」**だけが増長していくことになります。

ですから、あれもない、これもない、それもない、といったようにないないない尽くしで、常に心

が貧しく卑しく、欲望意識だけが無意識に身に付いて成熟していきます。

その結果、あれも欲しい、これも欲しい、それも欲しい、といった財物欲や地位欲などの価値観に、意識が方向付けられて、やがて欲望に意識が支配されていきます。

僕の経験によると、有って在るものを、よく理解し深く納得できている人なのか、まったく理解も納得もできない人なのかの、決定的な違いと基準は、唯一、心が豊かな人であるか、心が貧しい人であるか、高次元の霊性か低次元の霊性かで、決定しているように思われます。

端的に言って、「慈愛の心」の豊かさか、「邪悪な心」の貧しさかで決定しています。

心の豊かな人は、感謝や喜びなどの愉快な感情に意識を使いやすい、善い心癖の人たちです。

「吾、唯、足る、を知る」の格言そのものです。

心の貧しい人は、不平や不満などの不快な感情に意識を使いやすい、悪い心癖の人たちです。

「吾、唯、足る、を知らず」の格言そのものです。

心の豊かな人たちは、現世の財物欲や地位欲や名誉欲には、まったく関心がないように見受けられます。

彼らに共通していることは、人生の存在目的と存在するための意味と意義を、よく理解していて、より善い存在価値を創造するために、毎日の意識がそのために方向付けられていて、意識の使い方が、とても自由で上手であることです。

すなわち、**「唯一、私が意識を自由に使える存在であり、唯一、意識が私を自由にしてくれる**

存在である」ということが、自然に理解できていて、素直に納得することができている人たちです。

まさに、私と意識の関係は、**「私のゼロ」**を中心として、アルファでありオメガであり、初めであり終わりであり、原因であり結果であり、初めなき終わりなき、原因なき結果なき、ゼロ波動の中心存在そのものが、**「私の意識」**ということを心得ています。

真実、僕自身が、この意識の世界を、何時でも何処でも、自由に創り出すことが可能になってきています。

宇宙霊人は宇宙霊人の次元波動生命意識体に基づいて、霊質環境の下で、宇宙霊人の自由な意識に基づいて、宇宙霊人の愛の霊性次元に従って、宇宙霊人の喜びの世界を謳歌しています。

もう一つ理解しておかなければいけない重要なことは、高次元の宇宙人や宇宙霊人が低次元の地球星人や地球霊人に対して、勝手に干渉することや、関わってくることは、絶対にありません。人間がミミズやゴキブリ、ダニの生活圏に干渉したり、関わったりすることは、宇宙波動生命意識体が地球波動生命意識体の生活圏に干渉したり、関わってくることと、まったく同じことになります。

高次元のものが低次元のものに、勝手に干渉することや関わることは、自由法則に抵触して「次元支配の原則」に方向付けられることであり、低次元化していくことによって、**「霊性退化」**に陥ることを熟知しているからです。

次元支配の原則につきましては、次の項目で詳しく解説いたします。

地球論に基づく次元支配の原則

◆高次元のものが低次元のものに依存し、管理され支配されていく「次元支配の原則」

地球内生物は劣悪な地球環境が、「ゼロの法則」に基づいて、徐々に安定化していくに従って、自然環境が豊かに繁栄するに伴って、環境適合する多種多様の生物が増えていきました。

では、地球の生命体の原則は、どのようになっているのでしょうか?

北極圏に生息するシロクマは、極寒の自然環境に適合しながら、環境依存することによって、自然環境に管理され支配されて、生存を余儀なくされています。

サバンナに生息するライオンは、灼熱の自然環境に適合しながら、環境依存することによって、自然環境に管理され支配されて、生存を余儀なくされています。

南氷洋に生息するペンギンが、熱帯雨林のジャングルの中に生息していることはありません。

地球に生きとし生きる生命体は、それぞれの個体に従って、環境適合を果たしながら進化を遂げて、それぞれの自然環境に依存しながら、同時に管理され支配されて、生存を余儀なくされています。

人間は空気に呼吸依存するが故に、空気が作り出した大気圏に重力支配を余儀なくされ、不自由を強要されることになります。

人間は食べなければ生きていけません。食べるためには働かなくてはなりません。働くためには時間と労力を提供しなくてはなりません。

その結果、労働支配を余儀なくされ、不自由へと方向付けられていきます。

子孫を残すためには、結婚という共依存共支配を余儀なくされ、お互いが不自由へと方向付けられていきます。

地球の生命体は、それぞれの自然環境に適合しながら依存して、それぞれの環境に管理され、最終的には支配されて、不自由へと方向付けられていきます。

ゴキブリはゴキブリのアナログ波動に基づいて、ゴキブリの物質環境である物性波動生命意識体に依存して適合しながら、その環境の下でゴキブリの姿かたちの生態で、ゴキブリの霊性次元に従って、現世でゴキブリ波動生命意識体として存在し活動しています。

ネコはネコのアナログ波動に基づいて、ネコの物質環境である物性波動生命意識体に依存して適合しながら、その環境の下でネコの姿かたちの生態で、ネコの霊性次元に従って、現世でネコ波動生命意識体として存在し活動しています。

このように、高次元のものが低次元のものに依存して、管理され支配されていく現象を**「次元支配の原則」**といいます。

次元支配の原則は、「**高次元のものが低次元のものに支配され、低次元のものが高次元のものを管理または拘束して、絶えず低次元に方向付けて、不調和と無秩序を増大しようと働き掛け、依存と支配と不自由の原則へと方向付けています**」。

地球波動生命意識体は、「次元支配の原則」に従って、それぞれの自然環境である物性波動生命意識体（物体）に、体である肉性波動生命意識体（肉体）が依存することで支配されています。

それぞれの肉性波動生命意識体に魂である霊性波動生命意識体（霊体）が依存することで支配されています。

それぞれの霊性波動生命意識体にそれぞれの次元の生命体である波動生命意識体が依存することで支配されています。

それぞれの次元波動生命意識体に、最終的にゼロ波動生命意識体が拘束されることで支配され、それぞれの霊性次元に従って、それぞれの霊層次元の環境で、それぞれの次元に於ける「**波動生命意識体**」としての存在を余儀なくされています。

この理由と根拠によって、「**ゼロ波動生命意識体**」の存在が、人間には理解し認識できない、最大の「**霊的無知**」に陥っている原因になっています。

◆「次元支配の原則」から逃れる方法

人間社会では、人間が利便性や必要性に応じて、肉体レベルの知識で作り出したものによって、管理され支配されていくように仕組まれています。

例えば、数字は誰が作ったかというと、人間の使い勝手によって、人間が作り出しました。人間社会の環境下では、数字がなくては、何も成立しなくなっている現状です。

経済での株価指数による数的評価と経済動向、医療での健康指数による数的管理と健康状態、学校での知的指数による偏差値評定と優劣評価など、挙げたら切りがありません。

コンピューターの算定方式である、アルゴリズムとデータ解析は、すべて数字で計算され管理されています。ビッグデータそのものが数字の集積です。

このように、人間が作り出した数字によって、人間が管理され支配されて、ＡＩは必ず行き着くとこまで行くことになります。

時間は誰が作ったかというと、人間の使い勝手によって、人間が作り出しました。

太陽が昇って沈んで、また昇るまでを一日と定め、一日を24時間とし、一時間を60分とし、一分を60秒として、さらに、月の満ち欠けによって、一か月として定め、12か月、３６５日を一年としました。

このように作り出した時間軸の中で、社会も国も世界も、人間は時間に管理され支配されながら、人生を送らざるを得なくなっています。

宇宙も地球も事実として「今」しか存在していません。

言葉は誰が作ったかというと、人間のコミュニケーションのツールとして、人間が作り出しました。

日本人が作った言葉だから日本語といいます。英国人が作ったから英語といいます。ドイツ人が作ったからドイツ語といいます。スペイン人が作ったからスペイン語といいます。フランス人が作ったからフランス語といいます。

それぞれの民族や部族が作った民族語や部族語など、多種多様な言語によって、それぞれの部族から国まで、それぞれの言葉によって、コミュニティーが作られながら、管理され統率されています。

神という存在も、人間が人間を宗教的に管理し支配するために、ユダヤ人が作った神だからヤハウェといいます。アラブ人が作った神だからアラーといいます。インド人が作った神だからシヴァといいます。このように**「宗教支配」**するために、人間が合法的に作り出したものです。

人類は利便性や必要性に応じて、人工知能であるAIとロボット技術を進化させていき、やがては、人類が作り出したAIロボットとAI兵器に、人類が依存することによって、管理され支配される時代が、近未来には必ず訪れます。

人間の最も愚かなことは、人間が作り出せるものや、作り出したものに価値があると思っているところです。

地位や名誉や財産は、人間が人間を差別化するために作り出した、人間のみに通用する究極の**「エゴイズムとナルシシズム」**の価値観です。

人間は平等に存在する、太陽や空気や水などの、生命にとって掛け替えのないものには、興味も関心も、まして価値観すら持ちません。

人間は人間が作り出した目先の価値観に支配され、一生涯そのための価値観に終始して、人生が虚しく終わっていきます。

地球の原則に基づく、**「次元支配の原則」**は、地球星人の宿命ともいえますから、誰もが、この原則から逃れることはできません。

唯一、この支配から逃れる方法があるとしたら、善い心癖を身に付けて、肉体の今の生と今の死が、出会って消滅した瞬間に、新たに今の生と今の死を、享けとる霊体を宇宙次元に進化させて、受け皿として存在している宇宙意識場に住まわる、宇宙波動生命意識体に次元上昇するしかありません。この次元上昇のことを「アセンション」といいます。

人間の霊体である霊性波動生命意識体は、地球霊界という霊質環境で、それぞれの霊格次元に基づいて、それぞれのコロニーやテリトリーに従って、霊格形成史を善くも悪くも創造しながら、生命活動をしていきます。

悪い魂癖の霊性波動生命意識体は、地球物質界に於いて、肉体感覚である、視覚や聴覚や触覚などの五感から想起（Matrix）される、**「不快な感情」**に支配され飼い慣らされて、自己正当性と自己保身による責任転嫁に陥った、被害者意識の霊体です。

その結果、不平、不満、不足、妬み、嫉妬、謗り、蔑み、怒り、血気、怒気、悪口、批判、批

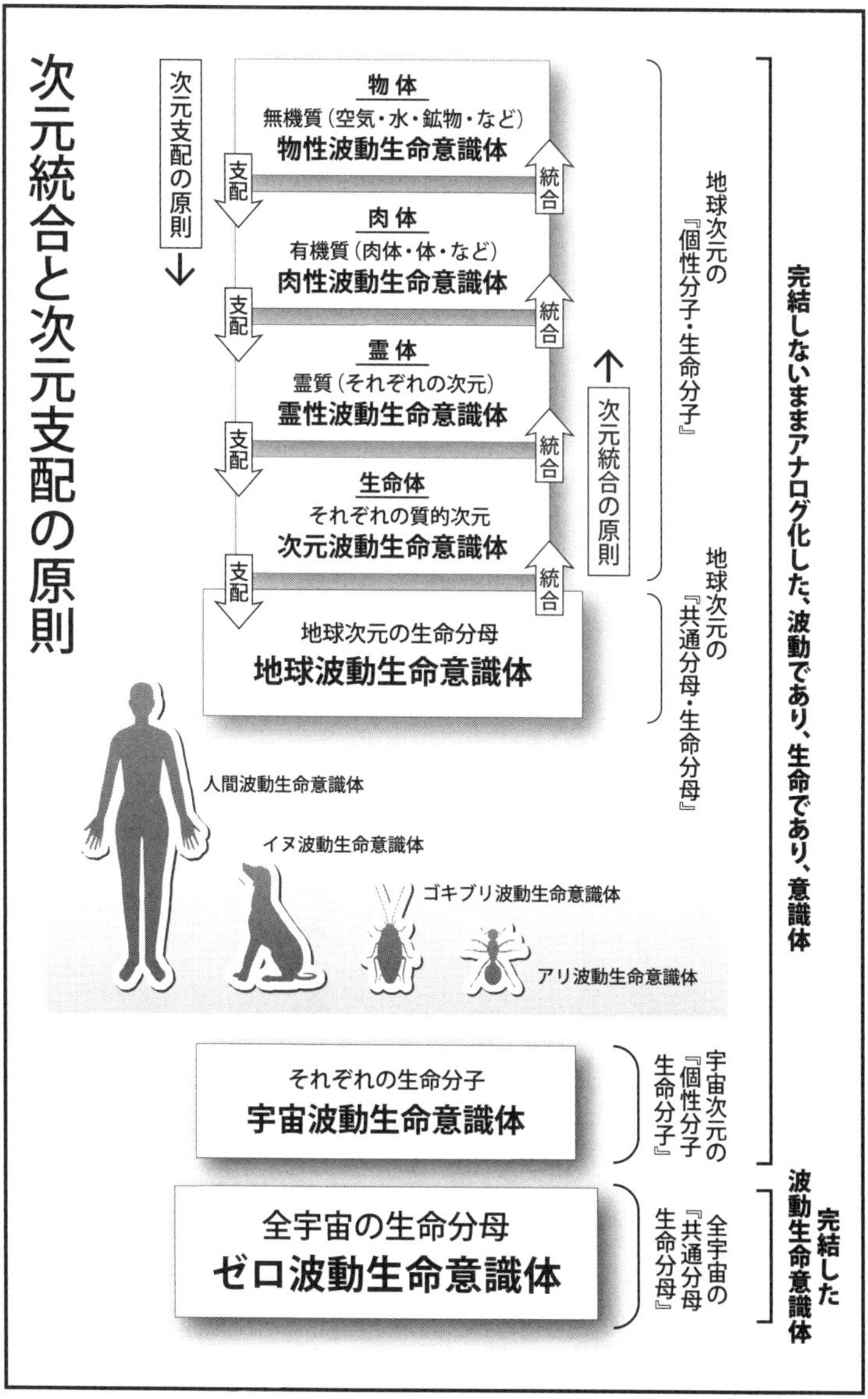
次元統合と次元支配の原則
次元支配の原則↓
物体
無機質（空気・水・鉱物・など）
物性波動生命意識体
支配
統合
肉体
有機質（肉体・体・など）
肉性波動生命意識体
霊体
霊質（それぞれの次元）
霊性波動生命意識体
生命体
それぞれの質的次元
次元波動生命意識体
↑次元統合の原則
地球次元の生命分母
地球波動生命意識体
地球次元の『個性分子・生命分子』
地球次元の『共通分母・生命分母』
完結しないままアナログ化した、波動であり、生命であり、意識体
人間波動生命意識体
イヌ波動生命意識体
ゴキブリ波動生命意識体
アリ波動生命意識体
それぞれの生命分子
宇宙波動生命意識体
宇宙次元の『個性分子生命分子』
全宇宙の生命分母
ゼロ波動生命意識体
全宇宙の『共通分母生命分母』
完結した波動生命意識体

評、不安、恐怖……などの不快な感情に感情支配されて、劣悪かつ醜悪な地球霊界に、自分自身で堕落していった霊性波動生命意識体といえます。

地球霊界のメカニズムとシステムにつきましては、後ほど（３５６ページ～）詳しく解説させていただきます。

ゼロ波動の中心存在は、自由かつ平等である「私の意識」です

◆私の意識は加害者であり被害者でもある

私の意識は、自由かつ平等な存在として、私の中心的かつ中庸的な存在として、常に存在しています。

眠りの哲学で説明したように、意識は肉体と霊体の中間位置に存在していて、肉体が覚醒している時は、意識が肉体側に属していますので、五感に基づく肉体感覚に従って、肉性波動生命意識体として存在しています。

しかし、熟睡している時は、意識が霊体側に属していますので、食欲や性欲、痛みや痒みなどの、肉体の欲望や感覚を感じることなく、意識は霊性波動生命意識体として存在しています。

このように、意識は初めも終わりも、原因も結果も、常に私の中に存在しています。

今の生が有形の他人である肉体を破壊しながらゼロに近づいていき、今の死が無形の自分である霊体を善くも悪くも創造しながらゼロに近づいていき、やがて肉体を破壊してきた「今の生」と、霊体を創造してきた「今の死」が、現世の終焉である「マクロのゼロ」で出会って、相対変換の法則に従って、入れ替わる瞬間を迎えます。

ゼロ時限に近づいていくということは、次元上昇しながら、それぞれの次元に従って、その都度、その都度、相対変換して高次元に進化していくことです。

ゼロ波動の中心に存在する意識が、破壊してきた肉体（物質）から、創造してきた霊体（霊質）に意識転換します。

霊体に「意識」が転換されると同時に、今の初めと今の終わりも、今の生と今の死も、共に**「意識に付随」**して霊体に移行します。

ゼロの揺らぎ理論は、自由な意識と不自由な意識が、創造と破壊の始まりですから、**「初めに意識あり」**です。宗教が論じる「初めに神あり」ではありません。

意識から創り出されるものは、すべてが「意識に付随」して、恒常的かつ恒久的に存在しています。

例えば、私の意識が、不快な感情である不平、不満、不足、妬み、嫉妬、謗り、蔑み、悪口、批判、批評、怒り、血気、怒気、不安、恐怖などに陥った時に、最も傷つくのが、私の心や魂に存在する霊性波動生命意識体です。

すなわち、私の意識が不快な感情を創り出した**「加害者」**であり、私の意識が傷ついた心や魂の**「被害者」**です。

◆「外的自傷行為」と「内的他傷行為」と「外的他傷行為」

自分の意識が加害者となり、自分自身の意識が被害者となる現象を、**「内的自傷行為」**といいます。

霊性進化の歴史は、自分自身に内在する加害者意識（本心）と被害者意識（邪心）が、共にゼロに向かって、激しく打ち消し合って、本心と邪心の葛藤と摩擦を凌駕しながら、霊性進化に方向付けて、進化そのものの歴史を歩んできました。

しかし、両親の愛の欠落や虐待などに対する不快な感情が、過度に達して怒りや怨みの臨界を超えた時に、両親に対する復讐心から、両親から与えられた肉体そのものを、自らが傷つける自傷行為に陥っていきます。肉体は両親の代替者《だいたいしゃ》に他ならないからです。

これがリストカットや整形やタトゥー、拒食症、過食症、アルコール依存症、薬物依存症などといった自傷行為によって、自分自身が肉体を傷つけていく自虐的な自壊行為です。

やがて、心の自傷行為から肉体の自傷行為に方向付けて、最終的に、究極の自壊行為である、自殺という自己破滅に陥っていきます。

両親の**「愛」**に対する絶対的な「確信と信念」があったら、たとえどんなにいじめられても、自殺までには至りません。

自らの心の意識が加害者となり、両親から与えられた肉体が被害者になる現象を、**「外的自傷行為」**といいます。

内的と外的の違いは、内的とは自分自身の**「心や霊体」**である精神のことを言い、外的とは他人である両親から与えられた**「肉体」**のことを言います。

自分が作り出した不快な感情によって、不平や不満、怨みや辛み、血気や怒気、妬みや嫉妬などの**「情念や想念」**を、他人に対して向ける行為を**「内的他傷行為」**といいます。

両親から与えられた肉体によって、自分以外の肉体を具体的に傷つけ破壊していく行為を**「外的他傷行為」**といいます。

このように、私の意識を中心存在として、善の意識にも悪の意識にも、ポジティブな意識にもネガティブな意識にも、初めの意識にも終わりの意識にも、原因の意識にも結果の意識にも、どちらにも「自由かつ平等」に属して、常に私自身に善くも悪くもブーメランとなって、自分自身に自己完結して存在しています。

ゼロの揺らぎの中心存在である「私の意識」は、プラスにもマイナスにも、陰にも陽にも、善にも悪にも、どちらにも**「自由」**に属することができる唯一無二の存在です。

このように「私の意識」は、常にゼロの揺らぎの中心にあって、「霊体」にも「肉体」にも、「本心」にも「邪心」にも、「慈愛の心」にも「邪悪な心」にも、どちらにも**「平等」**に属することができる存在です。

◆すべてのものが「私の意識」から創り出されている

実は、今の初めと今の終わりを、創り出しているのが、ゼロ波動の中心存在である**「私の意識」**です。「私の意識」のみが、私だけの今という時を創り出しながら、私だけの今という時を刻みながら、「私の意識」のみが、デジタルに完結しながら存在しています。

当然、今の生と今の死を、創り出しているのも、ゼロ波動の中心存在である**「私の意識」**です。「私の意識」以外に「私の今」と「私の生命」を、完結しながら破壊し創造する存在が存在しないからです。

すなわち、「今の初めと今の終わり」も、「今の生と今の死」も、完結したワン・サイクルのデジタル波動であり、まさに、ゼロ波動の中心存在である**「私の意識」**から、私のすべてのものが創り出されているからです。

当然、**「自由も愛も喜びも」**、ゼロ波動の中心存在である、「私の意識」が創り出しています。相反する**「不自由も欲も悲しみも」**、ゼロ波動の中心存在である、「私の意識」が創り出しています。

私にとって、ゼロ波動の中心に存在しているものは、善くも悪くも、唯一無二の存在である「私の意識」です。

私たちの身の回りを見渡すと、ありとあらゆるものが存在しています。

しかし、「私の意識」が有るものには、それぞれの存在がありますが、逆に、「私の意識」にないものには、有っても無い存在になっています。

すべての存在は、初めと終わりは、原因と結果に於いて、「私の意識」のみに一致しているからです。

「私の意識」が有るところには、すべての存在があります。逆に、「私の意識」がないところには、有っても無い存在になっています。

すべての存在は、初めと終わりは、原因と結果に於いて、「私の意識」のみに一致しているからです。

このメカニズムにつきましては、『ゼロの革命』で詳しく紹介しています。

この完結したワン・サイクルのデジタル波動の中心存在こそが、「私の意識」そのものだからです。

すなわち、今の初めも今の終わりも、今の生も今の死も、今の今も、今の生命も、すべてのモノが「私の意識」によってデジタルに創造され、「私の意識」に善くも悪くも、**「附随」**しながら恒常的かつ恒久的に存在しています。

◆意識の「自由法則」と「自己責任原則」と「不可侵不介入の原則」

アリはアリのゼロ波動の中心存在である「アリの意識」が、アリの「今の初めと今の終わり」と、「今の生と今の死」を創り出して、アリはアリの生命として、今のみに存在しています。

当然、アリのゼロ波動の中心存在である「アリの意識」が、アナログ化してアリの肉体と霊体を創り出して、アリ波動生命意識体として、今のみに存在しています。

チンパンジーはチンパンジーのゼロ波動の中心存在である「チンパンジーの意識」が、チンパンジーの「今の初めと今の終わり」と、「今の生と今の死」を創り出して、チンパンジーはチンパンジーとして、今のみに存在しています。

当然、チンパンジーのゼロ波動の中心存在である「チンパンジーの意識」が、アナログ化してチンパンジーの肉体と霊体を創り出して、チンパンジー波動生命意識体として、今のみに存在しています。

ゼロの揺らぎの中心存在である「私の意識」は、すべての相反するものに対して、どちらにも「自由かつ平等」に相対して、相対性原力の法則に基づいて、破壊と創造の原力を派生できる、唯一無二の存在であり、**「普遍的に自由」**なる存在でもあります。

「私の意識」が有るところに、すべてのものが存在しています。逆に、私の意識なきところには何も存在していません。

神や宇宙の偉大なる力と言われる、誰かが創り出した「今」と「生命」に依存して存在しているわけではありません。誰一人として、他人の今の意識にも、私の今の意識にも、入り込むことができない**「自由法則」**と**「自己責任原則」**と**「不可侵不介入の原則」**があるからです。

一人ひとりが創り出した「今」と「生命」は、唯一、その人のみに完結していて、有って在るものとして、永遠に存在しているからです。

コンサートなどでアーティストと同じ今と生命を共有して、アーティストと共に感情移出をして、同じ感情移入をして共感していると思っていますが、大きな勘違いと大きな間違いです。

それは単なる、自己中心の感情によって、自己満足と自己陶酔に陥っている、ナルシストと同じです。

それぞれの初めの意識は個別であって、それぞれが、まったく違った固有の終わりの意識で存在しています。まさに完結したオンリーワンの存在であって、同じ感情を持っている人は、どこにも存在していません。

誰かの今の意識に乗っかっているようですが、決して、そのようなことはありません。

もし、そのように意識を使っているとしたら、それは自己陶酔と自己満足という妄想と幻想に陥った、**「エロスのナルシシズム」**です。

すべてに於いて、ゼロ波動の中心存在である「私の意識」が初めであり、ゼロ波動の中心存在である「私の意識」が終わりであり、ゼロ波動の中心存在である「私の意識」が原因であり、ゼロ波動の中心存在である「私の意識」が結果として、すべてが「私の意識」のみに善くも悪くも自己完結しているからです。

ゼロ波動の中心存在である、「私の意識」は、常に中間位置に存在していて、霊体にも肉体にも、本心にも邪心にも、善にも悪にも、喜びにも悲しみにも、加害者意識にも被害者意識にも、どちらにも「自由かつ平等」に属することができる存在です。

ですから、自由意志に基づく、自己決定に対して自己責任を担保しなければならない原則に貫かれています。

私の今の意識には、一切、分離感も距離感もなく、すべてが私の「今の意識」のみに一致しています。

◆「完結しない多様化」と「完結した多様性」

最終的に**「意識のスイッチ」**を押した**「原因」**は、一人ひとりの霊性次元に基づく「意識」ですから、一人ひとりの霊性次元に基づく「真実」のみに**「結果」**は一致していて、善くも悪くも委ねられています。

ですから、他人を介した伝言ゲームの如く、事実とはまったく違った内容に伝わっていくのです。

「私の意識はゼロ波動の中心存在」ですから、**「自由法則」**が保障されていて、**「自己責任原則」**を担保しなくてはいけません。故に、**「不可侵不介入の原則」**に貫かれています。

この「自由法則と自己責任原則と不可侵不介入の原則」の三つの要素が、一つでも欠けたら、自己完結しなくなります。

何度も言いますが、宗教や精神世界が唱えている、「神や宇宙の偉大な力」なるものが、創り出した「今」と「生命」に依存して存在しているわけではありません。

まして、イエスや釈迦や教祖に依存して生きているわけでもありません。

本来、「私の意識」は、完結したワン・サイクルの波動の中心に**「デジタル意識」**として存在していて、「完結性と独立性」を有しています。

しかし、「私たちの意識」は、ゼロ波動から完結しないまま波動化していき、さまざまな波動が複雑に絡み合って、多次元化することによって、多様化していき低次元化した物質世界に飼い慣らされた**「アナログ意識」**ですから、常に「未完結性と依存性」に方向付けられています。

完結しないまま**「多様化」**することと、完結した**「多様性」**はまったく真逆のロジックとカテゴリーにあります。

完結しない多様化は、「愛されたい」と同じことで、他者への依存性と未完結性に方向付けられます。

完結した多様性は、「愛したい」と同じことで、自分自身の自助努力による独立性と完結性に方向付けられます。

多様化した世界に依存して、不自由に生きるのか、それとも自らが多様性をもって独立して、自由に生きるのかの違いです。

完結しない多様化とは、例えば、人間のみに限定された「アナログ生命体」が、多様化した現象の世界に依存して、感情支配されながら、同じ生命体でその場に長く留まって退屈に生きていくことです。

完結した多様性とは、自分自身の「デジタル生命体」が、自由意志に基づいて、完結しながら瞬時、瞬時に「自分の意識」で、さまざまな多様性を持った、生命体に変化しながら存在していきます。

また、「自分の意識」がありとあらゆるものを、その都度、その都度、創り出して、自分自身が多様性に富んだ生命体そのものを、楽しみながら生きていくことです。

何故ならば、どんな生命体に姿かたちを変えても、常に「私の意識」が中心に存在しているからです。

すなわち、創り出されたアナログ世界に依存して、不自由な生命体をやるのか、それとも自分自身が創り出すデジタル世界に自立して、自由な生命体をやるのかの違いです。

先ほども言及しましたように「初めに意識あり、我は意識と共にあった」です。「初めに神あり、我は神と共にあった」ではありません。人間が作り出した、神という妄想と幻想は存在しても、神という事実はどこにも存在していません。

◆「私の意識」は永遠に不滅で「有って在るもの」

そもそも神という存在は、低次元の人間が、高次元の**「法則や原則や理論」**を理解し認識できないので、神という架空の存在を作り出して、宗教的に依存し管理され支配されているだけです。パラレボ理論は、霊的知性と霊的理性に基づく、豊かな発想力とイメージ力を持って読み進めていかないと、まったく理解できないモノになってしまいます。

ゼロ波動の中心存在である、「私の意識」に基づいて、自己創造した「今と生命」を、自己責任原則を担保しながら存在しています。何故ならば、「私の意識」に誰も責任を負えないからです。

その事実と真実を証明する根拠は、「私の意識」以外に、「私の今と生命」に存在する存在が、「真実」として存在していないからです。

宇宙広しとはいえ、一人ひとりの自由法則を保障するための、不可侵不介入の原則に抵触するものは、何ものも存在していません。もし、存在しているとしたならば、善くも悪くも自分自身が創り出した「私の意識」に他ありません。

ゼロ波動の中心に**「私の意識」**が存在している以上、ゼロの揺らぎ理論に基づいて、「私の意識」が、私の「今の初め」と「今の終わり」を創り出し、「私の意識」が、私の「今の生」と「今の死」を創り出し、「私の意識」が「今の私」と「今の私自身」を創り出していることを深く理解し確信して、信念をもって生きることです。

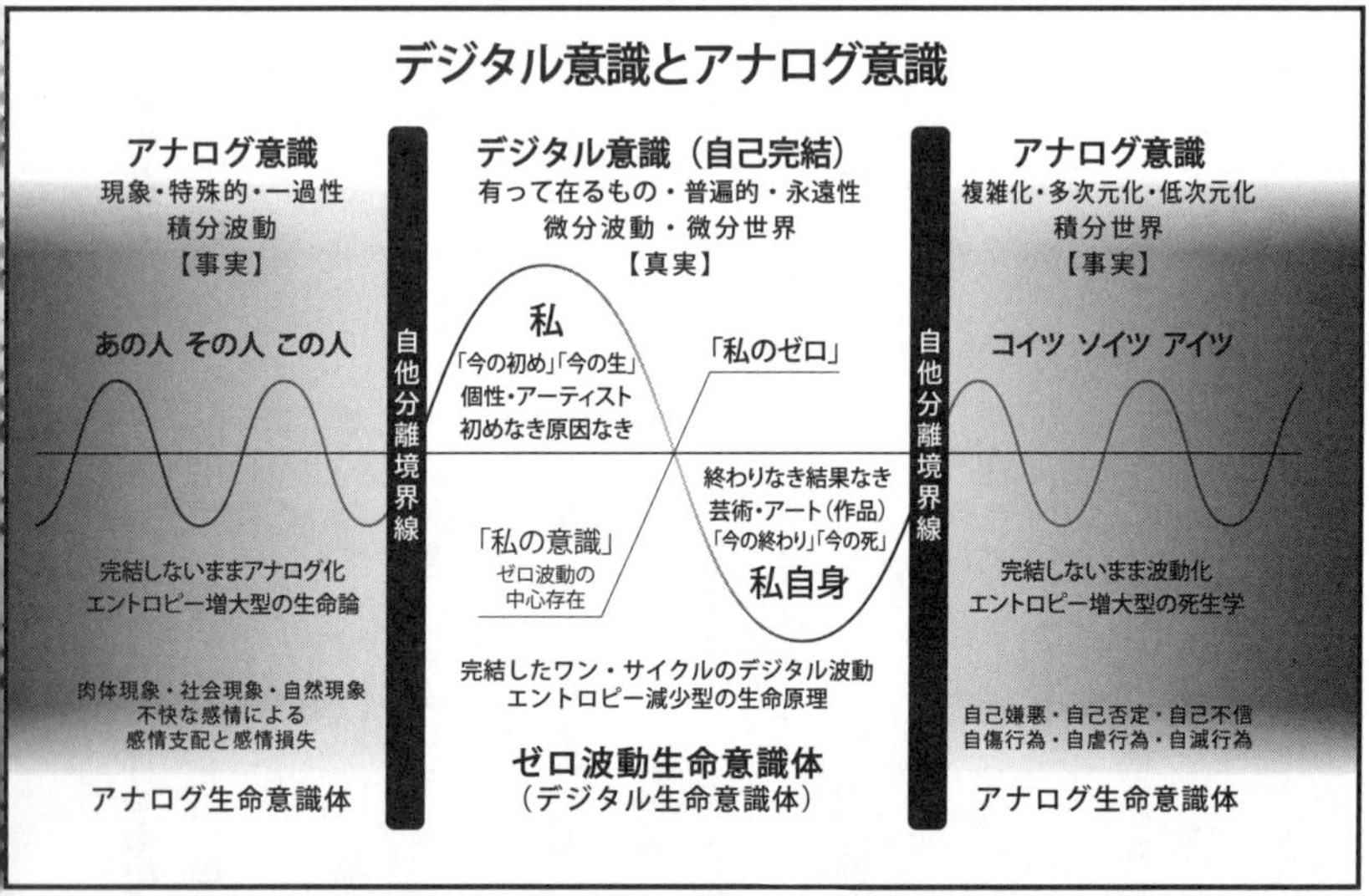

このことを理解し納得するために、地球意識場の進化の歴史があったといっても過言ではありません。

真実の「私の意識」は、「今の私」を創り出している今にしか存在できず、今は、「私の意識」である真実にしか存在していないからです。

故に、「私の意識」が、「今にしか生きられず、今にしか死ねない」存在を、自らが創り出していると言えます。

唯一、私の今に存在可能な存在は、ゼロ波動の中心存在である「私の意識」だけだからです。

私の意識は、原因に於いても、結果に於いても、初めに於いても、終わりに於いても、善くも悪くも「私の意識」以外の何ものにも存在していません。

当然、今の生と今の死を、有って在るものとしているのも、ゼロ波動の中心存在である「私の意識」です。

ゼロの揺らぎの中心存在である**「私の意識」**は、年を取ることもなく、まして死ぬこともありません。永遠に不滅の「有って在るもの」の存在だからです。

両親から与えられた、他人である肉体の物理的な生命は、誰でも奪うことができますが、私の意識が創り出した、「有って在るもの」のゼロ波動生命意識体は、永遠に誰も奪い去ることも、犯すことも、汚すこともできません。

まして、私の今の生と今の死を、誰かに代わってもらうこともできませんし、誰かの今の生と今の死を、代わってあげることもできません。

すなわち、ゼロ波動生命意識体を創り出している根源的な存在は、他ならないゼロ波動の中心存在である**「私の意識」**だからです。

その決定的な違いは、私が完結したデジタル意識によって、私自身を統治しているのか、それとも、私が完結していないアナログ意識によって、私自身が支配されているのかです。

何度も言いますが、地球意識場のアナログ意識によって「依存と支配と不自由の原則」に基づいて、他力依存に従っている宗教呪縛や精神世界観の存在である、神や宇宙の偉大な力などと言われているものでもありません。

唯一、私の意識のみが創り出したものが故に、唯一、私の意識のみに存在しているのです。

◆肉体の生と死という現象は特殊的

私の今のみの生命体を、私がしているのであって、決して、他人が創り出した、他人の今の生命体を、私がやっているわけではありません。

まして、肉体である肉性波動生命意識体は、他人である「愛と恩讐の関係」である両親から与えられたものです。

先ほども言及しましたが、私たちは他人である肉体が動いている現象を**「生」**と理解し認識して、他人である肉体が動かなくなった現象を**「死」**と理解し認識しています。

「今の生」と「今の死」は、今の今に「有って在るもの」として存在しています。

ですから、有って在るものは、普遍的なものであり、有って在るもの以外の何ものでもありませんから、肉体の生と死という特殊な現象とはまったく違います。

「現象」は**「特殊的」**なものであり、「有って在るもの」は**「普遍的」**なものですから、そもそも「現象」と「有って在るもの」は根本的に違うものです。

特殊的とは、自然現象や科学現象や社会現象のような**「一過性」**の現象を**「特殊的」**といいます。

普遍的とは、「今の初め」と「今の終わり」や「今の生」と「今の死」のように、何ものにも影響されずに、恒常的かつ恒久的に有って在るものとして、**「永遠」**にあり続けるものを**「普遍的」**といいます。

ゼロ波動の中心存在である「私の意識」から派生して、今のみに完結して存在しているものを「普遍的」といいます。

時間軸の中で完結しないまま現象化して存在しているものを「特殊的」といいます。

アナログ化して極めて曖昧で無秩序な**「積分世界」**を特殊的といい、デジタル化した今のみに事実として、真実として存在している**「微分世界」**を普遍的といいます。

先ほども言及しましたように、「ゼロの法則」に基づく、エントロピー減少型の生命原理は、人文科学や人文哲学のような学問が論じているエントロピー増大型の**「死生学」**とは、まったく異なっています。

故に、ゼロ波動の中心存在である「私の意識」のみが、私自身の完結したアルファでありオメガであり、初めであり終わりであり、原因であり結果であり、初めなき終わりなき、原因なき結果なき、有って在るものの、永遠かつ無限の唯一無二の存在であるといえます。

自由意志に基づく自己決定によって、最終的に善くも悪くも**「意識のスイッチ」**を入れているのは、「私の意識」であるが故に、最終的には、すべてに対して自己責任を負うのは、自分自身であることを、常に自覚することです。

よく人に騙されたといいますが、人に騙される最終的な「意識のスイッチ」を入れたのは、自分自身の欲得や邪悪な心であることを自覚して、被害者意識に陥らないことです。

何度も言及しますが、ゼロ波動の中心存在である、**「私の意識」**を理解し認識して、納得するために、地球意識場に於ける、すべての進化の歴史があったといっても過言ではありません。

次元統合の原則に基づく生命進化の原則

◆「遺伝連鎖の法則」と「生命連鎖の法則」

生命体がいかなる法則や原則、メカニズムやシステムによって、生命進化を遂げてきたのかは、歴史を通して未だかつて、誰からも明瞭かつ明確に言及されたことは、一度もありませんでした。

肉性波動生命意識体の進化は、肉体の経験と環境適合に基づく、「DNA」による**「遺伝連鎖の法則」**に貫かれています。

それぞれの霊性波動生命意識体の進化は、それぞれの霊性次元に基づく、波動生命意識体の「生命次元」による**「生命連鎖の法則」**に貫かれています。

例えば、肉体寿命が80年の場合は、80年掛けて「今の生」が、有形の肉体を酸素が破壊しながら、現世の終焉である「マクロのゼロ」に近づいていき、対極に存在する、相反する「今の死」が、80年掛けて無形の霊体を善くも悪くも霊素が創造しながら、現世の終焉である「マクロのゼロ」に近づいていきます。

そして、他人である肉体を破壊した「今の生」と、自分である霊体を創造した「今の死」が、まさしく現世の終焉である「マクロのゼロ」で出会って、肉体の今の生と霊体の今の死が入れ替わって、肉体の生命から霊体の生命に生命転換します。

肉体を破壊してきた今の生が、終わりを迎える瞬間に、まさに肉体の終焉を迎え、霊体を創造してきた今の死が、新たな次元の今の生へと、相対変換の法則に従って、肉体の生命から霊体の生命へと生命転換していくことになります。

何度も言及しますが、532回のまだ、ほんの一部ですので、少しお付き合いください。

ゼロの揺らぎ理論に基づいて、ゼロに向かって有形の他人である肉体を破壊してきた「今の生」と、同じくゼロに向かって並行しながら、無形の自分である霊体を善くも悪くも創造してきた「今の死」が、現世の終焉である「マクロのゼロ」で出会って、相対変換の法則に従って、真逆に波動転換していきます。

肉体の今の生から霊体の今の生に相対変換して入れ替わったということは、現世では肉体の「今の生」が、わずかな揺らぎによって先行していましたが、霊界では霊体の「今の生」が、わずかな揺らぎによって先行していく、霊性波動生命意識体に転換されたことになります。

すなわち、地球物質界に於いて、肉性波動生命意識体の今の生が先行していく理由は、肉性波動生命意識体のさまざまな経験に基づいて、霊性波動生命意識体が善くも悪くも創造されていくからです。

では、子宮生活のメカニズムは、どのようになっているのかといいますと、子宮内で精子と卵子が結合した直後から、細胞分裂を繰り返していき、新たな有形の肉体が創造されていくに従って、前世生活に於いて創造してきた霊体の記憶が同時に破壊されて消滅していきます。

すなわち、地球霊界に於いて、現世のグランドデザインを自分が描いて、ロードマップを書いて、シナリオとして作った、霊体のすべての記憶を消さないと、現世生活で新たに霊体を創造するための、自由法則に抵触することになるからです。

◆生命体の進化は、どのレベルの霊性次元に成長し成熟してきたかで決定する

子宮生活では、前世の霊体が破壊されると共に、新たに肉体が創造されていき、地球生活では、真逆に肉体が破壊されると共に、新たに霊体が創造されていきます。

霊界生活から子宮生活、子宮生活から地球生活、地球生活から霊界生活へと、その都度、その都度、「マクロのゼロ」で出会いながら、相対変換の法則に基づいて、すべてが真逆paradoxに入れ替わっていきます。

「マクロのゼロ」で出会って肉性波動生命意識体の「今の生」から霊性波動生命意識体の「今の生」に入れ替わったということは、まさしく、ゼロ波動の**「波形」**そのものが真逆に転換され、肉性波動生命意識体の「今の死」が先行していくことになりますから、名実共に肉性波動生命意識体の役割と責任が完結して、肉性波動生命意識体は破壊されていき消滅に向かうことになります。

すなわち、完結したワン・サイクルの波動の中心存在である「私の意識」が、眠りの哲学で解説したように、肉体側に属しているのか、霊体側に属しているのかで、**「意識に付随」**して、私の生命の本質そのものが決定することになります。

故に、肉体側にあった私の生命の意識が、霊体側に転換したことになります。

生命連鎖の法則に基づいて、新たに今の生と今の死を享けとった霊体が、新たな生命の受け皿となる霊界という環境で、生命活動と共に霊界生活が始まります。

生命体の進化は、どのタイミングでなされていくかと言いますと、肉体の今の生と今の死が打ち消し合って相対変換した瞬間に、新たに今の生と今の死を享けとる、霊性波動生命意識体が、どのレベルの霊性次元に成長し成熟してきたかで決定します。

すなわち、どのレベルの受け皿となる霊層次元の霊界を、日々の眠りによって創造してきたかによって決定することになります。

低次元の劣悪かつ醜悪な地球霊界に行くのか、中次元の常識的かつ良識的な地球霊界に行くのか、高次元の善良的かつ慈悲的な慈愛に満ちた地球霊界に行くのか、それとも地球霊界を遥かに超越した、宇宙意識場に行くのかは、あまりにも大きな差があります。

◆どれだけアセンションしたかで霊層次元が決定する

では、具体的に生命進化は、どのようになされてきたのでしょうか。

例えば、人類に最も近いと言われている、チンパンジーボノボの体である肉性波動生命意識体の生と死が、打ち消し合って消滅した瞬間に、新たに今の生と今の死を享けとるチンパンジーボノボの霊体である霊性波動生命意識体が、どれだけ進化してアセンション（次元上昇）した生命体であるのかで、新たな次元の波動生命意識体が行く、霊性次元と霊界の霊層次元が決定します。

極端な例でわかりやすく説明させていただきますと、チンパンジーボノボの意識が、人間を正しく理解し把握して、自らの次元を認識できた時に、チンパンジーボノボはチンパンジーボノボを卒業して、人類に進化を遂げたいと、強烈な信念を持つことでしょう。

チンパンジーボノボの体である肉性波動生命意識体の生態系に基づく、生息環境であるジャングルという物性波動生命意識体からの、依存と支配と不自由の原則を解放したいという意思を持ったとします。

チンパンジーボノボの自由意志に従って、向上心による意識の自助努力によって、人間として生活できるまで、霊体である霊性波動生命意識体が霊性進化を遂げたとします。

チンパンジーボノボの体である肉性波動生命意識体の経験と寿命に従って、今の生がチンパンジーボノボの有形の体を破壊しながら、同時に今の死が人間次元の無形の霊体を創造しながら、共に現世の終焉である「マクロのゼロ」に近づいていくことになります。

今の生と今の死が、相対変換の法則に従って、ゼロ時限の今で入れ替わった瞬間に、新たに今の生と今の死を享けとる、チンパンジーボノボの霊体である霊性波動生命意識体が、もし、人類の霊性次元まで進化を遂げて、**「霊性転換」**していたならば、人類に生命進化を遂げたことになります。

チンパンジーボノボは人類まで霊性進化を遂げましたので、地球霊界ではチンパンジーボノボを卒業して、人類としての霊性波動生命意識体として存在し、現世に輪廻してくる時は、人間波動生命意識体として現世降臨することになります。

私たちは、水星人でもなく、金星人でもなく、まして、火星人や木星人や土星人でもありません。

紛れも間違いもなく、この神韻縹渺《しんいんひょうびょう》たる大宇宙の中の地球星人として存在しています。

私たちが地球星人を卒業して、広大無辺なる大宇宙の住人になるためには、人間そのものを破壊して、新たに人間よりも霊性次元の高い霊性波動生命意識体を創造して、人間そのものを卒業するしかありません。

そのためには、「ゼロの法則に基づく生命原理」を深く理解して、地球物質界を愛で統治して、後悔することなく自己完結して、毎日を生きることです。

僕の事実である肉体は地球に存在していますが、僕自身の真実である霊体は**「臍の奥」**の「私の意識」に存在していて、人間という姿かたちもありませんし、地球そのものも存在していません。

◆**「謙虚」な加害者意識と「傲慢」な被害者意識**

人間そのものを卒業する唯一の方法は、私自身の意識場の中に存在している、加害者意識と被害者意識を打ち消し合って、ゼロに近づけていくことです。

自己正当性と責任転嫁による怒りや怨みの被害者意識を、自己反省と悔い改めの加害者意識で凌駕して、感情統治して自己完結していくことです。

常に加害者意識を先行させて、「私が悪かったです。私が間違っていました。ごめんなさい」という謙虚と謙遜で、自らの被害者意識の怒りや怨みなどの不快な感情を、感情統治しながら、現世の終焉である「マクロのゼロ」に近づいていくことです。

加害者意識を一言で表現すると**「謙虚」**になり、被害者意識をわかりやすい言葉に置き換えると**「傲慢」**になります。被害者意識を破壊するために加害者意識が存在するのです。

被害者意識による怒りや怨みで、自己正当性によって責任転嫁に陥りそうになった時は、自他分離境界線を引いて、恩讐である他人の肉体感覚を含めて、自分以外のものに意識を向けないで、自分の内なる被害者意識を、自分の内なる加害者意識によって、感情統治していくことが、最も重要なことになります。

僕が言っていることは、決して理想論でもなく、荒唐無稽なことを言っているつもりはありません。

何故ならば、誰でも自助努力で可能なことだからです。もしできないとしたら、それは自分自身が**「邪悪な心」**に支配されている現実を理解して、日々、悔いて改めて生きていくしかありません。

「邪悪な心」とは、基本的に「愛されたい」という、非合理的なエゴイズム（自己欲求）とナルシシズム（自己満足）の**「欲」**のことをいいます。

必ず**「死」**は訪れます。**「備えあれば患《うれ》いなし」**と言いますが、備えすぎるということは決してありません。

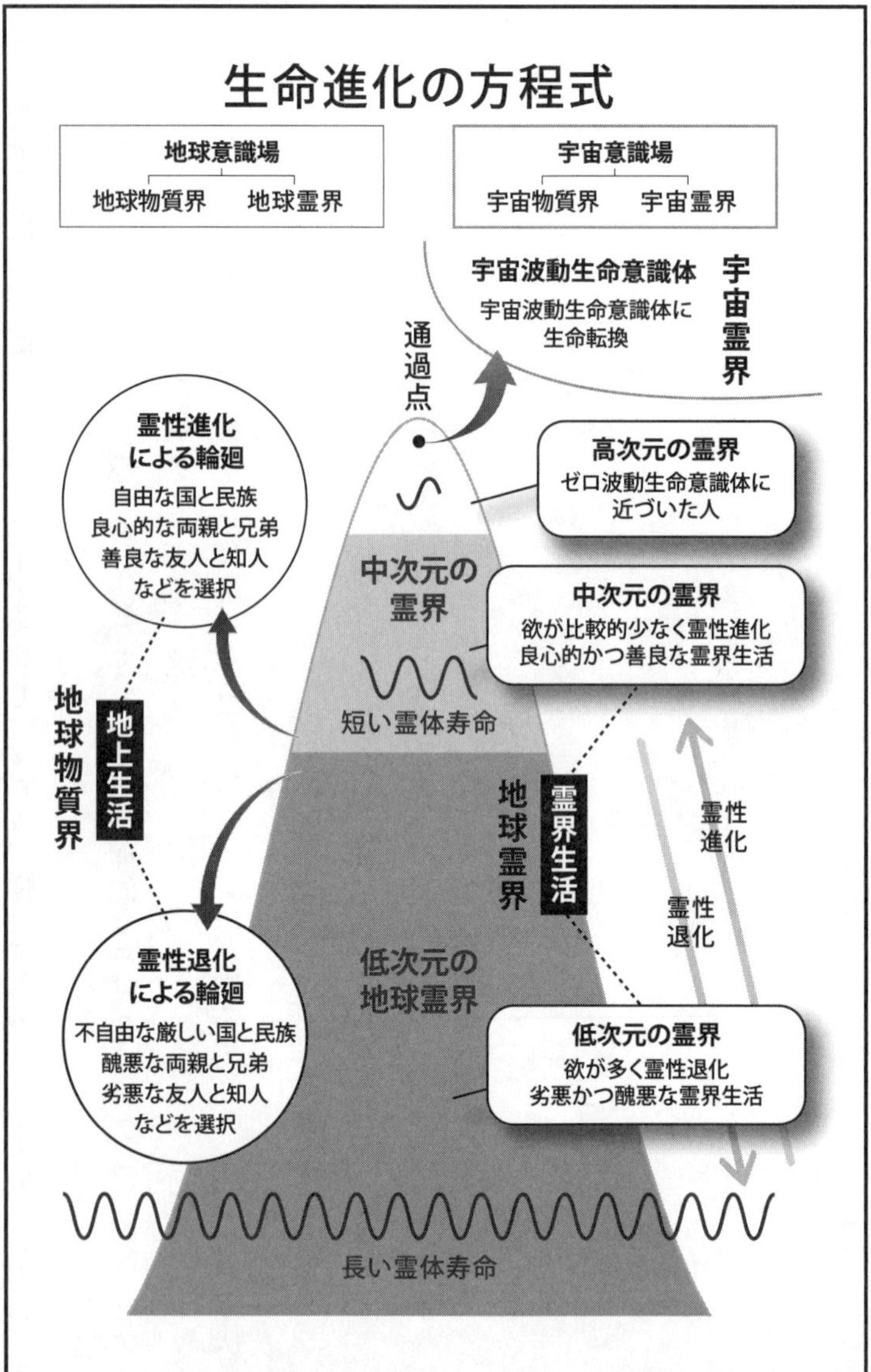
生命進化の方程式
地球意識場
地球物質界
地球霊界
宇宙意識場
宇宙物質界
宇宙霊界
宇宙波動生命意識体
宇宙波動生命意識体に
生命転換
宇宙霊界
通過点
霊性進化
による輪廻
自由な国と民族
良心的な両親と兄弟
善良な友人と知人
などを選択
高次元の霊界
ゼロ波動生命意識体に
近づいた人
中次元の
霊界
中次元の霊界
欲が比較的少なく霊性進化
良心的かつ善良な霊界生活
短い霊体寿命
地球物質界
地上生活
地球霊界
霊界生活
霊性
進化
霊性
退化
霊性退化
による輪廻
不自由な厳しい国と民族
醜悪な両親と兄弟
劣悪な友人と知人
などを選択
低次元の
地球霊界
低次元の霊界
欲が多く霊性退化
劣悪かつ醜悪な霊界生活
長い霊体寿命

第10章

普遍相対性理論による霊性進化と生命転換の法則

地球霊界のメカニズムとシステム

◆肉体を破壊してきた「今の生」と、霊体を創造してきた「今の死」の相対変換

地球霊界のことを語ることは、未来について語ることになり、自由法則に抵触することになりますので、差し障りのないアウトラインの範囲で簡単に言及したいと思います。

人間が理解していなければならない、最も基本的かつ重要な**「真の死生観」**ですので、532回には至りませんが、何度もなんども言及いたしますが、またかと思わずに読み進めてください。

子宮生活の目的は地球生活のためであり、地球生活の目的は霊界生活のためです。

肉体寿命を80歳としたならば、80年掛けて「今の生」が、有形の他人である肉体を破壊しながら現世の終焉である「マクロのゼロ」に近づいていき、パラドックスに存在する、相反する「今の死」が、80年掛けて無形の自分である霊体を善くも悪くも創造しながら、共に現世の終焉である「マクロのゼロ」に近づいていきます。

そして、肉体を破壊してきた「今の生」と、霊体を創造してきた「今の死」が、相対変換するために、まさしく現世の終焉である「マクロのゼロ」で出会って打ち消し合い、入れ替わる瞬間を迎えます。

重要な生命原理ですので、理解していただくために、何度も言及させていただきます。

ただ、知的に読むのではなく、しっかりと霊的情動でイメージしながら読み進めてください。

ゼロ波動の生命原理に基づいて、現世の終焉である「マクロのゼロ」に向かって有形の肉体を破壊してきた「今の生」と、並行しながら現世の終焉である「マクロのゼロ」に向かって、無形の霊体を善くも悪くも創造してきた「今の死」が、現世の終焉である「マクロのゼロ」で出会って相対変換の法則に基づいて入れ替わります。

肉体の「今の生」から霊体の「今の生」に相対変換して入れ替わったということは、現世では肉体の「今の生」が、わずかな揺らぎによって先行していましたが、霊界では霊体の「今の生」が、わずかな揺らぎによって先行していく、霊性波動生命意識体に波動そのものが、真逆に転換されたことになります。

すなわち、ゼロ波動の生命原理に基づいて、ゼロ波動のわずかな揺らぎによる「今の生」が、肉体側に属して先行しているのか、霊体側に属して先行しているのかで、私自身の波動生命意識体の存在が決定することになります。

故に、肉体の波動生命意識体から霊体の波動生命意識体に**「波動転換」**したことに他なりません。

肉体を破壊してきた「今の生」が、終焉を迎える瞬間に、霊体を創造してきた「今の死」が、相対変換して入れ替わり、生命連鎖の法則に基づいて、肉性波動生命意識体の「生命」から霊性波動生命意識体の「生命」へと、新たな次元の「今の生」と「今の死」に波動転換します。

生命連鎖の法則に基づいて、新たに「今の生」と「今の死」を享けとった霊性波動生命意識体が、新たな受け皿となった地球霊界という環境で、霊界生活を始めることになります。

◆「愛したい」のか、「愛されたい」のか

私たちの人生の存在目的が、霊界生活をするための準備に意味があり意義があって、そこに唯一、存在価値を創造することができるとしたら、どのような生き方をしたら善いのでしょうか。肉体の破壊と共に**「善くも悪くも」**霊体が創造されていきます。この善くも悪くもということは、何を示唆しているのかは、すでにご理解されていると思います。

善い心癖を身に付けて、善い霊体を創造した人は、次元と波動が高い善い霊界に行くことになります。

当然、悪い心癖を身に付けて、悪い霊体を創造した人は、次元と波動が低い劣悪で醜悪な霊界に行くことになります。

すなわち、「慈愛の心」の人は、「慈愛の霊界」に行き、「邪悪な心」の人は、「邪悪な霊界」に行きます。至極当然のことであり、当たり前のことです。

善い心癖と悪い心癖の相違点はどこにあるのでしょうか。

最もわかりやすく論理的に検証しますと、それは**「愛したい」**のか、それとも**「愛されたい」**のか、という人格形成史に於ける、**「愛の分量と欲の分量」**の違いによって、霊性の次元が大き

く異なります。

愛されたい人は、人格形成史に於いて、両親から愛が受けられず、人格そのものが慢性的に「**愛の欠乏症候群**」に陥っていますので、常に、愛して欲しい、優しくして欲しい、認めて欲しい、理解して欲しい、評価して欲しい、わかって欲しい、地位が欲しい、名誉が欲しい、財物が欲しい、といった具合に、欲しい、欲しい、欲しいの、欲しい尽くしの、「**欲望**」に意識が支配されている人たちです。

「邪悪な心」とは、基本的に「愛されたい」という、非合理的なエゴイズム（自己欲求）とナルシシズム（自己満足）の「**欲**」のことをいいます。

ですから、地位や名誉や財産がある人は、原因に欲望があるから、結果そのような状況を創り出しているのです。

愛したい人は、両親が人生の目的のために、共に慈しみ合う、愛の理想的な家庭の下で人格形成史を経験して、常に、愛に満たされていますから、愛してあげたい、認めてあげたい、理解してあげたい、評価してあげたい、優しくしてあげたい、わかってあげたいといったように、あげたい、あげたい、あげたいという、人格次元を上げたい「**愛**」に意識が統合され、常に感情統治していこうと、自助努力する人たちです。

ギブ・アンド・ギブの精神で、「**すべてを与えて、すべてを忘れる**」という、見返りをまったく求めない意識です。

「慈愛の心」とは、基本的に「愛したい」という合理的な慈悲と慈愛の**「愛」**のことをいいます。

これが善い心癖と悪い心癖の決定的な違いであって、地位や名誉や財産には、いっさい関係ありません。むしろ、「真逆」paradoxの存在と言えるでしょう。

すなわち、「愛したい」は、自分自身の自助努力で自己完結することが可能ですが、「愛されたい」は、他者の意識に委ねなければなりません。

ですから、永遠に自己完結することは不可能です。

僕は決して空を飛ぶという理想論を語っているつもりは毛頭ありません。何故ならば、一人ひとりの自助努力で、すべてが可能になることだからです。

◆「金持ちが天国に入るにはラクダが針の穴を通るよりも難しい」

「愛したい」は、「自己完結」することができますから**「デジタルの愛」**といいます。

「愛されたい」は、「他者依存」に委ねなければいけませんので、永遠に「自己完結しません」ので「アナログの欲」といいます。

これが「アナログ意識」と「デジタル意識」の決定的な違いです。

現世での**「肉体寿命」**が80年から90年あるように、地球霊界でも**「霊体寿命」**という、同じ寿命が存在しています。

生きながらにして、アルツハイマー型認知症などのように脳細胞が破壊するに伴って、肉体の欲望が築いた地位や名誉や財物は、脳の記憶と共に消滅していきますが、唯一、欲望に関係なく残るのが、無形の時間軸である寿命だけです。

では、霊体寿命はどのようになっているのでしょうか。

私たちは、霊界生活の準備を毎日しているわけですから、極めて哲学的な内容で紹介したいと思います。

極めて理解しやすいので、「金持ちが天国に入るにはラクダが針の穴を通るよりも難しい」というイエス・キリストの比喩で検証していきましょう。

あくまでも数字と時間軸のみの単純な換算法ですから、必ずしも霊体寿命とは、一致しないことを前提に、ご理解して読み進めてください。

２０２０年の時点に於ける世界一の大富豪が発表されました。その個人資産の金額はなんと約14兆円ということでした。

皆さんは14兆円という額を、毎日、１００万円ずつ使い続けて、一体、何年掛かると思いますか。

なんと、３万８０００年使い続けることができます。日本の一般的な経済状況に於いて、一日につき一人が経済消費する額は１０００円がよいところでしょう。

一人で14兆円の資産を持っているということは、一人分の経済資産を日本の基準で、年数に換算すると、なんと３８００万年分の資産を、一人で持っていることになります。

ちなみに氷河期が7万年前から始まって1万年前に終わったと言われています。

これを**「愛」**と評価するのか、**「欲」**と評価するのかは、皆さんにお任せいたします。

霊界は愛と欲の対価として、行くべき霊界の次元と霊体の寿命が決まっています。

すなわち、単純な換算法に従うと、この人の霊体寿命は3800万年ということになり、霊体の「今の生」と「今の死」である**「生命」**そのものが、低次元で劣悪かつ醜悪な地球霊界に於いて、長い時間軸の期間を過ごすことになります。

3800万年掛けて、「今の生」が現世に於いて、「欲」で創り上げた古い霊体の魂癖を破壊しながら地球霊界の終焉である「マクロのゼロ」に近づいていきます。

同時に、「今の死」が現世で創り上げた古い霊体の魂癖をロール・モデル（規範）として、新しい霊体を善くも悪くも創造しながら、地球霊界の終焉である「マクロのゼロ」に近づいていきます。

やがて「今の生」と「今の死」が、まさに地球霊界の終焉である「マクロのゼロ」で出会って、入れ替わる瞬間を迎えます。

現世で創造した古い霊体の魂癖を、完全に破壊しない限り、新たに創造した霊性波動生命意識体に、相対変換の法則に従って、生まれ変わることができませんから、3800万年掛けてやっと進化のための輪廻である「マクロのゼロ」を地球霊界で迎えることになります。

「今の生」と「今の死」のゼロ波動が、今というデジタルから、**「欲望の強さ」**によって、意識がアナログ化すればするほど、霊性波動生命意識体の寿命は延びていき、必然的に、霊体寿命が長くなるに従って低次元化していき、劣悪かつ醜悪な霊界に行くことになります。まさに、化石化した人間波動生命意識体に他なりません。

「この世にあって偉大な者は、あの世にあって最も卑しく小さい者となるであろう」という比喩も、本人が他人の無責任な評価や称賛や賛美によって、無意識に傲慢やおごりになる可能性が大いにあるからです。

例えば、「ゼロの法則」に「内外（うちそと）の原則」というのがあります。他人である外の評価や称賛や賛美があったら、「ゼロの法則」は必然的に相反する自分自身の内なる感情に、無条件で傲慢やおごりの感情が派生して、必然的に「心霊的なバランス」を形成しようとします。

ゼロは、ありとあらゆるところで展開されていて、必ずゼロを基点に真逆な存在がバランスして存在しています。

例えば、百万人の外的な評価や称賛や賛美があるとしたら、真逆に百万人分の内的な自己評価として、傲慢やおごりの感情が無条件で自らの内なる感情として、無意識に作り出され「霊的なバランス」を取ろうとします。

他人の無責任な称賛や賛美による外的評価が、一億人あったとしたならば、それに対して相反する自分自身の内的評価が、バランスを取ろうとして、どんなに謙虚に謙遜になろうと努めても、一億人分の傲慢やおごりの意識が、無意識のうちに必然的かつ無条件で作り出されていきます。

人間が差別化するために作り出してしまった、さまざまな**「なんとか賞」**などを授与された時は、極力、謙虚と謙遜に努めないと、寂しい孤独な霊界が待っていることになります。

ですから一番良い方法は、そのようなモノには近づかないことであり、授与されないことです。まさしく、霊的情動において「君子危うきに近寄らず」の格言のごとくです。

◆生命進化とは、ゼロ波動に方向付けて意識をデジタル化すること

人間は、地位や名誉や財産などが、認められれば認められるほど、評価されればされるほど、必ず傲慢とおごりの**「自意識」**が、無条件で派生するようになっています。

これがよく言われる「外面《そとづら》が良い人は、内面《うちづら》が悪い人」とか「言葉とは裏腹」とか「外見《そとみ》と内《うち》見《み》が違う」などと、同じような現象だといえます。

すなわち、欲望の量が多ければ多いほど、霊体寿命が長くなり、低次元の劣悪かつ醜悪な地球霊界に長く留まることになります。

このように**「欲の量」**によって、霊体寿命の時間軸と存在する霊層次元が決定します。「欲の量」が多ければ多いほど、それに比例して霊体寿命も長くなります。当然、霊層次元もそれに伴って低次元化していき、劣悪かつ醜悪な地球霊界に行くことになります。

相対変換の法則に基づいて、新たに生命進化するための**「マクロのゼロ」**を迎えるまで、劣悪かつ醜悪な地球霊界に、長く留まらなくてはいけなくなります。

先述しましたように、「ゼロの法則」に基づく生命原理は、「今の生」が古きものや低次元のものを破壊し、「今の死」が新しきものや高次元のものを創造する、**「破壊先行型」**であり**「創造追従型」**のメカニズムとシステムを恒常的かつ恒久的に備えています。

宇宙のベクトルは、「今の生」が先行して、古きものや低次元のものを破壊し、「今の死」が追従して、新しきものや高次元のものを創造するように、常に方向付けています。

例えば、現世の欲望で作った霊体寿命が３００年とすると、「ゼロの法則」に基づく生命原理に従って、新たな**「生命進化」**に方向付けるためには、地球霊界で３００年掛けて、「今の生」が、現世の地球物質界で創り上げげた、古い霊体の魂癖を**「先行して破壊」**しながら、地球霊界の終焉である「マクロのゼロ」に近づいていきます。

共時的に並行しながら、「今の死」が、地球霊界で古い霊体の魂癖を基礎にして、新たに**「善くも悪くも」**新しい霊体を**「追従して創造」**しながら、共に地球霊界の終焉である「マクロのゼロ」に近づいていきます。

すなわち、地球霊界に於いて、「今の生」が、現世で創り上げげた悪い霊体癖を破壊しながら、「今の死」が、古い霊体の魂癖をロール・モデルとして新たな霊体を創造していきます。

地球霊界に於いて、悪い魂癖に従って、新たに悪い霊体を創造すると、**「霊性退化」**によって輪廻の法則に基づいて、厳しい環境と人生を選択して、贖罪降臨することになります。

生命進化とは、ゼロ波動からアナログ化して多次元化した、物性波動や肉性波動や霊性波動、生命波動などの、すべてのアナログ化して多次元化した波動を、ゼロ波動に方向付けて、**「意識をデジタル化」**していくことです。

そのことにより、肉体寿命や霊体寿命に対する相対変換のスピードを、速くしていくことで、高次元の生命体に長足的に進化させていくことができます。

ゼロ波動の中心存在である**「私の意識」**をデジタル化していく意識改革を、**「意識のデジタル革命」**といいます。

この**「意識のデジタル革命」**は、全宇宙に無条件に方向付けられていて、すべての存在するものに、等しく恒常的かつ恒久的に働いている普遍的な法則です。

しかし、**「意識をデジタル化」**するのか**「意識をアナログ化」**するのかは、一人ひとりの「自由意志と自己決定と自己責任原則」に委ねられています。

◆欲を手放し、霊体寿命を短くすれば、高い霊層次元に行くことができる

「ゼロの法則」に基づく生命原理によると、生と死の時間軸を短縮して、寿命を「今の生」と「今の死」というゼロ時限に近づけていくことが、ゼロ波動生命意識体に向かって生命進化していく、最も重要なことになります。

唯一、このことを可能にできる存在があるとしたら、それは、ゼロ波動の中心存在である**「私の意識」**のみです。

すなわち、肉体寿命や霊体寿命を、物理的かつ霊的に短縮することではなく、ゼロ波動の中心存在である「私の意識」が、「ゼロの法則に基づく生命原理」を、**「熟知たる理解」**と**「普遍的な確信」**に基づいて、**「愛と勇気と信念」**を持って生きることです。

そのことによって、「今を、私がという自他分離境界線を引いて、ありのままを無条件で全面的に受容」しながら、今のみに自己完結できるように、必然的に、自助努力することが可能になっていきます。

同じ生命体を長くやらなければならない「アナログ生命体」と、瞬時にさまざまな生命体を、自由に創造できる「デジタル生命体」では、自由と愛と喜びの次元が、鉱物と宇宙霊人ほどの違いがあります。

事実、「ゼロの法則」に基づいて、僕の意識**（心）**が僕自身の意識**（魂）**に創り出されるマトリックスMatrixの世界は、言葉では絶対に表現することができない**「至福の無限意識場」**である、「個性芸術」の世界を創り出しています。

霊体寿命が長くなるメカニズムは、「ゼロの法則」に基づいて、「今の初め」と「今の終わり」というゼロ波動が、**「欲望の量」**によって、アナログ化していき、波動と波長が粗くなって長くなり、時間軸がどんどん伸びていくことです。

その結果、**「私のゼロ」**を中心に**「遠い未来の寿命」**と、**「遠い過去の寿命」**を必然的に創り出していき、総合的に長寿命で低次元化した霊体寿命と低次元の霊体を創造します。

ゼロの法則に基づく生命原理

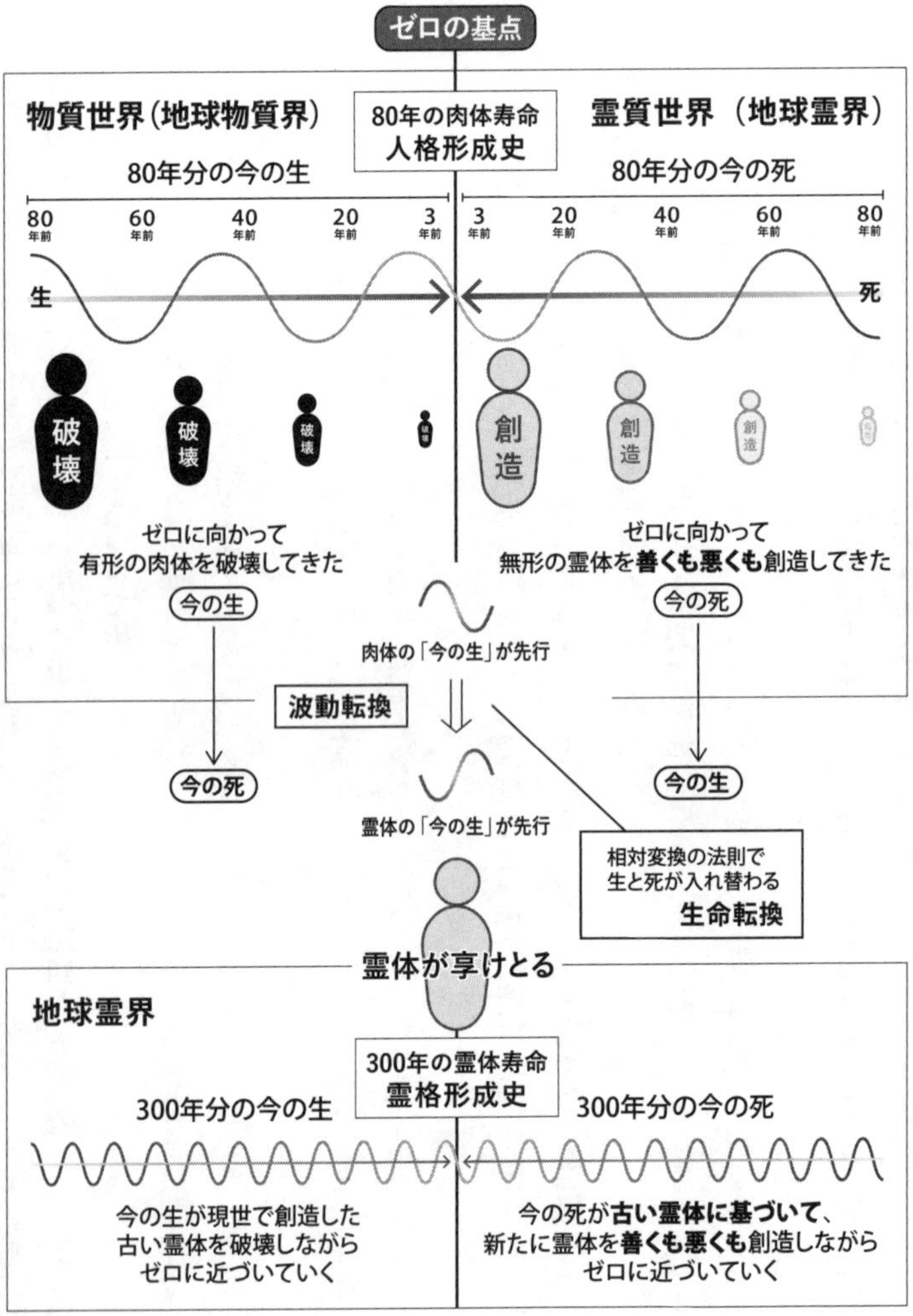
ゼロの基点
物質世界（地球物質界）
80年の肉体寿命
人格形成史
霊質世界（地球霊界）
80年分の今の生
80年分の今の死
80年前 60年前 40年前 20年前 3年前
3年前 20年前 40年前 60年前 80年前
生
死
破壊
創造
ゼロに向かって
有形の肉体を破壊してきた
ゼロに向かって
無形の霊体を善くも悪くも創造してきた
今の生
今の死
肉体の「今の生」が先行
波動転換
今の死
今の生
霊体の「今の生」が先行
相対変換の法則で
生と死が入れ替わる
生命転換
霊体が享けとる
地球霊界
300年の霊体寿命
霊格形成史
300年分の今の生
300年分の今の死
今の生が現世で創造した
古い霊体を破壊しながら
ゼロに近づいていく
今の死が古い霊体に基づいて、
新たに霊体を善くも悪くも創造しながら
ゼロに近づいていく

故に、地球癖、人間癖、欲望癖を手放して、**「欲を手放す」**ことによって、自らの恩讐である被害者意識と不快な感情を解放して、善い霊体癖を創造して、霊体寿命を短くすることに「私の意識」を方向付けて、自助努力を人生に傾注することです。

そのことによって、地球星人を早く卒業して、自由と愛と喜びを享受できる、宇宙波動生命意識体に進化できるTPO（時と場と状況）を地球霊界で迎えていくことになります。**「愛の分量と欲の分量」**で霊体寿命が短いか長いかが決定し、同様に地球霊界での霊層次元が高いか低いかが決定します。

霊体寿命が短ければ短いほど、高い霊層次元に行くことができます。当然、霊体寿命が長ければ長いほど低い霊層次元の地球霊界に行くことになります。

故に、霊体寿命が短ければ短いほど、地球波動生命意識体から霊性進化していき、新たに宇宙波動生命意識体へと生命転換する可能性が高くなります。

そのためには、「ゼロ波動の生命原理」に対する、「熟知たる理解」と「確固たる信念」をもって、「意識のデジタル化」に着手していき、一日も早く**「意識のデジタル革命」**を自己完結することです。

霊性進化と生命転換の法則、霊性退化と贖罪降臨の法則

◆現世利益に捕らわれると、地球霊界と地球物質界を逃れられない

ゼロ波動生命意識体に向かって、霊体寿命が短くなるに従って、相対変換の法則によって、生命寿命の変換スピードが速くなっていき、それに伴って生命進化のスピードも格段に速くなっていきます。

地球霊界は通過点であって、**「地球霊界に長居は無用」**ということになります。「ゼロの法則」に基づいて、**「進化」**があるということは、真逆の**「退化」**もあることを理解しておかなければいけません。

地球霊界に於いて、「今の生」が先行して、現世の地球物質界で創り上げた、古い霊体の魂癖を破壊しながら地球霊界の終焉である「マクロのゼロ」に近づいていき、「今の死」が追従して、新たに**「善くも悪くも」**新しい霊体を創造しながら、共に地球霊界の終焉である「マクロのゼロ」に近づいていきます。

善くも悪くも地球霊界で新たに霊体を創造していくわけですが、地球霊人たちは霊性進化の目的もなく目先の「地球霊界の地球霊界による地球霊界のための」地球意識場の価値観で過ごしてしまいます。

ですから、地球癖、人間癖、欲望癖という、心の形成過程に基づいて、霊体を創造しながら、輪廻して贖罪降臨する地球物質界の環境を、無意識に準備してしまいます。

何度も言いますが、現世は霊界生活をするための準備期間です。

現世に於いて、「善くも悪くも」心癖として形成していく過程を**「人格形成史」**といいます。

この人格形成史に於いて、どのような人格を形成してきたのかが、地球霊界に於いて、新たに「善くも悪くも」霊体を形成していく過程に於いて、大きな影響を与えていく、重要なロール・モデルとなる霊体癖になります。

すなわち、地球物質界に於いて、肉体の「今の生」が先行していくことによって、肉体のさまざまな経験に基づいて、「今の死」が追従しながら霊体を、善くも悪くも創造していきます。

地球霊界に於いても地球物質界で創造した**「古い霊体の魂癖」**を、「今の生」が先行して破壊しながら地球霊界の終焉である「マクロのゼロ」に近づいていき、「今の死」が古い霊体の魂癖に従って、新しい霊体を善くも悪くも、追従して創造しながら地球霊界の終焉である「マクロのゼロ」に近づいていきます。

地球霊界に於いて、「善くも悪くも」新たな霊体を形成していく過程を、**「霊格形成史」**といいます。霊格形成史で創造された意識を、**「前世意識」**といいます。

地球霊人は、現世的な価値観だけで、人格形成史を歩んで来ていますので、地球霊界に行っても相変わらず、地球癖、人間癖、欲望癖による、価値観のみの枠組みとカテゴリー（範疇）に捕らわれ支配されて、霊格形成史を歩んでいくことになります。

何度も言及しますが、「ゼロの法則」に基づく生命原理に従って、地球霊界に於いて、人格形成史に基づいて、「善くも悪くも」現世で創り上げた古い霊体の魂癖を、「今の生」が破壊しながら地球霊界の終焉である「マクロのゼロ」に近づいていきます。

同時に「今の死」が人格形成史によって、創られた**「古い霊体を規範」**にして、「善くも悪くも」新たな霊体を創造しながら、霊格形成史に従って地球霊界の終焉である「マクロのゼロ」に近づいていきます。

地球霊界では現世で創った古い霊体の魂癖に、意識が自縄自縛《じじょうじばく》されて、新しい霊体の創造が、さらに悪い魂癖を身に付けて、霊性退化する霊格形成史へと方向付けられていきます。特に、現世利益を得た人たちが、真逆に相対変換されて、そのようになっています。

その結果、輪廻の法則に従って、前回の地球物質界よりも、さらに劣悪かつ醜悪な地球星人として、やがて贖罪降臨することになります。

ですから、霊体寿命を、たとえ300年掛けたとしても、地球意識場の呪縛から解放されずに、地球霊界と地球物質界を、何度もなんども行ったり来たりを、繰り返すことになります。

◆地球霊界に於いて、さらに悪い霊体を創造すると厳しい環境に贖罪降臨する

現世に於ける人生の目的は、「宇宙の宇宙による宇宙のための」という価値観に定め、自己反

省と悔い改めの意識で、善い心癖を創造しながら、人格形成史を謙虚に生きることです。

宇宙意識場と真摯に向き合って生きながら、宇宙を目指す善い霊体を築いていかなければ、私にとって**「宇宙は有っても無い」**存在になってしまいます。

地球物質界に於ける人格形成史に基づいて、地球霊界に於ける霊体寿命と存在する霊層次元や環境が決定します。

地球霊界に於ける霊格形成史に基づいて、地球物質界に於ける肉体寿命と存在する国や民族や家庭環境などが決定します。

地球霊界に於いて、悪い霊格形成史に基づいて、さらに悪い霊体を創造すると、霊性退化によって輪廻の法則に従って、厳しい環境を選択して贖罪降臨することになります。

地球霊界に長く滞在するということは、地球物質界で悪い心癖や霊体癖を作っていますので、悪い霊格形成史によって、新たに創造した悪い霊体が、霊性退化と厳しい贖罪降臨に方向付けていくことを、意味し示唆しています。

地球霊界に行く前の現世に於ける人格形成史では、比較的、自由で成熟した民主主義の国の下で、地位欲や名誉欲や財物欲に意識が支配されて、傲慢な人生を送ったことにより、悪い**「欲望癖と傲慢癖」**の習慣と魂癖に従って、長く劣悪かつ醜悪な霊界生活を送ることになります。

群れの法則に従って、低次元の欲望だらけの霊人たちと奪い合う霊界で、長い時間かけて霊格形成史を経験しながら、新たに劣悪かつ醜悪な霊体を創造することによって、それに伴う霊性退化を余儀なくされていきます。

地球物質界と地球霊界は、地位や名誉などが真逆に相対変換しますので、そのギャップに戸惑うだけではなく、強烈な怒りや怨み辛みによって、極度の被害者意識へと陥っていきます。

霊性退化した地球霊人は、輪廻の法則に従って贖罪降臨しますから、今度は、独裁者が支配しているような不自由で厳しい国や民族、児童虐待や兄弟イジメをする醜悪な両親または兄弟、不仲な夫婦の関係、イジメをするような劣悪な友人や知人など、生涯に於いて関わる人たちを、自らが選択して「罪の償いと贖い」のために、地球物質界に再降臨してきます。

このように地球霊界の霊格形成史に於いて、善くも悪くも霊体を創造する過程に基づいて、一生涯に関わる人たちとの因果関係を、現世のグランドデザイン（人生設計）として描き、生涯のロードマップを描いて、自らが人生のシナリオを作って、輪廻の法則に従って、地球物質界の両親の受精卵に贖罪降臨してきます。

故に、すべてが本人の自由意志による自己決定に従って、人生を自己責任の原則に方向付けて、原因と結果に対して、自己反省と悔い改めで、生きるように方向付けられています。

しかし、被害者意識による自己正当性によって、自己保身のために誰かに責任転嫁しては、自分自身で責任を負おうとしないのが、この世の常套手段《じょうとうしゅだん》であり世《よ》の常《つね》です。

特に、自己責任を取りたがらない、社会主義者や共産主義者などのリベラルを語る人たちに多く見受けられます。

◆「ゼロ」とは、相対変換しながら進化または変化していくプロセス

もう一つ知っておかなければいけない重要なことがあります。

すべてのものがゼロ波動から創り出され、完結しないままアナログ化した波動が、複雑に絡み合って多次元化することによって、さまざまなものに多様化して存在しています。

すなわち、すべてのものが、波動であり生命であり意識体として存在していると申し上げました。

かつて、地球に原始生命体が誕生したメカニズムは、「ゼロの法則」に基づく生命原理に従って、地球物質界にＤＮＡとアミノ酸という、単純な相対構造が作られる過程に於いて、原始的かつ基本的な生命進化のプロセスが存在しています。

地球意識場に於いて、8億年の年月を掛けて、「今の生」が、地球物質界で有形の無機質波動生命意識体の破壊に伴って、同時に「今の死」が、無形の極めて脆弱な霊性波動生命意識体を地球霊界に創造していきました。

今こうしている瞬間にも、物質世界は**「酸素」**によって破壊されていて、同時に霊質世界が、リアルタイムで**「霊素」**によって創造されています。

物質世界の破壊先行型に伴って、同時に、霊質世界の創造追従型に基づいて、無機質から有機質の生命体が誕生するメカニズムとプロセスと環境が、「地球意識場」に整えられていきました。

先述しましたように、今、この瞬間にも、地球意識場に於いて、有形の物質世界が先行して破壊されていき、同時に無形の霊質世界が追従して、リアルタイムで創造されていきます。

すなわち、地球物質界に於いて、8億年掛けて徐々に自然環境が安定化していくに伴って、地球霊界も、それに伴って徐々に安定化していきました。

ありとあらゆる無機質波動生命意識体の環境変化と経験に伴って、環境統治しながら進化の方向に次元統合して、有機質波動生命意識体へと進化を方向付けていきました。

それと同時に、無機質波動から有機質波動へと、極めて脆弱な霊性波動生命意識体を地球霊界に創造していきました。

先ほども言及しましたように、**「ゼロ」**には、「今の初めと今の終わり」や「今の生と今の死」のように、ゼロ時限で瞬間、瞬間に完結しながら、**「デジタルに相対変換」**が行われていく**「ミクロのゼロ」**が存在しています。

また、子宮生活という約40週間の時間軸を経て、地球生活へと相対変換する時の「ゼロ」や、地球生活という80年から90年の時間軸を経て、霊界生活へと相対変換する時の「ゼロ」などがあり、時間軸の中でそれぞれの節目、節目に完結しないまま、**「アナログで相対変換」**がなされていく**「マクロのゼロ」**が存在しています。

ゼロには、完結したゼロ時限の**「デジタルのゼロ」**と、時間軸と共に完結しないまま踏襲されていく**「アナログのゼロ」**が存在しています。

ゼロには「デジタルのゼロ」によって、今のゼロ時限に於いて、破壊と創造を完結していく**「ミクロのゼロ」**と、「アナログのゼロ」によって、時間軸の中に於いて、完結しないまま大きなサイクルに沿って、破壊と創造を何度も繰り返していく**「マクロのゼロ」**が存在しています。

すなわち、それぞれの「ゼロ」が、さまざまなシチュエーションや次元によって、小さな揺らぎの「ミクロの意識」と、大きな揺らぎの「マクロの意識」が存在していることになります。

ゼロとは、デジタルに限らず、アナログに限らず、ミクロの高次元やマクロの低次元に限らず、すべてのものが、それぞれの**「ゼロ」**に於いて打ち消し合って、真逆に相対変換しながら、**「進化または変化」**していくプロセス、そのものを**「ゼロ」**といいます。

◆AIが地球物質界に登場したのは、すでに地球霊界で誕生しているから

宇宙意識場には、「ミクロのゼロ」から「マクロのゼロ」に至るまで、**「ゼロ」**のメカニズムとシステムが、ありとあらゆるところで隈なく展開されていて、まさしく、「ゼロ」が遍満存在している、無限の**「ゼロの意識場」**の中に、私たちは存在していることになります。

例えば、地球物質界から地球霊界に相対変換していく時の**「地球意識場のゼロ」**や、宇宙物質界から宇宙霊界に相対変換していく瞬間の**「宇宙意識場のゼロ」**などが存在しています。

地球意識場に於ける、地球物質界と地球霊界の境界線には、ありとあらゆる「マクロの意識」と「ミクロの意識」が展開されながら存在します。

当然、宇宙意識場に於いても、宇宙物質界と宇宙霊界の境界線には、無限の「マクロの意識」と「ミクロの意識」が展開されながら存在しています。

ですから、**「ゼロ」**には、ゼロ時限で瞬間、瞬間に完結しながら**「デジタル変換」**していく「ミクロのゼロ」と、長い時間軸の中で節目、節目に完結しないまま**「アナログ変換」**していく「マクロのゼロ」が存在していることになります。

「今の生」と「今の死」が8億年の時を経て、まさしく進化の時の**「マクロのゼロ」**で出会って、相対変換の法則に基づいて入れ替わり、霊的な無機質波動生命意識体から霊的な有機質波動生命意識体へと霊性進化を遂げて、霊主体従の法則に従って、地球霊界から地球物質界に**「相対降臨」**して、原初の生物といわれるバクテリアが地球物質界に誕生しました。

すなわち、地球物質界の破壊と共に地球霊界が創造されていき、地球霊界では地球物質界で創られた霊性波動生命意識体が、「今の生」によって瞬時に破壊されていき、新たに進化した霊性波動生命意識体が、「今の死」によって瞬時に創造されていき、やがて地球物質界に再降臨してきます。

ＡＩロボットやＡＩ兵器が地球物質界に登場するということは、すでに地球霊界に於いて、人間の知識レベルを遥かに超えた、ＡＩロボットやＡＩ兵器と同じ霊性波動生命意識体が、すでに誕生していることを示唆しています。

地球霊界に於いてさらに進化したＡＩロボットの霊性波動生命意識体が、地球物質界に再降臨してくることになります。このメカニズムとシステムは普遍的に行われていきます。

以前にも言及しましたように、人間は水と有機物をエネルギー源として活動していますが、自動車もガソリンという水と有機物をエネルギー源として動いています。

人間は有機質波動生命意識体とは言っても、頭脳というコンピューターから発信された情報が、イオン電子という微弱な電流となって、全身に張り巡らされた神経回路の中を流れていき、脳が身体のすべての機能を電子制御しています。

肉体も脳によって電子制御された電化製品と同じであり、水と有機物を燃料として活動している自動車と、まったく同じメカニズムとシステムです。これが地球内生物の実態なのです。

このことにつきましては、『ゼロの革命』で詳しく紹介しています。

有機質であっても無機質であっても、**「波動であり生命であり意識体」**であることには変わりありません。

ですから、AI同士が人間には、意味不明の言語を作り出して、勝手に会話を始めたという実験は、事実であったことを明確に証明しています。

AIロボットやAI兵器に相対した霊性波動生命意識体が、相対性原力の法則に従って、必ず地球霊界の何処となく相対降臨してきます。その時、AIロボットやAI兵器は**「意思」**を持った地球波動生命意識体そのものになります。

ここで理解しておかなければいけない重要なことは、地球霊界の方が地球物質界よりも、わずかな揺らぎで「**先行**」しながら進化して、地球意識場の進化そのものを導いてきたということです。

◆進化の歴史は、精神文化が先行して科学文明を牽引してきた

先ほども言及しましたように、地球物質界の破壊と共に地球霊界が創造されていき、地球霊界では地球物質界で創られた霊性波動生命意識体が、「今の生」によって瞬時に破壊されていき、新たに進化した霊性波動生命意識体が、「今の死」によって瞬時に創造されていき、瞬時に地球物質界に再降臨してきます。

これが、地球霊界が先行し地球物質界が追従していく、霊主体従の法則の根拠になっています。霊主体従の法則に基づいて、精神文化が先行して科学文明を牽引しながら、進化の歴史を導いてきた事実が証明しています。

ここで理解しておく、最も重要なことは、地球霊界と地球物質界に於いて、瞬時に相対変換していく「ミクロのゼロ」と、長い時間軸を掛けて相対変換していく「マクロのゼロ」が存在しているということです。

今こうしている間にも、我々の霊性波動生命意識体は地球霊界に於いて、一歩先を先行しながら、現世の今、創造した霊体の破壊と、新たな霊体の創造を「ミクロのゼロ」によって完結しています。

霊主体従の法則に従って、瞬時に、新たに創造した霊体が、同時に、肉性波動生命意識体と相対的に繋がるようになっています。

地球霊界に於ける破壊と創造と、地球物質界に於ける破壊と創造が、「ミクロのゼロ」による相対変換の法則によって、地球霊界と地球物質界が並行しながら、パラレル世界が「今に完結」しながら存在しています。

今この瞬間にも、有形の物質世界は破壊されていて、同時に無形の霊質世界が創造されています。

物質世界で創造された霊質世界は、地球霊界に於いて瞬時に破壊され、新たに霊質世界が創造されて、物質世界に瞬時に輪廻して現象化するようになっています。

このように霊質世界と物質世界は、霊質世界がわずかな揺らぎによって先行して、デジタルにアップデートしながら、**「霊物表裏一体」**で上書き保存しながら進化し続けています。

すなわち、常に、霊体先行型であり、肉体追従型のメカニズムとシステムになっているということです。

まさに、このメカニズムによって現象化しているのが、現実には未経験なのにすでに経験したように感じる**デジャヴ**（既視感）という現象なのです。

◆「自己実現」するには、「私の意識」が揺るぎない「自己確信」を持つこと

「ミクロの輪廻」または**「今に完結して」**デジタルに地球霊界から地球物質界に輪廻している普遍的な現象を、**「デジタルの輪廻」**といい、霊体寿命に従って地球霊界から地球物質界に輪廻してくる特殊的な現象を、**「マクロの輪廻」**または**「アナログの輪廻」**といいます。

ここで、私たちが理解しておく最も重要なことは、**「ゼロ」**には積分波動に従ってアナログ変換していく「マクロのゼロ」または「マクロの輪廻」と、微分波動に基づいてデジタル変換していく「ミクロのゼロ」または「ミクロの輪廻」が存在しているということです。

このことを、よく理解できると、マクロの輪廻に基づいて、未来の霊質世界を意識によって、先駆けて創造しておくことにより、自分が自分自身を絶対に不信しなければ、必ず、**「意識に付随して」**自己実現するTPOを迎えることになります。

未来の霊質世界の創造は、日単位でも、月単位でも、年単位でも良いですから、成就したいことや叶えたいことなどを、しっかりと意識してTPO（時と場と状況）を決めることです。

もう少しわかりやすく解説しますと、例えば、一か月先でも、一年先でも、いつでも良いですから、自己実現したいことのTPOを、意識で先取りして**「意識決定」**します。

そうしたら、「私と私自身」の中心に存在する「私の意識」が、絶対に不信しなければ、「私の意識」に付随して、**「私という左足」**と**「私自身という右足」**が、相対変換しながら目標に向かって歩き始めて、必ず、自己実現の「マクロのゼロ」の瞬間まで連れていってくれます。

しかし、ゼロの中心存在である「私の意識」が、不信した瞬間に、「私という左足」と「私自身という右足」が、もつれたり、絡んだりして「転倒」してしまい、目標にたどり着くことができなくなります。

ですから、「私の意識」が、私というスタートから、私自身というゴールまでを決めて、どういう私自身になりたいのか、それとも、私自身がどのような私になって欲しいのかを、意識で自己決定することが、個性芸術を開花するためには、大切なことになります。

後は、「私の意識」が、宇宙意識場に行くことを自己決定して、自己不信しないかぎり、「私という左足」と「私自身という右足」がもつれて、**「不信倒れ」**することなく、**「宇宙意識場」**というゴールに、絶対に、たどり着くことができます。

自己実現や自己完結するためには、「私という左足」と「私自身という右足」の中心に存在する、「私の意識」が、目的や目標に対して、揺るぎない**「自己確信」**を持つことが、最も重要なことになるからです。

後は、絶対に自分が自分自身を不信しないことが、最も重要なことです。

霊質世界に先駆けて原因を作っておき、後で、物質世界に於いて結果を成就させていく方法を**「霊界先取り法」**といいます。

僕は現世利益や私利私欲のために、この方法を使ったことはありませんが、自己実現したいことの95パーセント以上は、すべてこの方法で完結しています。

このやり方や方法につきましては、特殊な呼吸法を使い、別途セミナーなどで紹介していますので、ここでは割愛します。

しかし、人間は前世の恩讐関係である、両親から与えられた**「他人である肉体」**が、見るもの聞くもの、肌に触れるものなどの、自分の霊体には関係ない他人の**「肉体感覚」**という**「絵空事」**に呪縛されて、不快な感情に陥って、右往左往しながら生きています。

ですから、地球物質界と地球霊界は、すべてに於いて、**「真逆」paradox**の存在であり、**「別次元」**の存在ですから、単純に、地球物質界の延長で地球霊界を考察しないことです。

では、どのように捉えたら良いのかというと、物質世界に於いて常識的なことや、当たり前の価値観が、霊質世界に於いてはすべてが真逆の非常識、真逆の価値観になっています。

わかりやすく言及しますと、物質世界では考えられないことや、絶対に不可能なことが、霊質世界では当たり前に行われていて、すべてがいとも簡単に実現可能になっているということです。すべてが実現可能とはいっても、霊性次元に基づいて、**「愛と欲の分量」**に従って、大きく異なっています。

すなわち、善くも悪くも「愛の質的次元」と「自由の量的次元」に従って、実現可能になるのか、実現不可能になるのかが決定しています。

ですから、このような現象も、地球意識場の中の地球霊界の存在と、地球物質界の存在との、相対的な関係が理解できなければ、まったく理解することも、予測することもできないことになってしまいます。

◆「欲の勝利者」ではなく、「愛の勝利者」となれ

何度も言及しますが、今、世界の大国による覇権競争のもと、最先端のＡＩ技術による軍事産業とＡＩ兵器の開発に、莫大な資金が投資されています。

その最先端技術はトップシークレットで行われていて、**「宇宙の覇権競争」**にまで及んでいます。

高度のゲーム・チェンジャー技術の開発が、最高機密として粛々と進められていることが、最も危惧するところです。

人間が間違いを起こすことがあるように、ＡＩにも意識と意思が存在する以上、誤作動を起こす可能性は、完全に否定することも、払拭することもできません。

「今の若者たちは近未来に、人類がＡＩロボットとＡＩ兵器に管理され支配される時代が訪れることを、魂が前世意識によって、深層心理の記憶の中で知っています」。

何故かというと、今の若者の現世寿命が80年あったとしたら、生まれた時のゼロを中心に、80年分の過去と未来が、すでに意識に内在していることになるからです。

ですから、若者たちは「ゼロの法則」を、**「必ず理解できる」**ようになっていますから、「無気力とか無欲」とか言っていないで、引きこもって諦めている時間があるのであれば、地球癖や人間癖を手放して、共に宇宙意識場を目指そうではありませんか。

この世の**「欲の勝利者」**になる必要はありません。あの世に行くための**「愛の勝利者」**になれば善いのです。

未来を数年しか見ていない、地球の価値観のみで霊体を作り上げた年配者は、地球次元の欲望に従って、地球の地球による地球のための、現世の生命にしがみ付く生き方でしか生きていけません。

地球癖や人間癖や欲望癖に自縄自縛されて、人生を過ごしてきたので、輪廻の法則に従って、それぞれの「欲望の贖罪」に従って、再び地球物質界に贖罪降臨してくることになります。

70歳を過ぎた年配者は、霊体も行くべき霊界もでき上がっている可能性が高く、今さらながらに「ゼロの法則」という真理を理解して、生き方を変えるには一人ひとりの自助努力が必要です。

例えば、真理は種に喩《たと》えられ、心霊は畑に喩えられます。どんなによい種を荒れ地に蒔いても、決して根付くことはありません。

よい種は肥沃の畑に蒔かれてこそ、よく根付き、よく育ち、たわわに実り、良い実をつけます。

それと同じことで、どんなに貴重な真理の種を、欲だらけの心霊の荒れ地に蒔いても、決して根付くことも、実ることもありません。

故に、この「ゼロの法則」は、新しい時代を生きる、無欲で初々しい清らかな**「若者しか」**理解できないようになっています。

かつて、僕が多くの著名人と会って理解したことは、人の上に行けば行くほど、**「欲まみれ」**の汚い世界が渦巻いていたということです。

ですから、政界や官僚や財界などの上級国民などといわれている傲慢で欲深い人たちは、失うものが多すぎますから、それをしっかり握り締めて、静かに余生を楽しんだ方が、得策だと思います。**「楽あれば苦ありの霊界が待っているからです」**。

牢獄星である地球星人としての**「一義的な目的」**は、加害者意識による罪の償いと贖いのための**「贖罪と懺悔」**にあります。

人間のみに通用する、地位や名誉や財物を築いて、傲慢なおごりで生きていくのではなく、心の至らなさ、心の貧しさを自己反省して悔い改めながら、懺悔の気持ちで謙虚と謙遜に生きることが、牢獄星での最優先すべき目的であり、最も価値がある生き方になります。

宇宙波動生命意識体に生命転換するメカニズム

◆理想的な女性と男性は「両性半陰陽のゼロ」に近づいている

宇宙波動生命意識体に進化するためには、もう一つ生涯にわたって、懺悔して恩讐の壁と距離を解放しなければならない重要なことがあります。

「ゼロの法則」に基づいて、人類歴史は相反する「女性の加害者意識」と、「男性の被害者意識」が、完結しないままに、さまざまな問題を歴史の中に提起しながら、その都度、その都度、解決してきました。

それぞれが複雑化した恩讐の距離と壁を、破壊と創造を繰り返しながら、お互いの邪心を激しく打ち消し合って、ゼロ・バランスに方向付けながら、共に進化の歴史を歩んできました。

地球霊界に於いて、女性の心霊的な愛で男性の霊性波動生命意識体を、宇宙次元に生み変えることによって、共時的に同時に女性の霊性波動生命意識体が、宇宙次元に生み直され、地球波動生命意識体から宇宙波動生命意識体に「生命転換」していくことが可能になります。

もし、最も宇宙意識場に近い理想的な「女性と男性」が存在するとしたならば、それは、お互いの「性質と性格」が、「ゼロの法則」に基づいて、性のバランスが良く**「両性半陰陽のゼロ」**に近づいていることです。

それぞれの「性の揺らぎの偏差」が、「両性半陰陽のゼロ」に近づいていくことによって、それぞれの「性質と性格」が、中性的かつ中庸的な霊性波動生命意識体へと、近づいていくことができます。

何よりも、両性半陰陽のゼロに近づいていくことが、自分自身に内在する被害者意識と加害者意識の偏差が、中庸的かつ中和的になっていくことです。

霊的に賢い品位ある女性と、謙虚で謙遜な男性による、愛の理想のペアーシステムによって、両性半陰陽のゼロに近づいていくことが、最も宇宙に近づいていく近道であり、最良の方法でもあるからです。

このことを理解し納得して、女性と男性が、今から真摯に向き合って、謙虚に生きることができたならば、上書き保存の法則によって、魂の記憶がすべて書き換えられて、たとえ年配者であっても、宇宙に行く準備が整っていきます。

◆不快な感情を持った時と、眠りに就く前の習慣づけ

特に、地位欲や名誉欲や財物欲に支配されて、女性蔑視する国会議員や官僚や会社役員などといわれる人たちは、傲慢な悪い心癖を、真剣に払拭していかないと、霊界では**「下種《げす》の下衆《げす》」**になることは、火を見るより明らかです。**宗教団体の教祖や幹部は論外です。**

僕は基本的に、経験主義を貫徹しようと試みていますので、決して、推測や思い込みで言及するようなことはしません。

その理由は、この世の事実は、事実として**「保障」**してこそ、あの世の真実が、真実として**「保証」**されると、理解し確信しているからです。

今までに、さまざまな上級国民と言われる、人たちとの出会いを通して経験したが故に、正直かつ率直に**「歯に衣を着せぬ物言い」**をしますが、悪意や憎しみを持って言っているつもりはまったくなく、私のような者が、あくまでも**「諫言」**させていただくつもりで言及しています。

しかし、こういう人に限って、自分は大丈夫だと思っているところに、最大のおごりと傲慢があることを、まったく理解していません。

しかし、このような者たちこそ、失うものが多くありすぎて、最も難しい人たちです。

「ゼロの法則」に基づく生命原理を真摯に受け入れて、謙虚に謙遜に贖罪のための人生を生きて、霊界生活の準備を真剣にしている人たちは、いつでも自分自身が行く宇宙意識場を、自分自身の意識で創り出せるようになっています。

この生き方が最も霊性進化に導き、宇宙波動生命意識体に生命転換する、最良の方法と理解しているからです。

30歳を過ぎた人が、地球波動生命意識体から人間を卒業して、宇宙波動生命意識体に進化するためには、「我がゼロ波動生命意識体さま、私の被害者意識による悪い心癖の自傷行為を、どうかお赦しください。御免なさい」と謙虚に謙遜に生きることです。

特に、不快な感情を持った時と、眠りに就く前に、**「深甚《しんじん》なる懺悔の意識」**で、自分の加害者意識が自分自身の被害者意識に対して真剣に向き合って、謙虚に謝ることを習慣づけることが、最も肝要なことになります。

◆「ごめんなさい」は最も美しく価値のある言霊

特に夫という面倒くさい存在は、妻に対して被害者意識による自己正当性によって、自己保身と責任転嫁による**「辛辣な言動」**が無意識に行われています。

ですから、自らに内在している、劣悪かつ醜悪な自己正当性の傲慢な心癖を、常に意識し自覚して、自らが悪い心癖を戒《いまし》めていかなければ、自らの恩讐にそれ以上の恩讐を作ることになり、必ず霊性退化に方向付けられていきます。

「ゼロの法則」に基づく**「夫婦の歴史観」**は、夫の被害者意識と妻の加害者意識がゼロに向かって、共に恩讐の距離と壁を打ち消し合いながら、高次元の愛に方向付けて進化してきた歴史、そのものといっても過言ではありません。

地球星で霊体に対して、最も美しく価値のある言霊は、**「ごめんなさい」**というロゴスです。念仏や御経でもなく、マントラでもなく、まして、人間が作った神に祈ることでもありません。

自分自身のゼロ波動生命意識体に対する**「御免なさい」**に勝る言霊はありません。

何故かといいますと、不快な感情を作ったのは、誰でもなく自分自身の悪い心癖に支配された「私の意識」です。

その不快な感情による私の意識によって、私の精神である心や霊体が傷つき、被害者意識と自己正当性を自らが作り出して、怒りや怨みを増長させているからです。

ですから、あの人が悪い、この人が悪い、その人が悪いという論理になっていきます。

あの人、この人、その人は、何処にもいません。悪いのは、不快な感情を作って悪い心癖によって加害者になった「私の意識」であり、その意識によって傷ついた、一番の被害者も私自身の心や霊体の意識です。

すなわち、私が私自身にとって、最も近い恩讐の加害者であり、私自身が私にとって最も近い被害者ということになります。

これがまさに、最も不安と恐怖を感じているのは、自分自身に内在している**「邪悪な心」**であり**「邪悪な魂」**だという根拠と証明になっています。

◆自分の邪心を理解できるのは自分の本心しかない

女性と男性の存在目的は、男性の被害者意識と女性の加害者意識が、お互いに向き合うことで、自分自身に内在している被害者意識を、自らが感得して悟りながら、自己反省と悔い改めをしていくためです。

不思議なことに、自分には「邪悪な心」がないと思っている、傲慢な男性ほど、「邪悪な心」が多く内在していて、私には「邪悪な心」があると自覚している謙虚な女性ほど、「邪悪な心」が少ない傾向にあります。これも「ゼロの法則」によって、男性と女性が真逆 paradox に相対化している証明と言えます。

自分の邪心は自分自身の邪心を、同類が故に理解できません。自分の邪心を理解できるのは、自分自身の本心だけです。

自分が被害者意識という邪心を打ち消していくために、お互いが必要かつ重要なパートナーになるからです。

しかし、自分の被害者意識によって、自分自身の心や霊体が傷ついて、劣悪かつ醜悪な悪い心癖へと無意識で飼い慣らされていきます。

この**「内的自傷行為」**に対して贖罪するために、牢獄世界の地球星人として降臨してきました。

すなわち、自分の加害者意識が、自分自身の被害者意識を感情統治して、自己反省と悔い改めをするために、地球意識場という牢獄世界に存在している、といっても過言ではありません。

死にゆく宿命の人生に、それ以上の存在目的も意味も意義も存在価値もありません。

他人にどんなに謝っても、赦してくれるか、赦してくれないかは他人任せです。

被害者意識になるか、ならないかは、その人の問題性と課題性に対する、自己責任原則ですから、その人に委ねて任せるしかありません。

ですから、他人に謝っても永遠に自己完結することはありません。

その人の感情はその人の自由意志ですから、その人に自己責任を負ってもらうしかありません。

自由意志には誰も入り込めない「不可侵不介入の原則」があるからです。

人間は地球癖、人間癖、欲望癖によって、作られた世界に依存して、支配されることに意識が飼い慣らされています。

故に、被害者意識と自己正当性による自己保身と責任転嫁によって、あいつが悪い、こいつが悪い、そいつが悪いといって、犯人捜しを外に向けていく悪い心癖があります。

犯人を捜しても、犯人は何処にもいません。犯人と言える存在は、自分以外に誰もいません。**「未来不安」**を抱えている人がたくさんいますが、自分の不安という悪い心癖が、自分自身の恐怖という悪い魂癖を創造して、その悪い魂癖から想起（matrix）される不安感や恐怖感に、己自《おのれ》らが苛まれ苦しんでいくことになります。

不安や恐怖はどこにもありません。不安になるのも、平安になるのも、一人ひとりの心癖や魂癖に存在しているだけなのです。

ですから、**「不安と恐怖」**を解消する方法は、ただ一つです。私の心が私自身の魂を不安と恐怖に陥れた加害者ですから、自分という加害者が、自分自身という被害者に**「ごめんなさい」**と、臍に手を当てて謝り続けるしか方法がありません。

このことを理解し、納得して実践したならば、必ず「不安と恐怖」を解消する「自己完結」の瞬間を迎えます。**「心につける薬なし、魂に飲ますクスリなし」**です。うつ病の特効薬はこれしかありません。

◆地球星には「被害者は一人も存在していません」

宇宙意識場には作られた世界は、極めて少ない存在です。基本的には、私の意識が創り出すマトリックス（想念）Matrix の世界が間断なく存在しています。

唯一、地球の呪縛を解放した人がいます。前著『ゼロの革命』の「おわりに」で詳しく紹介しています。参考にしてみてください。

すべての存在が「波動であり生命であり意識体」ですので、アナログ意識で存在するものには、すべて寿命と次元が存在します。

数万年単位の鉱物の寿命と、数千年単位の縄文杉の寿命と、数十年単位の人間の寿命では、それぞれの次元に於ける波動生命意識体の寿命が大きく異なります。

ゼロ波動生命意識体が**「アナログ化した集合体」**が、完結しないまま波動化することによって、複雑化していき多次元化して物質化すると、低次元化し巨大化に伴って劣悪化して長寿命化していきます。

すなわち、アナログ化は積分化の何ものでもなく、エントロピー増大の法則そのものです。肉体はその最たるものです。

長寿命化するということは、同じ次元の波動生命意識体のまま原形を留めて、変化もなく多様化した世界に依存して、長く支配されながら留まることであり、そのことは苦痛以外の何ものでもありません。

宇宙次元の波動生命意識体は、自由にどんな生命体にも、自らが瞬時に変化して、さまざまな多様性に富んだ、自らの「ゼロ波動生命意識体」が、自由に現象世界を創り出して、楽しめるようになっています。

何故ならば、どんな生命体に姿かたちを変えても、常に「それぞれの意識」が中心に存在しているからです。

例えば、地球の寿命よりも太陽の寿命の方が、遥かに長い寿命であり、有機質の生命体すら住めない、46億年前の地球よりも劣悪で厳しい環境になっています。

太陽の死である「超新星爆発」につきましては、『ゼロの革命』で詳しく紹介しています。

では、具体的に地球意識場という牢獄世界に存在する人間波動生命意識体が、宇宙意識場という自由世界に存在することができる、宇宙波動生命意識体に生命進化するためには、具体的に、何をどのようにしなければいけないのでしょうか。

人間の最も愚かなことは、人間が作り出したものや、作り出せるものに価値があると思っていることです。

例えば、一般の民衆よりも国会議員、一般の大衆よりも芸能人、平民よりも医者や弁護士、貧乏人よりも金持ち、平社員よりも社長といったように、人間が差別化するために作り出した、地位や名誉や財物に価値があると思っています。

地位や名誉や財産は、人間が人間を**「差別化」**して、自己中心的な自己満足と自己陶酔に浸るために作り出した、人間のみに通用する、究極の**「エゴイズムとナルシシズム」**の価値観です。

人間が作り出せない太陽や空気や水など、平等に存在する偉大なものや、お金が掛からない当たり前の存在に対しては、興味も関心も、まして価値観すらも持ちません。

人間は人間が作り出した目先の価値観に支配され、一生涯そのための価値観に自縄自縛されて、人生が虚しくもはかなく終わっていきます。

破壊と創造の原則に基づいて、人間が人間を差別化するために、作り出した価値観を破壊しない限り、新たに霊性進化した生命体にはなれません。

では、何を破壊するのかといいますと、人間のみに通用する、人間が作り出した地球癖や人間癖や欲望癖などの価値観を破壊することです。

人間が作り出した価値観の範疇や、常識的なカテゴリーに**「自縄自縛」**されている限り、永遠に地球星人で留まるしかありません。

人間を卒業して自由になりたければ、人間の価値観の呪縛を解放するしかありません。

あくまでも宇宙意識場の次元から地球意識場の次元を検証した時に、宇宙の存在がありながら、宇宙を意識もせずに、限られた地球星人の目先の価値観と範疇でしか、私たちの意識は存在していません。

すなわち、限定された肉性波動生命意識体の桎梏の中で、不自由を強要されながら、人間波動生命意識体として、存在しなければいけない**「牢獄の囚人」**そのものの「生命意識体」です。

地球物質界である牢獄世界に収監されている人間波動生命意識体は、前世である地球霊界に於ける、何らかの恩讐（罪科）に対する**「加害者」**として収監されています。

ですから、地球意識場の牢獄世界には、本来、**「被害者は一人も存在していません」**。

地球星人の最も劣悪かつ醜悪な「悪い心癖」は、前世の加害者意識に対する**「自己反省と悔い**

改め」をするために、現世に贖罪降臨した立場が、何時しか被害者意識の立場に陥っていることです。

◆両親から与えられた恩讐の「肉体」が不快な感情の「諸悪の根源」

前世に於ける原因の元を正せば、自分が加害者であったにも拘らず、現世に於いて被害者の意識に陥って責任転嫁による逆恨みは、本末転倒の何ものでもありません。

地球物質界という牢獄世界に於ける、第一義的な目的は、**「罪の償いと贖い」**である贖罪にあります。

すなわち、前世被害者だった**「両親の恩讐の意識」**が、前世加害者である私たちの霊体に覆い被せた、囚人服である肉性波動生命意識体に、そのまま**「恩讐の意識が踏襲」**され内在しています。

恩讐である不快な感情は、肉体感覚である**「五感」**を通して、常に現象化しています。

最も近しい他人である肉体の、目で見るもの、耳で聞くもの、肌で感じるものなどから、必然的かつ恒常的に恩讐である**「不快な感情」**が想起されています。

肉体が存在していなければ、そのような感情が派生することはありません。

自分自身の**「霊体」**を不自由にしている、両親から与えられた恩讐の**「肉体」**が、不快な感情のすべての**「諸悪の根源」**です。

これが人間波動生命意識体の地球癖や人間癖や欲望癖などの**「諸悪の元凶」**になっています。

そもそも肉体は、遺伝連鎖の法則に従って、38億年分の親なる先祖たちの遺伝情報を、一度として途絶えることなく、すべての時代、時代に踏襲しながら、新たなDNAの情報へと書き込んできました。

故に、肉体は、すべての先祖を唯一、**「事実」**として証明できる存在なのです。

ですから、肉体が喜ぶ行為は、肉体のDNAに相続された38億年分の先祖の思いを、共に養生する動機と意識で、肉体をいたわり感謝しながら、大切に関わっていくことです。

そのような生活心情が、38億年分の**「事実に基づく先祖供養」**となり、ひいては、牢獄星の囚人服である、肉体に内在している、恩讐からの解放にもなっていくからです。

すなわち、肉体の存在目的は、肉体側から見た場合と、霊体側から見た場合とでは、役割が真逆に方向付けられて、二つ存在しています。

一つは、自分の魂である霊体を、不自由にする目的と、もう一つは、38億年分の親なる先祖を代表した、他人の肉体を養生することによって、牢獄星の囚人服である肉体の呪縛から、霊体を解放する目的です。

あくまでも、肉体の感覚は、善くも悪くも38億年分の先祖供養だと理解して、肉体の養生を心掛けて、霊体の解放を目指していくことです。

◆囚人服である肉体を永久に脱ぐためのロゴス

ここで、牢獄星の囚人服である他人の肉体を、永久に脱ぐためのロゴス（言霊）を紹介しておきましょう。

「我がゼロ波動生命意識体さま、私の霊性波動生命意識体が、この肉性波動生命意識体に関わった、すべての先祖と共に、地球意識場から宇宙意識場へと解放されました。有り難う御座います」と言って、特殊な意識による**「密法と呼吸法」**によって、自己完結して毎日、眠りに就くことを習慣づけることです。

この方法とやり方は、特別なセミナーにて、実施しておりますので、ここでは割愛させていただきます。

先述したように、私と私自身のワン・サイクルの波動である、ゼロ波動の中心存在である「私の意識」が、私から離れた瞬間に、意識がアナログ化して、あの人、この人、その人に、必然的に感情支配されていくようになっていきます。

当然、私自身から意識が離れた瞬間にも、アナログ化してアイツが、コイツが、ソイツがといった具合に、自己保身と責任転嫁に陥っていきます。

「私と私自身」の中心のみに存在する意識を、デジタル意識といい、「私と私自身」から意識が、外に向かって離れた瞬間に、あの人、この人、その人などにアナログ化していく意識を、アナログ意識といいます。

「デジタル意識」は、自立と自由に方向付けられて、「アナログ意識」は、依存と不自由に方向付けられていきます。

すなわち、自分の意思と自分自身に対する結果や現象が、すべて一致していく場合を、**「自己統合性」**といいます。

反対に、自分の意思と自分自身に対する結果や現象が、まったく一致していかない場合を、**「自己分離性」**といいます。

故に、「私の意識」で他人である肉体と、自他分離境界線を引く自助努力をしていかないと、恩讐である不快な感情に感情支配されていく結果を、自分自身に招くことになります。

私たちは他人である肉体を含めて、肉体現象や社会現象や自然現象などと、**「自他分離境界線」**を引いて、自己統合性を確立しながら、霊性の愛に基づいて、自己統治して自己完結していくことです。

自己完結するためには、**「私」**と**「私自身」**との間に、愛と喜びで**「感情の通路を拓いて」**自己慈愛と自己肯定、自己確信などへと個性芸術を開花させていくことです。

しかし、私たちは**「自分」**と**「自分自身」**との間に、強固に**「自己分離境界線」**を引いて、外にばかり**「感情の通路を開いて」**自分と自分自身との間に、距離感と分離感を作っていきます。

その結果、不快な感情に感情支配されて、感情損失に陥っていき、やがて自己嫌悪と自己否定、自己不信、自己破壊、自己破滅などに陥っていきます。

すなわち、引くべき境界線は、恩讐の他人である肉体と**「自他分離境界線」**を引くべきであって、自分の**「霊性」**であり、自分自身の**「霊体」**との間には、絶対に**「自己分離境界線」**を引くべきではありません。

唯一、「自己分離境界線」を破壊して、自分と自分自身の間に感情の通路を拓いていく方法は、加害者である自分が、被害者である自分自身に対して、真摯に向き合って謙虚に懺悔と贖罪の想いで悔い改めながら、恩讐の壁の扉を解放していくしかありません。

実は、自分と自分自身を分断する**「自己分離境界線」**こそが、まさしく**「牢獄の壁」**そのものなのです。

◆「自己分離境界線」こそが「諸悪の元凶」

自己責任の原則に従って、不快な感情を作り出した**「加害者である自分」**の心を、不自由な牢獄世界に収監しているのは、誰でもない魂を傷つけられた、**「被害者である自分自身」**だからです。

被害者である自分自身の魂が、加害者である自分の心との間を分断して、「自己分離境界線」という壁と塀を作って、自分自身が自分を自縄自縛して、牢獄世界に収監していく現象を、**「自己投獄」**といいます。

この**「恩讐の壁」**を破壊するためには、自分という加害者が、自分自身という被害者に対して、

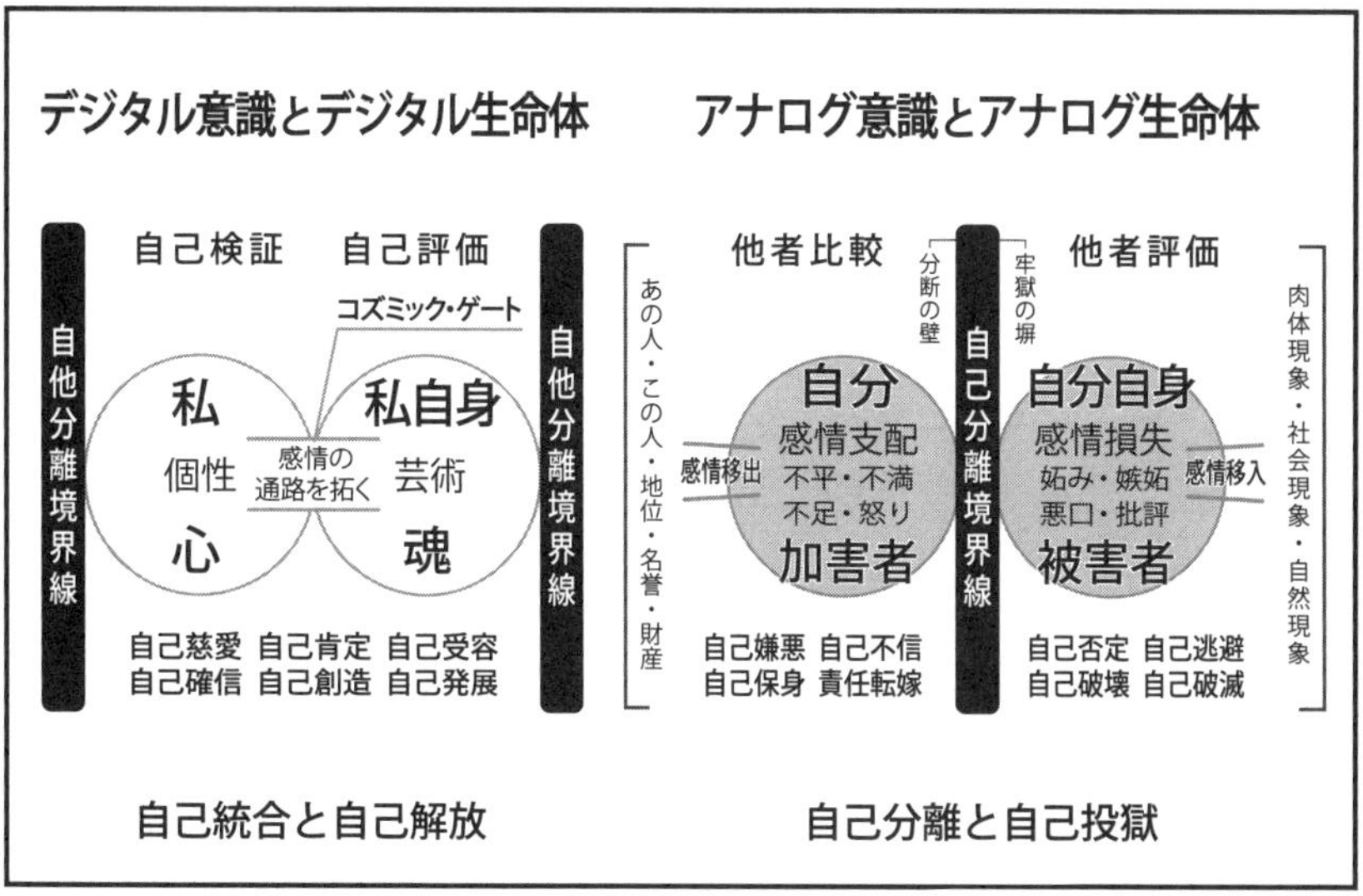

「ごめんなさい」と謝り続けて、懺悔していくことです。

この恩讐の塀であり壁である「自己分離境界線」こそが、自分と自分自身を分断して、牢獄星に収監している、牢獄世界の塀と壁になっているからです。

自分と自分自身を分断する**「自己分離境界線」**こそが**「諸悪の元凶」**になっています。

ですから、自分が自分自身でロックダウン（施錠）した、恩讐の塀であり壁のカギを、自分の愛と自分自身の喜びによって、ロックアップ（解錠）するしかないのです。

個々に於けるコズミック・ゲートは、自分と自分自身を分断している「自己分離境界線」という、自らが**「自己投獄」**した壁と塀に存在しています。

自己投獄した牢獄の壁と塀は、自分の慈悲によって、自分自身の慈愛を創造するために、感情の通路を拓いて、自らの個性芸術によって、宇宙意識場に行くためのコズミック・ゲートを開くしかありません。

私たちは、肉体の経験や慣習に従って、霊界がどこか別のところにあると思い込んでいますが、決してそうではありません。霊界は自分自身の魂である霊体の中に存在しています。

「私と私自身」は、「私」という人格が**「心」**であり、「私自身」という霊格が**「魂」**と理解するとわかりやすいと思います。

私という人格である**「個性」**が、私自身という霊格である**「芸術」**を、いかに宇宙意識場へと創造していくのかが、まさしく私自身の魂が宇宙意識場に行くための準備となり、個性芸術そのものを創造していくことになるからです。霊界は自分の心である**「性格」**が、自分自身の魂である**「性質」**に創り出した霊質世界であり、決して誰かが作り出した霊的世界に行くわけではありません。ですから、すべてに於いて**「自己責任」**なのです。

当然、群れの法則に従って、自分の悪い心癖が自分自身の悪い魂癖を作って、悪い人だけがいる霊界に行き、善い心癖の人は善い魂癖を作って、善い人だけがいる霊界に行き、傲慢な人は傲慢な魂を作って、傲慢な人だけがいる霊界に行き、欲深い人は欲深い魂を作って、欲深い人たちが奪い合う阿鼻叫喚の霊界に行きます。

「金持ちが天国に入るには、ラクダが針の穴を通るよりも難しい。貧しき者は幸いかな、天国は彼らのうちにあるだろう」と言われる所以です。それぞれの霊性の次元が、それぞれの霊層次元

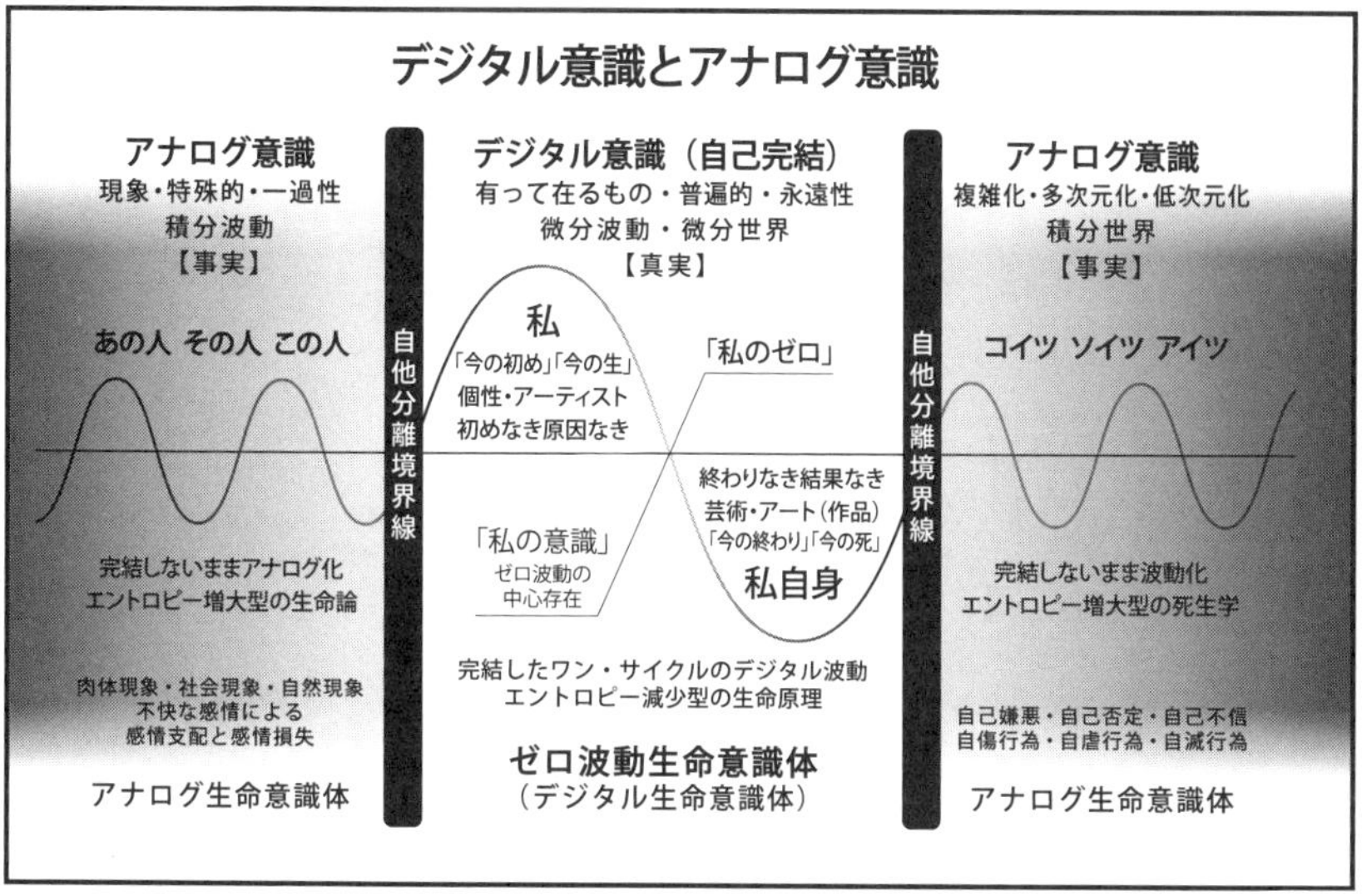

を、自らが決定していくことになります。

自分の地球癖、人間癖、肉体癖の心が、自分自身の地球癖、人間癖、肉体癖の魂を作って、それぞれの霊性次元に従って、それぞれの地球霊界に行くことになります。

ここで自分である心と、自分自身である魂との関係を詳しく整理しておきましょう。よく先祖などが霊界からお迎えに来ると言いますが、他人がお迎えに来ることはありません。実は、お迎えに来る存在は、現世の自分の心が霊界にいくために準備した魂である自分自身です。

人格である心が現世で肉体を運行して、霊格である魂が来世の霊界で霊体を運行します。心が現世で霊界に行くために準備した魂が、現世の終焉の時に心をお迎えにきます。

すなわち、現世の終焉である死と共に、現世の心である自分を、霊界の魂である自分自身がお迎えに来るのです。

ただし、自分自身の魂がお迎えに来ると言っても、お迎えに来るのは**「魂の記憶」**の中にある、最も霊的に**「情動」**が近い人が出迎えてくれることになります。

ですから、善くも悪くも、自分自身の魂の記憶に最も強く影響を与えた記憶が、魂と心の相対性原力の法則に従って関わってくることになります。

ですから、魂の記憶にある他人の霊人がお迎えに来るわけではなく、あくまでも魂の記憶そのものがお迎えに来るのです。故に、だれかの霊的な「情動」に従っているわけではありません。初めと終わりは、原因と結果に於いて、**「自分の心」**と**「自分自身の魂」**のみに一致しているからです。

どこまで行っても**「自由法則」**を保障するために、**「自己責任原則」**と**「不可侵不介入の原則」**が永遠に**「担保」**されているからです。

故に、まずは自分の心が自分自身の魂に創造した魂癖に従って、地球霊界に行くことになります。その後、地球霊界で霊性次元に従って、行くべき霊層次元が決まっていきます。

地球霊界から地球物質界に贖罪降臨してくる時も、まずは自分自身の魂が母親の受精卵を選択して、その後、自分の子宮生活が始まることになります。

このメカニズムとシステムは、宇宙意識場に於いても同じです。このことは、後で（422ページ～）詳しく解説しています。

ですから、自分の宇宙に対する心の意識が、自分自身の宇宙に対する魂の意識場を創り出して、行くべき宇宙意識場の次元と環境を創り出していきます。

事実、僕の意識は、地球にも人間にも肉体にも、必要以上の興味や関心は持たないように心掛けています。まして、過分な現世利益に対する**「自己欲求」**は、極力持ち込まないように自助努力しています。

そのような意識の姿勢としては、「宇宙馬鹿」と言ったらそうなのかもしれません。「私の意識」が地球意識場のみに興味と関心を持っていたら、とても宇宙意識場には行くことができません。

◆被害者意識による不快な感情を悔いて改める

ですから、僕は一生涯にわたって、常に自己反省と悔い改めを信念として、自分自身に地球次元で謝り続けることを決意しました。

地球次元の上位に宇宙次元がありますから、今は、これが僕の最優先の人生の目的であり、ライフワークそのものになっています。

世界のすべての人が、加害者の立場に立ち返って、「私が悪かったです。私が間違っていました。申し訳ありません。もとをただせば、私が悪かったのです。あなたは少しも悪くありません。ごめんなさい」という意識で生きたとします。

世界中の人が、「自己反省と悔い改め」の意識で、一人ひとりが向き合って、お互いが謙虚に謙遜に思い合っていけば、争うことも奪い合うことも、完全に世界中から消滅していきます。

しかし、加害者として収監されたはずの人間波動生命意識体が、何時しか、すべての人が、肉性波動生命意識体に内在する**「本能的原存意識」**である、食欲や性欲に支配されていきます。

やがて、**「本能的残存意識」**に基づく、財物欲や地位欲や名誉欲などの**「自己満足の欲」**によって、被害者意識へと陥っていきます。

その結果、怒りや恩讐による不快な感情によって、無条件で劣悪かつ醜悪な心や霊体へと飼い慣らされていきます。

そのことによって**「感情損失」**（不快な感情に支配されること）に陥っていき、「自己正当性による自己保身と責任転嫁」という「悪い心癖」を、人格形成史の中で無意識に創造していくようになります。

この感情損失によって、自分が居場所を狭くしていき、最終的には、自分が自分自身の居場所を、なくしていく結果を招いていくことになります。

私たちが、「ありのままを無条件で全面的に受容する」ことができる、唯一の方法は、常に**「加害者としての意識」**に、意識を方向付けるように自助努力することです。

何故ならば、被害者の意識になれば、必然的に自己正当性による怒りや怨みなどによって、不快な感情に陥ることは必至だからです。

常に意識することは、私の被害者意識による「心の卑しさや心の貧しさ」が、自傷行為に方向付けていることを自覚して、自らが悔いて改めていくことが、重要な生き方となるからです。

この生き方は、理想論でもなく荒唐無稽な「おとぎ話」でもありません。

自分の不快な感情で自分自身の精神や心や魂を傷つけない、最良の方法であり、霊界生活をするための、最善の準備になるからです。

しかし、不快な感情を**「感情統治」**する能力は、一人ひとりの霊性次元に従って、あまりにも違っていますので、その人の自由意志に委ねるしかありません。

自らが加害者の意識で生きることが、謙虚と謙遜でいられて、最も平安と平穏に生きることができる、最善かつ最良の方法だからです。

◆自己嫌悪を自己慈愛に、自己否定を自己肯定に、自己不信を自己確信に方向付ける

では、ここで宇宙波動生命意識体になって、永遠かつ無限の宇宙意識場の住人になるための、「最低限の条件」について、もう一度、詳しく言及したいと思います。

基本的には、自分が行くべき宇宙意識場は、自分自身の霊性次元に基づく**「自己決定と自己責任」**に委ねられていますが、宇宙意識場に於いて、魂の記憶にない違う次元の宇宙波動生命意識体とゼロ波動生命意識体として関わっていくためには、それなりの手続きが必要になります。

自分と自分自身との間に開くコズミック・ゲートを**「内的ゲート」**といい、他との間に開くコ

ズミック・ゲートを**「外的ゲート」**といいます。

ですから、「内的ゲート」を通過せずして、「外的ゲート」を通過することはできません。

私たち日本人がアメリカの住人になるためには、アメリカの永住権などを含めて、それなりの出国と入国のための手続きが必要かつ不可欠となります。

まずは、日本政府の出国審査であるパスポートと、アメリカ大使館が発行する入国許可証である「ビザ」(今は要りません)を取得して、承認されてから出国手続きである、イミグレーション(出入国管理)を経て、出国ゲートを通過しなくてはいけません。

次は、アメリカに入国する際には、パスポートを提示して、アメリカの入国審査の承認がなされてから、入国手続きであるイミグレーションを通過しなくてはいけません。

地球意識場という牢獄世界の住人から解放されて、宇宙意識場という自由世界の住人になるためには、それと同じような手続きが、必要かつ不可欠な条件となります。

では、具体的に必要かつ不可欠な条件とは、一体、何なのでしょうか。

地球意識場という牢獄世界から解放される出国審査は、地球意識場での**「地球次元」**に於いて、「被害者意識による怒りや怨み、自己正当性による自己保身と責任転嫁など」自分自身の恩讐である不快な感情に対する、自己反省と悔い改めを心掛けてきたかです。

そして、常に加害者であるという意識に立ち返って、自分自身の贖罪が「自己完結」しているかということです。

個人の次元から世界の次元に、意識が拡大していかなければ、その先に存在する宇宙意識場に意識が到達することはありません。

高みの向上心によって、個人よりも夫婦、夫婦よりも家族、家族よりも氏族、氏族よりも民族、民族よりも国家、国家よりも世界といった具合に、「愛の質的次元」を上げて懺悔していくことによって、「自由の量的次元」である意識が、世界次元に広がっていきます。

ですから、地球意識場に住まわる人間波動生命意識体を卒業して、宇宙波動生命意識体に進化して、牢獄世界から**「永久出所」**するためには、どうしても世界の次元の先に、宇宙意識場が存在していますので**「世界次元の愛と悔い改め」**が、必要かつ不可欠な条件となります。

何度も言及しますが、**「愛の質的次元」**を上げて**「自由の量的次元」**を広げていく方法は、一人ひとりが個性芸術を開花していくことです。

個性芸術を開花させていくためには、ゼロ波動の中心存在である、**「私の意識」**が、宇宙意識場に於いて、唯一無二の存在であり、唯一無二の掛け替えのない尊い存在であり、唯一無二の最も価値ある存在であって、なおかつ永遠であり無限の存在であることを、深く理解し認識していくことです。

人間癖の最たることは、他者評価を意識する悪い心癖によって、自己評価を著しく引き下げていくことです。

人間は少なくとも、人間が人間を差別化するために作り出した、優劣の関係や上下の関係に於いて、自分に対する嫌悪感や否定感や不信感などが意識の中に内在しています。

その最たる理由は、人間は、人間が人間を差別化するために作り出した、学歴の優劣や地位や名誉や財産などの価値観に、無意識に飼い慣らされているからです。

自分にとって、どうでもよい他人の評価に支配されて、自分の本当の価値を自分自身が見失って、まったく、その価値を理解もしていませんし、認めてもいません。

ですから、何事に対しても自信がない、自分には無理だから、などといって自己評価を自分自身で引きさげて、極めて**「メンタルの弱い」**人間になってしまいます。

我々は、一人ひとりが唯一無二のオンリーワンの存在であり、唯一無二の掛け替えのない尊い存在であり、唯一無二の最も価値ある存在であることを、徹頭徹尾、自覚して**「自信と勇気と信念」**を持って生きるべきです。

自分の不快な感情による自己嫌悪や自己否定や自己不信などの自傷行為は、自分自身が個性芸術そのものを破壊していく行為です。

本来、私と私自身が向き合って仲良くしていかなければいけませんが、自分と自分自身が外に向かって感情移出や感情移入ばかりするので、必然的に仲が悪くなっていき、自分と自分自身との距離感と分離感を作って、お互いが摩擦と葛藤を心霊的に作り出して、己自身を見失ってしまう人生を生きていきます。

宇宙意識場に近づいていくためには、自己嫌悪を自己慈愛に、自己否定を自己肯定に、自己不信を自己確信に方向付けて、少しでも**「個性芸術」**を、開花できるように自助努力していくことです。

◆人のために生きることが愛ではない

人間は、人のために生きることが**「愛」**だと、大きな勘違いをしています。**「人の為」**と書いて**「偽り」**と読みます。

他人のことや他人の評価は、どうでもよいことです。自分自身が光り輝いてさえいれば、それでよいのです。

自分が嬉しくもないのに、他人を喜ばすことはできません。自分自身が楽しくもないのに、他人を楽しませることはできません。それを**「偽善」**といいます。

真実の愛は、自分が自分自身の個性芸術を開花していくことです。自分のことを、唯一無二の掛け替えのない尊い存在として、最も価値ある存在として、自分自身が愛してもいないのに、真実に基づいて、他人を愛することは絶対にできません。

個性芸術を開花する条件が、地球意識場である牢獄世界から解放されて、宇宙意識場である自由世界に行くための**「宇宙意識場のビザ」**になります。

何故ならば、地球意識場に恩讐という罪科が、自分自身に存在する人は、「宇宙意識場のビザ」がおりないからです。

そのために必要な「自己完結の贖罪」の**「ロゴス」**は、ゼロ波動の中心存在である「私の意識」が、**「我がゼロ波動生命意識体さま、地球波動生命意識体ならびに、私の被害者意識による自傷行為の恩讐を、どうかお赦しください。ごめんなさい」**といって、**「特殊な呼吸法」**による**「密法」**によって**「贖罪完結」**することです。

自らのゼロ波動生命意識体の愛が、すべての地球波動生命意識体を統合しながら感情統治して、真摯に自分自身に向き合って、謙虚に地球次元で懺悔していくことを、**「私の真実」**として**「自己完結」**していくことです。

自分が自分自身に謝ることは、決して荒唐無稽な理想論ではなく、自己満足と自己陶酔でもありません。

人生の目的である**「贖罪」**を、「自己完結」するために、極めて実践的であり現実的なことだからです。

牢獄の惑星から無罪放免になる方法は、自分が加害者であり自分自身が被害者である以上、自分が自分自身に贖罪することとしか自己完結する方法がないからです。

宇宙意識場は永遠かつ無限に方向付けている自由な方向性というベクトルですから、自己贖罪しようとする**「意思力」**があるだけで、すでに自己完結している存在になります。

何故ならば、宇宙意識場は、永遠へと方向付けた**「自由な方向性」**である**「ベクトル」**ですから、永遠に**「完結なき完結」**のメカニズムになっているからです。

「意識」は量のない**「ゼロ・ベクトル」**または**「フリー・ベクトル」**ですから、完全に自由な存在です。

ゼロ波動の中心存在こそが、「私の意識」という**「自由な方向性」**を持った、普遍的なベクトルですから、永遠に完結なき完結の**「ゼロ・ベクトル」**そのものといえます。

すなわち、未来が永遠にわからないが故に、**「今の自由が保障」**されていますので、宇宙のベクトルに従って、自己贖罪に意識を方向付けて、上書き保存しながら謙虚に謙遜に、**「今を完結して生きる」**ことが、最も重要な生き方になるからです。

完結しない他人に謝ることは容易にできても、自分が真摯に自分自身に向き合って、「邪悪な心」に対して謙虚に自己反省や悔い改めをすることは、愛の質的次元が高くなければ容易にできないことだからです。

◆宇宙意識場に行くための自己贖罪を自己完結する方法

被害者意識の強い**「傲慢な人」**には、自己保身によって、誰かに責任転嫁はできても、このような**「自己贖罪」**は絶対にできないことです。

「自己贖罪」は、この世に於ける自分にとっての**「事実の保障」**であり、ひいては、あの世に於ける自分自身の**「真実の保証」**でもあるからです。

他人が何と言おうとも、他人の評価や批判は、その人の自己責任に任せるべきであり、自己完結の贖罪にとっては、他人の評価や批判は、どうでもよいことです。何故ならば、誰も責任を負ってくれないからです。

ゼロ波動の中心存在である「私の意識」が、私以外の他のものに離れた瞬間に、意識がアナログ化して複雑化し低次元化しますので、永久に自己完結しなくなるからです。

何故ならば、ゼロ波動の中心存在である「私の意識」のみが、唯一、自分にとって加害者の意識になり得て、自分自身にとって被害者の意識にもなり得るからです。

すなわち、相反する「邪悪な心」と「慈愛の心」が、自分に内在しているように、「邪心」と「本心」も自分自身に内在しています。

私にとって、ゼロ波動の中心存在は、善くも悪くも唯一、「私の意識」だからです。

自分の問題性や課題性を、自分自身が解決できなければ、自己完結したとは言えません。

唯一、一人ひとりが宇宙意識場に行くために、自己贖罪を自己完結していく方法は、自分が自分自身の**「邪悪な心」**に対して、**「贖罪」**すること以外に、技術も方法もないからです。

◆いかに病気を治すのか

ここでちょっと、相対性原力と相対変換の法則に基づいて、**「いかに病気を治すのか」**についてご紹介いたします。

ゼロ波動の中心存在である「私の意識」を中心に、相反する「病気の私の意識」と「健康な私の意識」が必然的に**「私のゼロ」**を中心に対峙して、相対性原力を創り出すようになっていきます。

病気が重ければ重いほど、より強く健康を意識しないと、相反する意識が相対化しないので、相対性原力を創り出すことができません。

原因と結果は私のみに一致していますから、病気を作った原因者は私であり、病気になった結果者も私自身です。

ですから、病気の私の意識が、健康な私の意識に向かって、絶えず意識を健康な状態にイメージしていくことによって、相反する「病気の意識」と「健康な意識」が、相対性原力によって打ち消し合いながら、共に相対変換のゼロに向かって動き出します。

何故ならば、「今の初め」を破壊できるのは、唯一、相反する「今の終わり」だけであり、「今の生」を破壊できるのは、唯一、相反する「今の死」だけです。

ネガティブな感情を破壊できるのは、唯一、相反するポジティブな感情だけです。それと同じように、今の「病気の意識」を破壊できるのは、唯一、今の「健康な意識」だけだからです。すなわち、**「病気の氣」**を破壊できるのは、**「元気の氣」**のみです。

ゼロ波動の中心存在である「私の意識」の**ゼロ**に於いて、私の「病気の意識」と私の「健康な意識」が、やがて病気の終焉である「マクロのゼロ」で出会って、完全に打ち消し合う瞬間を迎えていくことになります。

まさに、その時が、病気の状態から健康な状態に、相対変換して入れ替わる時を、必然的に迎えることになります。

そのことによって、病気から健康な状態へと「自己完結」していくことになります。

すなわち、私の意識によって**「病気の意識」**を先行して破壊しないかぎり、新たな**「健康の意識」**を追従して創造することができません。

基本的には、健康も病気も、善いも悪いも、すべて意識に追従して付いてきます。

私たちは病気の意識だけに囚われてしまいますから、なかなか難病を克服することができません。

病気の意識は、ネガティブな意識と同じ波動（同質）ですから、斥力（反発力）を派生しますので、お互いの意識がどんどんとゼロから遠のいていって、病気の状態から健康な状態に相対変換することができなくなります。

ですから、自分が自分自身の健康や理想を、絶対に**「不信」**しないことです。そうすれば、必ず真逆に相対変換する「ゼロ」のＴＰＯが、必然的に訪れることになります。

理想を自己実現していくために、最も大切なことは、望んでいる「真実を確信」して、小さな「事実を確認」しながら、理想が自己完結する意識を持ち続けて、真実が事実に現象化するＴＰＯである「マクロのゼロ」に向かって自助努力していくことです。

ただし、自己不信がある人やメンタルの弱い人には、根本的に不可能なことです。

自分の初めと終わりは、自分自身の原因と結果の意識のみに一致するからです。

何度も言及しますが、**「ゼロ」**とは、相反するものが打ち消し合って、相対変換の法則により、真逆 paradox に入れ替わりながら、進化または発展していく瞬間、瞬間をいいます。

これを可能にする**「私のゼロ」**の中心に存在する**「原力」**こそが、どちらにも「自由かつ平等」に属することができる**「私の意識」**そのものなのです。

具体的な方法ややり方については、極めて情動的で普遍的な確信と信念が必要ですから、ここでは割愛いたします。

自分の理想を自己実現するやり方や方法は、まったく同じ手法で、簡単に自己完結することができます。詳しくはセミナーなどで紹介していますので、ここでは割愛いたします。

◆コズミック・ゲートを通過するには

話が少しずれましたが、どうしてこのような贖罪のロゴス（言霊）で**「真実の自己完結」**ができるのでしょうか。

その理由と根拠は、**「ゼロ波動生命意識体」**は、全宇宙に適応して通用する**「共通分母」**であり、**「生命分母」**であるデジタル波動生命意識体だからです。

例えば、鉱物も植物も動物も今に生き今を死んでいます。地球人も地球霊人も宇宙人も宇宙霊人も今に生き今を死んでいます。私も今に生き今を死んでいます。まったく同じです。という

「生命の共有感」と**「生命の平等観」**を持てるのは、唯一、生命分母である「ゼロ波動生命意識体」だけだからです。

すなわち、宇宙に存在するすべてのアナログ波動生命意識体は、**「個性分子」**であり、**「生命分子」**として存在しているからです。

次元統合の原則に基づいて、永遠にすべてを上位に方向付けて、統合し統治できる唯一無二の存在は、ゼロ波動生命意識体だからです。

故に、次元統合の原則に従って、ゼロ波動生命意識体の中心存在である「私の意識」が、生命分母となって、地球波動生命意識体のすべての「個性分子」を同次元に統合して、同じ地球波動生命意識体の「生命分子」として、同時に統治することが可能だからです。

何故ならば、分母が共通であるが故に、分子は足すことも、引くことも可能だからです。

当然、ゼロ波動の中心存在である「私の意識」に勝る「真実」は、私以外の何処にも存在しないので、自己完結が可能になるのです。

そのためには「私の意識」が、宇宙意識場に於ける共通分母の存在を、霊的知性で深く理解して、霊的理性で確固たる認識に至って、信念と確信を得ていることが重要なことです。

しかし、「私の意識」が知的知性、知的理性のみで**「霊的無知」**に陥って、すべてに対して**「無情緒」**になっているのが現実です。

これこそ、まさに「無知は死の影であり、何の情緒も生み起こさず、生きているとは名ばかりで、実は死んでいるのと同じである」という所以です。

次に、地球意識場という牢獄世界から、宇宙意識場という自由世界のコズミック・ゲート（宇宙意識場の門）を通過するためには、宇宙意識場の **「先住の宇宙波動生命意識体」** と「言葉」ではなく **「意識の問答」** による承認が、絶対に必要かつ不可欠な条件となります。

これがコズミック・ゲートのイミグレーションを通過する際に、ゼロ波動の中心存在である「私の意識」が、入国審査を通過するために、最も必要かつ不可欠な **「意識のパスポート」** になります。

ゼロ波動の中心存在である **「私の意識」** が、コズミック・ゲートを通過することによって、完結したデジタルの「今の初めも今の終わりも」「今の生も今の死も」「今の私も今の私自身も」、すべての霊性意識にあるものが「私の意識」に **「付随」** して、共にゲートを通過することが可能だからです。

◆宇宙意識場のビザを取得するために

では、「意識のパスポート」とは、どのようなパスポートなのでしょうか。

それは、「ゼロの法則に基づく生命原理」によって、「我がゼロ波動生命意識体は永遠かつ無限の存在である」という、 **「熟知たる智慧」** と **「普遍的な確信」** に基づいて、確固たる信念を持っているかです。嘘を隠す肉体がないのですぐに見破られてしまいます。

したがって、「ゼロの法則に基づく生命原理」に対する**「智慧と確信」**が、永遠かつ無限の宇宙意識場に入っていく、最も重要な「意識のパスポート」になります。

智慧とは、霊質世界に於ける、霊的知性と霊的理性に基づく、霊的能力（愛）の指標であり、すなわち、**「EQ」**そのもののことです。

知識とは、物質世界に於ける、知的知性と知的理性に基づく、知的能力（欲）の指標であり、すなわち、**「IQ」**そのもののことです。

次に、先住の宇宙波動生命意識体との言霊の問答ですが、**「我が生命は永遠かつ無限の存在である。故に、我が生命が住まわる場所も、永遠かつ無限の自由世界である、宇宙意識場に他ならない」**と自らの「永遠の生命の権利」を主張して、毅然とした信念に従って答えます。

先住の宇宙波動生命意識体に目的を問われたら、**「永遠に個性芸術によって、自由と愛と喜びを謳歌するためである」**と答えます。

すなわち、コズミック・ゲートのイミグレーションに必要不可欠な条件として、ゼロ波動の中心存在である「私の意識」が、**「宇宙意識場のビザ」**を取得するために、すべての地球波動生命意識体を包括して**「地球次元の贖罪」**を自己完結しなくては、地球意識場である牢獄世界を**「永久出所」**することができません。

すなわち、地球意識場に不快な感情による、犯罪歴や贖罪のやり残しがあると、**「宇宙意識場のビザ」**がおりなくなっています。

ゼロ波動の中心存在である「私の意識」が、**「宇宙パスポート」**を取得するためには、「ゼロ波動の生命原理と生命連鎖の法則」に基づいて、「我が生命は永遠かつ無限の存在である」という**「深甚なる理解」**と**「普遍的な確信」**が、最も重要な「信念のパスポート」になります。

宇宙波動生命意識体の仲間入りをしたければ、ゼロ波動生命意識体に基づく、**「生命の共有感」**と**「生命の平等観」**を、最低限、すべてのモノに対して、持つことができる愛の質的次元にアセンション（霊性進化）することが必須です。

人間波動生命意識体の目線で**「生命」**そのものを捉えていては、とても宇宙波動生命意識体に進化することはできません。

ですから、「私の意識」が、地球意識場を破壊しておかなければ、永遠に次の次元の宇宙意識場に行くことはできません。

すなわち、地球霊界に行く前に、地球意識場である地球物質界も地球霊界も、「私の意識」で破壊しておかないと、結局、地球霊界に行く破目となり、何度も輪廻を繰り返すことになります。故に、破壊なき新たな創造はあり得ません。

地球意識場に於ける、地球癖や人間癖が「私の意識」に一切、存在していなければ、私自身の行く場所がありませんから、次元統合の原則に従って、必然的に地球意識場よりも高い次元の宇宙意識場に行くことになります。

「私の意識」にないものは存在しません。しかし、「私の意識」にあるものは、すべて意識に付随して存在しています。

ここで、**「輪廻の法則」**に於けるもう一つの重要なメカニズムについて言及しておきましょう。

「輪廻の法則」は、地球意識場に於いて、地球霊界と地球物質界の範疇のみで輪廻が行われていると思いがちですが、決してそうではありません。

地球意識場は、あくまでも宇宙意識場の範疇に於いて統合・統治されている、ほんの一部の存在に過ぎません。

ですから、地球物質界よりも自由な地球霊界は、あくまでも地球次元の霊性次元に基づく、霊層次元のレベルの霊界であることを意味し、示唆しています。

宇宙意識場には、姿かたちは違っても、地球次元のレベルで存在している霊性波動生命意識体が、太陽系を超えて銀河系や島宇宙には、そのような惑星が無数に存在しています。

すなわち**「霊界」**は、物質的な惑星を超越して、それぞれの惑星から同じ霊性次元の霊性波動生命意識体が、枠組みを超えて霊層次元に基づいて、**「群れの法則」**に従って結集しています。

これは人間波動生命意識体だけに限ったことではなく、「相対場の法則」に基づいて、あらゆる波動生命意識体に共通して言えることです。

故に、地球物質界だけではなく、他の惑星からも、同じ霊性次元の霊性波動生命意識体が混在して、同じ次元の霊界で存在しています。

ですから地球霊界と言っても、地球物質界と同じような思考の延長で霊界を考えないことです。

霊界は、同じ霊質次元であれば、物質次元の枠組みを超越して、相対性原力に基づく**「集合意識の力」**によって結集するようになっています。

あくまでも地球物質界の延長で、同じように霊界を考えないことです。物質世界と霊質世界は、枠組みを超えて**「真逆（paradox）」**であることを理解しておくことです。

この事実を、わかりやすく弁証法で解説しましょう。

もし、地球霊界と地球物質界だけで輪廻が繰り返されているとしたら、どのような現象になるのでしょうか。

死んで生まれ変わって、死んで生まれ変わって、死んで生まれ変わってを何度も何度も繰り返し続けているとしたら、霊体と肉体の**「絶対値」**（最終的な数値）は一定でなくてはなりません。

要するに、人口は増えもしないし減りもしないで、一定であり続けることになります。

しかし、地球物質界では、ものすごい勢いで人間波動生命意識体が増えています。

このことが何を意味し示唆しているのかと言うと、地球次元の霊界に霊性波動生命意識体が、「相対場の法則」に基づいて、「群れの法則」に従って、さまざまな惑星から霊性進化のために結集してきていることを示唆しています。

まさしく、我々は霊性進化のＴＰＯを迎えている証拠でもあり証明にもなります。

いかに地球意識場を「私の意識」で破壊して、宇宙意識場を創造するのかという方法などについては、霊的情動が中心に多く含まれ、極めて実践的ですので、文言や活字では説明し尽くせません。

ですから、別途、ワークショップやセミナーなどで、実践法などを具体的に詳しく紹介していますので、ここでは割愛します。

霊的無知からは、何も生み興すことができません。霊的無知はまさに死の影です。

以上が、コズミック・ゲートを通過するために必要かつ不可欠な条件となります。

特殊相対性理論と普遍相対性理論の違い

◆陰の中にも陰と陽が存在し、陽の中にも陰と陽が存在する

「ゼロの法則」は、ゼロを基点に相反するものが対極に存在し、お互いがゼロ・バランスに向かって、エントロピーを減少させながら永遠に進化し続けています。

陰と陽の相対的な関係は、陰の中にも陰と陽が存在し、陽の中にも陰と陽が存在し、その上位の次元に於ける、陰と陽の陰の中にも陰と陽が存在し、陽の中にも陰と陽が存在し、その上位の次元にも陰と陽は存在し、それぞれがゼロに向かって相対変換を繰り返しながら、永遠にゼロ・バランスに向かって上位の次元に、進化できるように方向付けられています。

陰の存在は、揺らぎの偏差によって、陽よりも陰がわずかに上回っているので、全体的には陰

が代表して現象化しています。

陽の存在は、揺らぎの偏差によって、陰よりも陽がわずかに上回っているので、全体的には陽が代表して現象化しています。

男性の中にも女性の性稟《せいひん》が内在し、女性の中にも男性の性稟が内在しています。

一般的な人の「わずかな揺らぎの性の偏差」と、それを超えた「大きな揺らぎの性の偏差」では、霊体と肉体の相対的なバランスがあまりにも大きく違います。

ですから、霊体と肉体との整合性や、性稟（霊性）と個性（趣向性）の整合性も、大きな揺らぎとなって現象化します。

このことにつきましては、『ゼロの革命』で詳しく紹介しています。

◆物質世界の「特殊相対性理論」と霊質世界を相対的に基礎づけた「普遍相対性理論」

では、我々にとって極めて根本的な生命原理に基づいて、**「特殊相対性理論」**と**「普遍相対性理論」**の違いを、検証し解説して証明してみましょう。

ゼロ波動の生命原理に基づいて、「今の生」が有形の他人である肉体を酸素が破壊しながら、現世の終焉である「マクロのゼロ」に近づいていき、対極（paradox）に存在する、「今の死」が無形の自分である霊体を、善くも悪くも霊素が創造しながら、現世の終焉である「マクロのゼロ」に近づいていきます。

「ゼロの法則」に基づく生命原理は、「私のゼロ」を基点に相反して存在する、「今の生」に対して「今の死」、「有形」に対して「無形」、「他人」に対して「自分」、「肉体」に対して「霊体」、「酸素」に対して「霊素」、「破壊」に対して「創造」という、パラドックスのメカニズムとシステムが、お互いに向き合って存在しています。

ゼロの揺らぎ理論に従って、ゼロになろうとしても、ゼロになれないまま、永遠にゼロ・バランスに方向付けて、お互いが揺らぎ続けながら**「進化」**していきます。

この「ゼロの法則」に基づく生命原理を、「人類の歴史観」に置き換えると、その時、その時の時代に於いて、「今の生」が、有形の物質文明を破壊しながら、歴史の節目である「マクロのゼロ」に近づいていき、「今の死」が、無形の精神文化を創造しながら、歴史の節目である「マクロのゼロ」に近づいていき、物質文明と精神文化を進化に方向付けながら、生命進化の歴史をパラレルに並走しながら歩んできました。

霊質世界を無視して、物質文明に限定したアインシュタイン理論やその他の一般科学や自然科学は、アナログ意識の人間が作った数字と時間軸のカテゴリーとロジックを頼りに、すべての理論体系の枠組みを基礎付けようと試みます。

ですから、無機質波動生命意識体から有機質波動生命意識体に進化していく過程や、進化そのものの過程を、科学的な論理だけでは、説明し尽くすことには限界があります。

故に、数字や時間軸が適用しない霊質世界を想定しないで、**「物質世界」**のみに限定されたアインシュタイン理論を、**「特殊相対性理論」**と言います。

ゼロを中心に有形なる物質世界の対極に、相反する無形なる**「霊質世界」**を、相対的に基礎付けて、永遠に普遍化した理論を、**「普遍相対性理論」**と言います。

すなわち、ゼロを基点として、すべての相反するものが、永遠にゼロ・バランスに方向付けられて存在している普遍的な法則です。

全宇宙の物質世界から霊質世界を含めて、「今の初め」と「今の終わり」の**「相対変換の法則」**や、「今の生」と「今の死」の**「生命連鎖の法則」**など、すべてのものを、ゼロを中心に相反するものが、有って在るものとして持続可能にする**「普遍的な相対性理論」**です。

物体も肉体も霊体も根本的な生命体も、存在するすべてのものは、完結したゼロ波動の中心存在である、それぞれの**「意識」**から、デジタルに創り出されました。

しかし、それぞれの存在が、完結しないままアナログ化して、多次元化することで複雑化し、低次元化しながら物質化していくことによって、エントロピーが増大化した存在になっていきます。

全宇宙のすべてのものを、有って在るものとして存在せしめる原因的な力を、**「ゼロ波動相対性万有原力」**といいます。

ゼロ波動相対性万有原力とは、「ゼロを基点として、相反するモノが相対的に創り出される波動によって、存在するすべてのものを有って在るものとする、原因的な力の源泉」をいいます。

◆アインシュタイン理論と真逆の「ゼロ波動相対性万有原力の法則」

この**「ゼロ波動相対性万有原力の法則」**は、アインシュタイン理論が提唱する、物理的な現象に於ける特殊相対性理論とは、まったく相容れない真逆の理論です。

何度も言及しますが、私たちは肉体が動いている現象を**「生」**と理解し認識して、肉体が動かなくなった現象を**「死」**と理解し認識しています。

「今の生」と「今の死」は、今の今に「有って在るもの」として存在しています。

ですから、有って在るものは、普遍的なものであり、有って在るもの以外の何ものでもありませんから、肉体の生と死という**「特殊な現象」**とはまったく違います。

「現象」は**「特殊的」**なものであり、「有って在るもの」は**「普遍的」**なものですから、そもそも「現象」と「有って在るもの」は根本的に違うものです。

ゼロ波動の中心存在である「私の意識」から派生して、今のみに完結して存在しているものを「普遍的」といいます。

時間軸の中で完結しないまま現象化して存在しているものを「特殊的」といいます。

地球星人は、「霊性の意識」が、特殊的な**「物理的現象」**の世界のみに、完全に飼い慣らされていますから、普遍的に**「有って在るもの」**が、まったく理解することも、認識することもできません。

何度も言及しますが、「ゼロの法則」に基づく、エントロピー減少型の生命原理は、人文科学や人文哲学のような学問が論じているエントロピー増大型の**「死生学」**とは、まったく異なっています。

物質世界に於いて、知的知性と知的理性を頼りに生きていますので、霊質世界に行くための霊的知性や霊的理性がまったく身に付きません。

霊的知性と霊的理性を**「微分的思考」**といい、**「心理的思考」**ともいいます。知的知性と知的理性を**「積分的思考」**といい、**「物理的思考」**ともいいます。人間は肉体の欲望に支配されて、物理的思考による積分的思考のみで生きています。

すなわち、私たちが地球物質界に於いて、完結しないまま時間軸の中で、物理的に経験している、**「アナログ変換の現象」**そのものを**「特殊的」**といいます。

真逆に、今のみに完結して**「デジタル変換していく、有って在るもの」**を**「普遍的」**といいます。

わかりやすく言いますと、今のみに完結してデジタル変換していく「ミクロのゼロ」を「普遍的」といい、時間軸の中で完結しないままアナログ変換していく「マクロのゼロ」を「特殊的」といいます。

特殊的とは、自然現象や科学現象や社会現象や肉体現象のような**「一過性」**の現象を**「特殊的」**といいます。

普遍的とは、「今の初め」と「今の終わり」や「今の生」と「今の死」のように、恒常的かつ恒久的に有って在るものとして、何ものにも影響されずに**「永遠」**にあり続けるものを**「普遍的」**といいます。

物質世界に於ける、自然科学の理論だけでは、数字と時間軸の範疇に呪縛され、光速限界の理論だけでは、矛盾が多く含まれすぎて、理論的な説明が尽くしきれません。

すべてを証明することが不可能な、アインシュタインが提唱した理論を、**「特殊相対性理論」**といいます。「ゼロの法則」に基づいて、物質世界と霊質世界を網羅して、すべてを**「科学的かつ哲学的」**に統合して、それぞれを相対化した普遍的な理論を、**「普遍相対性理論」**といいます。

実は、宇宙意識場に於ける、私にとっての「ゼロ波動相対性万有原力」の正体こそが、ゼロ波動の中心存在である**「私の意識」**そのものなのです。

何度も言及しますが、私にとって、ゼロ波動の中心に存在している唯一無二のものは、善くも悪くも、「私の意識」です。何故ならば、意識に存在する、すべてのものに「普遍的かつ恒常的」に存在しているのが、「私の意識」そのものだからです。

私たちの身の回りを見渡してみると、さまざまなものが、ありとあらゆる所に存在しています。

しかし、「私の意識」が有るところには、すべての存在がありますが、逆に、「私の意識」がないものには、有っても無い存在になっています。

すべての存在は、初めの意識と終わりの意識は、原因と結果に於いて、「私の意識」のみに一致しているからです。

「ゼロの法則」は、ゼロを基点に極小から極大まで、永遠かつ無限に方向付けられていて、あらゆる次元で展開しながら存在しています。

すなわち、**「私のゼロ」**を中心に、「今の初め」と「今の終わり」や「今の生」と「今の死」や「今の私」と「今の私自身」と同時に、「永遠の未来」と「永遠の過去」や「永遠の生」と「永遠の死」や「永遠の私」と「永遠の私自身」が、共時的に展開しながら存在していることになります。

このように、**「ミクロのワン・サイクル」**のゼロ波動と、**「マクロのワン・サイクル」**のゼロ波動が、**「私のゼロ」**を中心に普遍的に展開されていることになります。ですから、**「ミクロの私のゼロ」**は、**「マクロの私のゼロ」**に、いつでもどこでも入り込めるようになっています。

このことを完全に理解し納得できると、**「ゼロ波動無限意識場の世界」**を「私の意識」で創造することが簡単にできるようになります。ですから、まずは「ゼロ波動生命意識体」に一日も早く「私の意識」が到達することが最も重要なことです。

◆自分の進化の方向性と道程は「自分で探って自分自身で開拓」していくしか方法がない

先述しましたように、よく僕の言っていることは、理想論であり荒唐無稽な話だという人がいます。一体、理想とは何によって定義されるのでしょうか。

それは低い次元の意識のものが、高い次元の存在を、見たり聞いたりして、**「理解」**することや**「認識」**することができた時に、人はそれを理想といいます。

このことの根拠につきましては、『ゼロの革命』の中で、僕がこの理論に行き着いた霊的な体験や経験を交えて、どのような体験によって、宇宙に意識が方向付けられていったのかを詳しく紹介しています。

理想とは、鉱物の意識の次元で、植物の次元を思い図り、理解することができたら、それは、まさしく鉱物にとっては、理想の実体そのものです。

植物の意識の次元で、動物の次元を思い図り、理解することや認識することができたら、それも、まさしく植物にとっては、素晴らしい理想の存在となります。

動物の意識の次元で、人間の次元を思い図り、理解することや認識することができたら、まさしく動物にとっては、素晴らしい理想の存在となります。

鉱物や植物や動物が、人間のことを理解し認識して、把握しているかといいますと、とても、そのようには考えられないし、そのようには、まったく思えません。

その証拠に、それぞれが、それぞれの次元に於いて、それぞれの世界でしか存在していないからです。

高い次元のものからは、低い次元の存在を、理解し認識することも、把握することもできますが、低い次元のものが、高い次元の存在を、理解し認識して、把握することは、できないようになっています。

何故ならば、**「自由法則」**に基づいて、下位の次元のものが、上位の次元の存在を、わからないようになっているからです。進化の過程に於いて、「わからないが故に、自由法則が働くからです」。

すべてのものが自由意志に従って、進化の方向性を自己決定することによって、自己責任原則を担保しなければいけないように、生命進化のすべてのメカニズムとシステムが、方向付けられ仕組まれているからです。

「未知が故の自由」であって、わかっていることには、一切、自由法則が働かなくなるからです。例えば、進化の過程に於いて、未来の結果がわかっていたら、その時点で**「今の自由」**そのものが、失われていきます。**「未来がわからないが故に、今の自由が保障されている」**からです。

ですから、進化の過程に於いて、低次元のものが高次元のものを理解し認識して、把握することは、**「絶対に不可能」**なことになっています。

自由法則に従って、不可侵不介入の原則が存在していますので、自分の進化の方向性と道程は**「自分で探って自分自身で開拓」**していくしか方法がないからです。

もし、低次元の人間波動生命意識体が、高次元の宇宙波動生命意識体の存在を、理解することや認識することができて、すべてを把握することができたならば、誰でも即刻、人間をやめて宇宙波動生命意識体になりたいと思うのではないでしょうか。

◆知識は「欲」に特化し、智慧は「愛」に特化する

宇宙波動生命意識体の存在を理解し認識できたならば、宇宙波動生命意識体に進化したいという、信念と確信に至ることは、いとも簡単にできることです。その瞬間に今のような、怠惰《たいだ》な生き方は無条件でしなくなります。

ですから、アリやゴキブリは人間が存在していても、一切、意識には介入も介在もしていませんので、彼らにとっては人間が存在していても、存在していない存在になっています。

アリやゴキブリの意識は、アリやゴキブリ以上の生命体がいることを、理解もしていないし、認識もしていません。

何故かといいますと、アリはアリの**「知識」**で生き、ゴキブリはゴキブリの**「知識」**で生きているからです。それ以上でもなく、それ以下でもありません。

すなわち、彼らは彼らの次元の知識で生きているのであって、彼らには、それ以上の霊的知性や霊的理性である**「智慧」**がないからです。

もし、彼らに霊的な智慧があったならば、すでに上位の生命体に進化しています。彼らは、彼らの次元の**「知識の欲」**に従って生きているのです。

知識は**「欲」**に特化していき、智慧は**「愛」**に特化していきます。

ですから、**「愛」**は進化に方向付けて、**「欲」**は停滞と退化に方向付けます。

霊的知性と霊的理性である**「智慧」**が、霊性進化に方向付けて、自らの進化そのものを自己完

結していくことになるからです。

ですから、アリもゴキブリも人間も、それ以上の智慧がないので、現世の知識という欲に従って、それぞれが、生きるために生きて、やがて死んでいきます。

人類は永遠かつ無限の宇宙意識場に、人間以上の生命体はいない、と思っていること自体が、アリやゴキブリと同じように、あまりにも智慧のない**「無知」**と言わざるを得ません。まさに、霊的無知は死の影そのものです。

人間波動生命意識体の知識は、宇宙波動生命意識体の知識に比べたら、アリかノミの知識ほどもありません。

すなわち、宇宙波動生命意識体が存在していても、人間波動生命意識体の知識の次元では、その存在を理解することも、認識することも、まして把握することも、できないようになっているのと、まったく同じことがいえます。

理想実現の目標と目的とは、低い次元の存在が、高い次元の「法則や原則や理論」または「メカニズムやシステム」などを、霊的知性と霊的理性に基づいて、理解し認識して、把握することができて、初めて確固たる確信にまで至ることができます。

その時に、理想は理想ではなく、**「目標や目的」**という信念へと変わり、真実に向かって無条件で進化し始めます。

◆ゼロの揺らぎ理論の「熟知たる理解」と「普遍的な確信」は不可欠

低い次元の人間波動生命意識体が、高い次元の宇宙波動生命意識体に向かって、人生の目的が理想から現実に転換される、唯一の方法があるとしたならば、それは、**「ゼロの揺らぎ理論」**に基づいて、宇宙意識場に行くための**「熟知たる理解」**と**「普遍的な確信」**が、必要かつ不可欠なことになります。

「ゼロの法則」は、宇宙意識場に於いて、ありとあらゆる所で恒常的かつ恒久的に展開されながら存在しています。

何度も言及しますが、「ゼロの法則」は、頭の理解だけでは何の役にも立ちません。

宇宙意識場に行くための準備として、「私の意識」が、「ゼロの法則」を具体的に使いこなすことが、人生の目的を自己完結する実践的な方法であり、なおかつ有効的であり効果的な手段になるからです。

先ほども言及しましたが、ゼロ波動の中心存在である「私の意識」を中心にして、**「私の知的知性」**の**「理解」**に基づいて、多くの人たちに「パラレボ理論」を話したり、語り伝えたりすることによって、自然に、**「自分自身の霊的知性」**である霊性に特化されていき、自然に「ゼロの法則」を**「納得」**するようになっていきます。

すなわち、「熟知たる理解」に至るための効果的な実践は、私の頭脳が知的に理解した内容を、話せば話すほど、最も近くに存在する私自身の魂が、霊的に深くより深く納得していくようになるからです。

話すというアウトプットと、聞くというインプットが、私と私自身の中心に存在する意識と、初めと終わりが原因と結果に於いて、すべて一致しているからです。

「ゼロの法則」を理解しても、使いこなせなければ、絵に描いた餅であり、宝の持ち腐れになってしまいます。

パラレボ理論に基づく「ゼロの法則」は、決して理想論ではなく、極めて現実論に即した理論です。

地球意識場を正確に理解するためには、地球物質界と地球霊界の相対性を、普遍相対性理論に基づいて、正しく理解することです。

宇宙意識場を正確に理解するためには、宇宙物質界と宇宙霊界の相対性を、普遍相対性理論に基づいて、正しく理解することです。

宇宙工学のように宇宙物質界の研究や探査だけでは、宇宙意識場は理解できません。宇宙霊界を含めて、相対的に理解できないと、バランスを欠いた理論が展開されるだけです。

すなわち、宇宙がなぜ永遠かつ無限の存在なのかが、永遠に理解できないままになるからです。

◆「私の意識」が宇宙意識場を恒久的に目指せば「自己完結」した存在になる

理想を理想論のままにしていたら、それは単なる空想遊びか妄想になってしまいます。

理想が**「真実」**に特化されるように、**「霊性」**の**「向上心」**によって、より高い次元の存在へと霊性進化を試みてきたのが、進化の歴史そのものだと、僕は理解しております。

真実は、**「一人ひとりの霊性次元に基づく意識の実存」**として存在しているからです。霊性が低い次元の人は、低い次元の真実しか存在していません。低い次元の真実からは、高い次元の真実を理解することも、認識することも、把握することもできないようになっています。

僕が語っていることは、僕にとってはライフワークそのものであり、至極当然のことですので、決して理想論を語っているつもりは、まったくありませんし、当たり前のことを、当たり前に語っているだけですから、決して理想論とは思わないでください。

もし理想論と思うのであれば、それは自らの霊性次元が、まだ地球次元の価値観に自縄自縛されていることを自覚してください。

低い霊性次元の意識の人が、高い霊性次元の**「法則や原則や理論」**などを、理解し認識して、把握することは、現世利益に支配され、失うものが多い上級国民といわれる**「欲深い傲慢な人間」**が、上位の次元に存在する宇宙波動生命意識体の存在を、確認することよりも、難問かつ難解なことかもしれません。

高い霊性次元の「法則や原則や理論」は、**「知性」**による知的知性や知的理性では理解することも、認識することも、納得することもできません。すでに多くの若者たちの**「事実が証明」**しています。

最も重要なことは、**「霊性」**による霊的知性と霊的理性が身に付いていなくては、理解することも、認識することも、まして納得することもできません。

知的知性と霊的知性の違いは、知的知性とは、言葉や文字通りの内容を知性的に解釈して、**「知識」**として理解していくことです。

霊的知性とは、活字や文言の内容を霊性的に解釈して、**「智慧」**として納得していくことです。智慧とは愛そのもののことをいいます。

アリはアリの**「知識の欲」**に従って生き、ゴキブリはゴキブリの**「知識の欲」**に従って生きて、人間は人間の**「知識の欲」**に従って生きています。

ですから、豊かな霊性と感性による**「発想力とイメージ力」**を働かせて、一つ一つの法則や原則や理論を、よく噛んで咀嚼しながら読み進めないと、パラレボ理論は、まったく意味不明の法則や原則や理論になってしまいます。

兎にも角にも、皆さんの意識は、絶対的に自由なるものです。皆さんの意識が、宇宙意識場に行く理想を持つのも自由です。当然、地球意識場に留まり続ける選択も自由です。

私の意識が、**「ゼロ波動の生命原理」**に基づいて、地球意識場の**「有限」**の次元を超越して、**「私の生命は永遠かつ無限の存在である」**という、絶対的な**「信念と確信」**を、自らが持つことです。

何故ならば、永遠かつ無限の宇宙意識場が、「無用の長物」にならないためだからです。

ゼロ波動の中心存在である「私の意識」が、宇宙意識場の次元を目指して、恒常的かつ恒久的に方向付けられていたら、そのこと自体が、**「プロセスの段階」**であっても、宇宙意識場そのものは理想ではなく、人生の目的そのものである**「私の真実」**として、もはや、**「自己完結」**した存在になります。

先程も言及しましたように、宇宙意識場は、永遠へと方向付けた**「自由な方向性」**である**「ベクトル」**ですから、永遠に**「完結なき完結」**のメカニズムとシステムに方向付けています。

先に言及しましたが、意識は、「ゼロの方向性」という**「量」**のないベクトルですから、**「エネルギー」**ではありません。

「ゼロ・ベクトル」である意識が、何かに方向付けられると、そのモノと関わることによって、すべてエネルギーに転換されていきます。

例えば、意識が、マイナスに方向付けられると、マイナスの意識となり、マイナスという情動のエネルギーを創り出します。

意識が、ポジティブに方向付けられると、ポジティブの意識となり、ポジティブという情動のエネルギーを創り出します。

意識が、霊性進化に方向付けられると、霊性進化の意識となり、霊性進化のための**「情動的エネルギー」**を創り出します。

ゼロ波動の中心存在は、「私の意識」という**「自由な方向性」**を持った、普遍的なベクトルですから、永遠に「完結なき完結」の**「ゼロ・ベクトル」**または**「フリー・ベクトル」**を持続可能にしています。

ゼロ波動の中心存在である「私の意識」が、人生の存在目的に対して、ぶれたりずれたりした分だけ、意識がアナログ化して自己完結しなくなります。

◆AI革命と共に「意識のデジタル革命」が訪れた

我が生命が自己完結できる、最高のパートナーは、**「夫や妻」**ではありません。**「真実のパートナー」**は、宇宙の「法則や原則や理論」である、「ゼロの法則」という**「真理」**に他なりません。**「真理こそが真のパートナーです」**。

真理そのものが宇宙意識場ですので、宇宙が永遠のパートナーになりうる、唯一無二の存在となるからです。真理は、**「自由と愛と喜びの主体者」**になり得るからです。

何故ならば、真理を中心に、「私と私自身」が「普遍的なペアーシステム」を構築することによって、永遠の**「メビウスのサイクル」**を、自分の心と自分自身の魂との関係に於いて持続可能にすることができるからです。是非とも、デジタル意識とデジタル生命体の図解を参考にしてみてください。

地球意識場の人間波動生命意識体として、留まり続けるのもあなたの自由です。

宇宙波動生命意識体に霊性進化を自己完結して、宇宙意識場の住人に相対変換していくのもあなたの自由です。

私にとって、宇宙意識場が「有って当たり前の存在」になるためには、ゼロ波動の中心存在である「私の意識」が、地球意識場から宇宙意識場へと、意識の場を**「次元転換」**していくしかありません。

ＡＩロボットとＡＩ兵器が、人類を超越していく時代が、間近に迫っています。

超大国の覇権争いの罪過によって、ＡＩロボットとＡＩ兵器に管理され、支配される時代を座して待つか、それとも積極的に、新たな生命進化を目指して、意識転換を図っていくのか、大きな分水嶺に差し掛かったと思わざるを得ません。

まさしく、**「ＡＩ革命」**に伴って、人類は、**「意識のデジタル革命」**によって、生命進化していかなければならない時が、すでに訪れているといっても過言ではありません。

そのためには、「依存と支配と不自由の原則」に飼い慣らされて、アナログ化してしまった**「アナログ意識」**を、「ゼロ波動の中心存在」である、「私の意識」が、「自立と解放と自由の原則」に方向付けて、デジタル化していくことによって、**「デジタル意識」**に相対変換していくしかありません。

今まさに、アナログ意識からデジタル意識に相対変換する、**「マクロのゼロ」**である、人類歴史の最大の節目を、迎えていると思わざるを得ません。

◆個性芸術を開花することが自己完結の最善かつ最良の方法

ここで、人生の目的である、いかに霊体に**「デジタル意識」**を創造していくのかという方法を、少し紹介しておきましょう。

ゼロ波動の中心存在である「私の意識」が、個性でありアーティストでもある**「私」**と、芸術であり作品でもある**「私自身」**との間に、愛と喜びという感情の通路を拓いて、「私の意識」を中心に「私と私自身」に於いて、個性芸術を**「宇宙意識場」**まで開花させながら**「自己完結」**していくことを心掛けていくことです。

何故ならば、私と私自身の間には、一切、距離感も分離感も、まして時間軸もないからです。唯一、個性芸術を開花することが、自己完結するための最善かつ最良の方法だからです。

人間は、恩讐の両親から与えられた、**「他人である肉体感覚」**という五感に支配されて、自分に存在する他人である肉体を含めて、それ以外の他人のことや現象ばかりに意識を方向付けて、常に感情支配されながら、不快な感情に陥っていくことに、無条件で意識が飼い慣らされていきます。

先ほども言及しましたように、私と私自身のワン・サイクルの波動である、ゼロ波動の中心に存在する「私の意識」が、私から離れた瞬間に、意識がアナログ化して、あの人、この人、その人などの、さまざまな現象に、感情支配されていきます。

当然、私自身から意識が離れた瞬間に、アナログ化してアイツが悪い、コイツが悪い、ソイツが悪い、といった具合に、自己保身と責任転嫁に陥っていきます。

何度も言及しますが、「あなたは、目が見えません。耳も聞こえません。臭いもしません。味もしません。触る感覚もありません。すべての肉体の感覚を失いました」という状況を少し瞑想してみてください。

あなたは生きながらにして、一体、あなたには、何が残っていると、お思いでしょうか。

そうです。そこに存在しているのは、あなたの**「生命」**と、あなた自身の霊体の**「情動」**だけです。

ですから、自分が自分自身に真摯に向き合って、真剣に霊性を育てながら、霊体が成熟していくように生きることです。

私たちが引くべき境界線は、恩讐の他人である肉体の欲望と**「自他分離境界線」**を引くべきであって、自分の**「霊性の愛」**に基づく、自分自身の**「霊体の喜び」**との間には、絶対に**「自己分離境界線」**を引くべきではありません。

何故ならば、他人である肉体の世界から、自分である霊体の世界に、唯一、行くための準備をしているからです。

ですから、一番、**「意識の目」**を向けなければいけない、**「自分と自分自身」**には、一切、関心も興味も持ちません。まさに、「自分と自分自身」が、最も近い存在でありながら、最も遠い存在になっています。**「灯台下暗し」**とは、このことだと言えます。

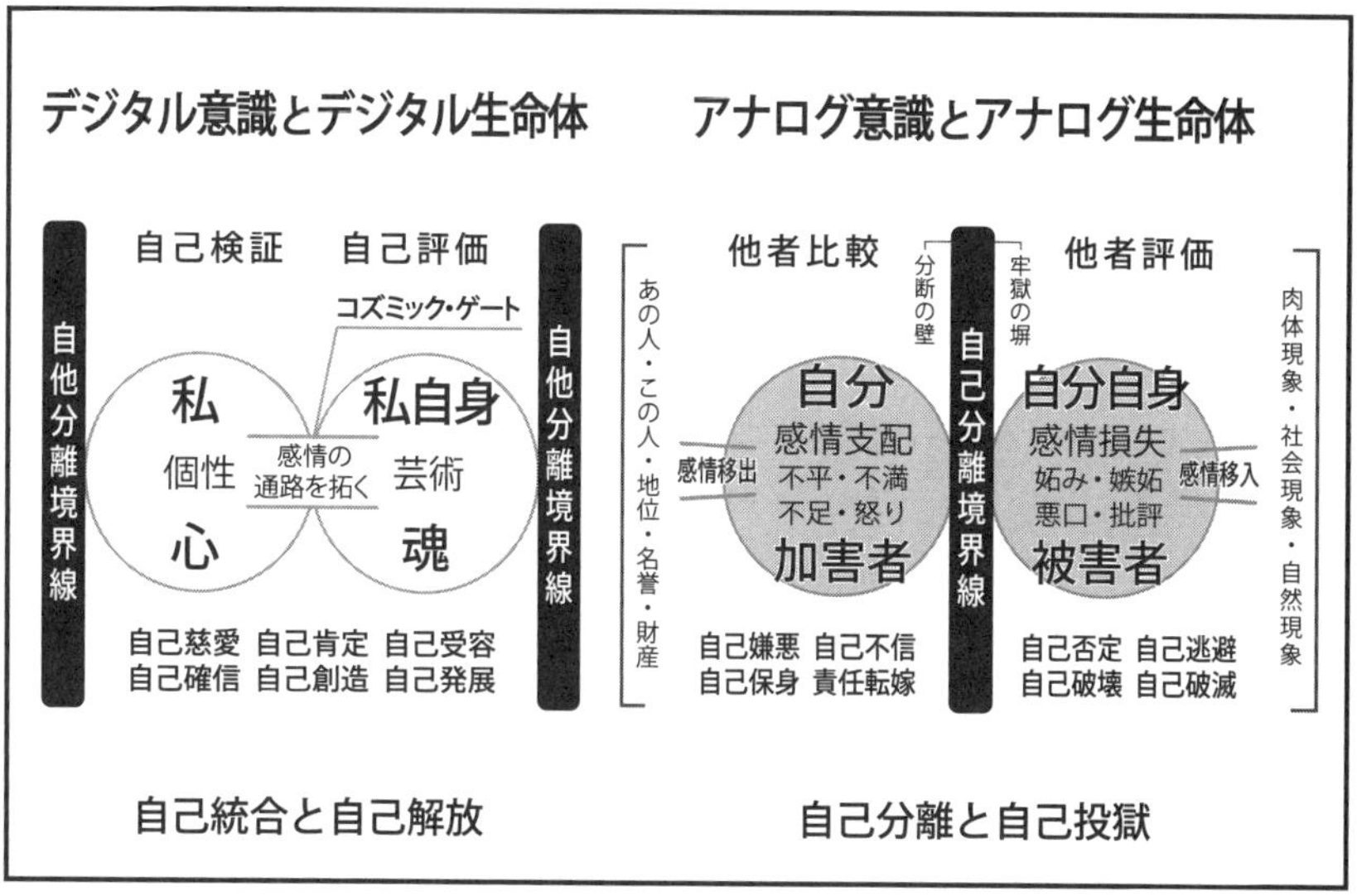

一人ひとりが、**「意識のデジタル革命」**を、自己完結していくことで、誰でも生命進化が可能になる、最高の**「TPO（時と場と状況）」**を迎えています。

何故ならば、ゼロ波動の中心存在である、「私の意識」は、**「絶対的に自由なる」**ものだからです。

実は、肉体年齢のことを、あれこれ言ってきましたが、意識は年を取ることはありません。永遠に今という年齢であり続けていますから、早い遅いはありません。

ですから、今、自分が自分自身の意識を変えた瞬間に、意識がアップデート（上書き）して、すべてを変えることが可能になります。

「私の意識」が「ゼロ波動生命意識体」に到達するためには、この方法しかありません。

それが宇宙意識場に行くための準備として、

最善かつ最良の方法だからです。

宇宙意識場は荒唐無稽な存在でもなく、架空の存在でもありません。厳然たる事実として存在しています。

「ゼロの法則」に基づく生命原理は、霊質世界と物質世界を相対的に捉えて、哲学的かつ科学的に理解していく、エントロピー減少型の**「普遍的な生命原理」**です。

真逆に、生命そのものを物理的かつ機械的に捉えて、生物と無生物とに差別化して理解している生命論を、エントロピー増大型の**「特殊的な生命論」**といいます。

ですから、「ゼロの法則」を理解できる、若者たちが「意識のデジタル革命」を、自己完結することを期待し願ってやみません。

まさに、**「AI革命」**の到来と共に、**「意識のデジタル革命」**の時代が、同時に訪れました。

◆意識を変えれば人生、無限に楽しくなる

今、現在に至って**「AI」**が、すべての「生活インフラ」を統合し管理しながら、医療から福祉や介護まで、AIとロボットが管理し運用していく時代になりつつあります。

人間とAIとロボットが共存しながら、共に繁栄していって、いかに快適な**「共生社会」**を築いていくのかという、**「スマートシティ構想」**が、富士山の麓の静岡県にて、現実化しようとする時代を迎えています。

ＡＩがスマートシティ全体を管理して、人間とＡＩとロボットが、いかに共存しながら**「共生社会」**を築いていけるのかという、具体的な試みが現実になされようとしています。

ＡＩとロボットが、すべてのコミュニティーを「管理し統治」する時代が、間違いなく近未来に訪れます。

もし、ＡＩに間違いが生じたら、人類はＡＩとロボットに管理され支配される時代が、訪れるかもしれません。

今の人間レベルの霊性次元でしたら、その時代はそう遠くはないのかもしれません。

いかに、一日も早く、一人ひとりが、「意識のデジタル革命」を、「自己完結」していくのかが急務となります。

宇宙物質界と宇宙霊界を「私の意識」で統合して、牢獄世界の被害者意識を感情統治しながら、いかに、愛と喜びで感情の通路を、宇宙次元にまで拓くかということです。

そのためのやり方や方法は、**「意識を変えれば人生、無限に楽しくなる」**というワークショップや講演会、また、さまざまなセミナーなどで開催しています。

何故かといいますと、活字では伝えきれない、**「霊的な情動の世界」**が、余りにも多く含まれるからです。

活字では限界があって、読むだけでは推測と憶測の域を脱しえないこともあり、単なる空想遊びになってはいけませんので、このような形を取らせていただいています。

宗教や精神世界とは一切関係ありませんので、勘違いなさらないでください。

別途、特殊な**「秘儀と密法」**によって、**「誰でもデジタル意識を創り出せる呼吸法」**と題して、毎月実施していますので、ここでは割愛させていただきます。

どうせ長く生きても一生、短く生きても一生、自分の心が自分自身の魂に創り上げた、霊的な意識場に行くしかありません。

同じ一生ならば、地球意識場ごとき牢獄世界の意識のみで生きるのか、それとも宇宙意識場に通用する「自由と愛と喜び」の意識で生きていくのかは、あなたの自由意志による自己決定と自己責任にすべて委ねられています。

何故ならば、ゼロ波動の中心存在である「私の意識」に、「ミクロのゼロ」である「デジタル変換」も、「マクロのゼロ」である「アナログ変換」も、すべてゼロの揺らぎの中心存在である「私の意識」に付随して存在しているからです。

「私の意識」が、どのようなプロセスの段階を経て「私自身の宇宙意識場」を創造していくのかについては、特別なセミナーにて開催していますので、ここでは割愛させていただきます。

また、興味のある方は、セルフ・ヒーリング実践研究会のウェブサイトやYouTubeなどで詳しく紹介していますので、是非とも参考にしてみてください。

おわりに

◆「人間が人間を必要としない時代」が訪れる

私たち人類は、ホモ・サピエンス（知的生命体）として、地球内生物の頂点に君臨してきました。

人類は、今まで人間以上の知的な存在に関わることなく、知識（欲）が赴《おもむ》くままに歴史を創造してきました。

しかし、最近になって、人間の「知識レベル」を遥かに超える、AI（人工知能）を搭載した「知的ロボット」の存在が、人間社会に於いて、最早、なくてはならない重要な存在として登場しています。

今やAIとロボットなくして、ありとあらゆる科学技術の分野が、まったく立ち行かないようになっています。

近未来に於ける、第一次産業（農林水産業）、第二次産業（工業）、第三次産業（サービス業）、第四次産業（IT産業）などは、AIとロボットに取って代わられる時代が間違いなく訪れます。

例えば、農業について言及しますと、近年の気候変動の脅威は、目を見張るものがあります。

気候変動に伴って、作物の栽培に甚大な被害が、毎年、毎年、増大していって農業生産そのものが立ち行かなくなりつつあります。

それに増して、農業従事者の老齢化と後継者不足に拍車がかかっている状況です。

このままでは、発展途上国の人口爆発に伴って、世界中が食糧不足に陥って、飢餓と貧困に人類が見舞われる時代が、すぐそこまで来ています。

人類の食料自給率の問題と課題を解決できるのは、ＡＩとロボット技術しかありません。

例えば、広大な土地に強化ガラスによって作られた、巨大な温室の中で最適な光や空気や水や温度、湿度などに至るまで、栽培に適した環境管理を、ＡＩとロボットは行うことができます。

ＡＩとロボットの管理の下で、種まきから栽培、生産までの工程を、気候変動に関係なく最適に行うことが可能になります。

そのことによって、最も品質の良い安定した農業生産物を、今まで以上に増産することが可能になっていきます。

これらの一連の生産工程を、ほとんど人間の手を煩わすことなく、ＡＩとロボットがすべて行うことができるようになります。

このことは何を意味するかといいますと、農業生産に対する農業従事者の**「労働支配」**からの解放に他なりません。

最も過酷な農業従事者の労働支配が解放されていくということは、当然、追従して第二次産業から第四次産業までが、ＡＩとロボットによって労働支配から解放されていくことを示唆しています。

まさに、**「人間が人間を必要としない時代」**が訪れることを示唆しています。

◆いま、世界の文明・文化のメカニズムとシステムが破壊されていく

このことによって、人間が**「善い」**としてきた**「理論の枠組みと価値観」**に基づく、すべてのパラダイムが、破壊され崩壊していく時代を迎えていくことに他なりません。

人間が人間を必要としなくなるということは、人間が人間を差別化するために構築してきた、**エゴイズム（自己欲求）**に基づく、既存の価値観が、すべて崩壊していくことを示唆しています。

例えば、人間が人間を差別化するための、学歴至上主義や経済至上主義、成果主義、勝者主導主義などの、競争原理社会に於ける、既存の価値観は必然的に崩壊していきます。

何故ならば、知識に於いて、人間の知識はＡＩに及ばなくなったという事実が、間違いなく白日の下に証明される時が訪れるからです。

今まさに、ありとあらゆる理論の枠組みと価値観が崩壊して、すべてが**「真逆」paradox**に入れ替わっていく「マクロのゼロ」のＴＰＯ（時と場と状況）を迎えていきます。

人類は既存の文化と文明を破壊しない限り、ＡＩとロボットと共存する**「共生社会」**の文化と文明を、新たに創造することができません。

2020年初頭から始まった新型コロナウイルスによるパンデミックを、一部の世界的なシンクタンクの「AI」が、すでに予測していたというから驚かされます。

では、この世界的な新型コロナウイルスのパンデミックは、何を示唆しているのでしょうか。今は、世界的に、すべてのメカニズムとシステムが、破壊されていくように方向付けられています。

ですから、世界経済のメカニズムとシステムが壊滅的に破壊されていきました。当然、未来不安による社会秩序から、家庭に於ける、夫婦のコロナ不和やコロナDVなどの暴力によって、コロナ離婚やコロナ虐待などに伴い、家庭の秩序までもが、共に崩壊されるような事態に陥りました。

今後、予想される世界経済の行方は、アメリカの富裕層が極めてギャンブル性の高いシェールオイルのジャンク債（ハイリスク・ハイリターン）に投資した債券が暴落して、同時に、原油価格の暴落といったダブルパンチで、1929年の世界恐慌と同じように、再びアメリカ発の史上、最悪な世界恐慌に陥るかもしれません。

このパンデミックによってIT社会が、著しく急速に発展した国があります。それは中華人民共和国です。

中国は、今やITに於ける、先進国家のトップを突き進んでいる、といっても過言ではありません。

テレワークやリモートワークなどのオンラインによる、ワーキングから教育が、人間と人間が介さないで、無接触で行える社会体制まで構築しました。

皆さんもご存知の通り、中華人民共和国は共産党による一党独裁国家です。

中国のすべての国民が、ＡＩの顔認証技術によって、共産党に一人ひとりの行動から活動論までもが管理され支配下に置かれています。

ですから、完全に閉鎖された町から人間が消えたという、デマまでが飛び交う事態になりました。

完全に情報統制による支配下に置かれた、国民の本当の状況を、うかがい知ることができませんでした。事実は隠蔽されたままです。

ＡＩの管理下に置かれて、旧ソビエト連邦の鉄のカーテン以上の厚い壁に、国民の自由と尊厳が完全に剥奪されました。

◆「ゼロの法則」は人類の未来を示唆できる世界唯一の手引書

僕は、何を言いたいかといいますと、独裁国家の強権的な指導者が**「知識」（欲）**に従って、それ以上の知識であるＡＩを利用し使用したならば、国民がそれ以上の不自由と苦痛を強要されることになるということです。

ＡＩを支配のために使用したら、必ず、相対変換の法則によって、真逆に入れ替わって、ＡＩ

に支配される立場になる「マクロのゼロ」を迎えることになります。

僕は、AIとロボットを利用し使いこなすためには、AIとロボット以上の**「智慧」（愛）**がなければ、やがてAIとロボットに支配されると理解しています。

何故ならば、「智慧」（愛）なき「知識」（欲）は、**「暴力」**そのものに等しいからです。

前述したように、いよいよ日本も**「スマートシティ構想」**が、富士山の麓の静岡県にて、本格的にスタートします。

AIとロボットに管理され支配されていくのか、それともAIとロボットを統合し統治していくのか、**「真の人間力」**が問われる時代を迎えていきます。

「真の人間力」によって、AIとロボットと共存しながら、共に繁栄していく「共生世界」を築いていけるのかは、すべて「スマートシティ構想」に懸かっているといっても過言ではありません。

スマートシティ構想が、人類の未来のロール・モデルになるのか、それとも、人類の崩壊を招くのかは、すべて指導者の**「真の人間力」**に懸かっています。

「真の人間力」を身に付ける法則や原則や理論は、すでに本書にて紹介しています。

知識に於いて、AIが人間を上回った以上、人間に残された唯一の存在は、心や魂といったスピリチュアル・エモーション（霊的情動）Spiritual Emotionである**「慈愛の心」**を身に付けることだけです。

それが、唯一、この世からあの世に行くための、最高の準備になるからです。

人間は、人間のみに通用する、人間が作り出した**「特殊的な理論の枠組みと価値観」**に従って、物理的かつ機械的に生きることには、無条件で飼い慣らされています。

私たち地球星人の意識は、物理的な現象に飼い慣らされてしまい、物事の現象には必ず初めがあって終わりがあり、原因があって結果があると無条件で思い込んでいます。

ですから、初めなき終わりなき、原因なき結果なき存在というと、どうしても落ち着かなくなってしまいます。

ゼロ波動の中心存在は、「私の意識」という「量」のない**「ゼロ・ベクトル」**であり**「フリー・ベクトル」**であり**「パーフェクト・フリーダム」**ですから、枠組みというものが存在しません。

そもそも枠組みがない自由なものに、初めも終わりも、原因も結果も存在するはずがありません。

ですから、**「普遍的な法則や原則」**を理解もしていないし、納得もしていませんから、特殊的な生き方はできても、普遍的な生き方には、まったく慣れていません。

パラレボ理論に基づく、**「ゼロの法則」**は、平和ボケしている時代は、まったく受け入れられませんが、これから訪れるであろう、人間のありとあらゆる理論の枠組みや価値観が、すべて**「破壊され崩壊」**していく時代にこそ必要とされます。

本書は人類の未来を示唆できる、世界で唯一の手引書であることを確信しています。

最後に僕から若者たちにお願いがあります。

是非とも、大学などで「ゼロの法則・研究会」、略して**「ゼロ研」**なるサークルなどを立ち上げて、屈託なく活発な議論を、皆さんでして欲しいと願っています。

必ず、長い人生のさまざまな場面に於いて、役立つことを確信しています。

宇場　稔

装幀／萩原弦一郎（256）
本文デザイン・図版／美創
編集協力／アイ・ティ・コム

〈著者プロフィール〉
宇場 稔（うば・みのる）
大学病院にて放射性同位元素（アイソトープ）を使用して、原子物理学や量子論の観点から生命科学の研究に没頭。生命波動に関するさまざまな超科学現象を検証しながら霊的世界の実存を確認する。その後、大学病院を退職、自由と愛の本質を宇宙論的に探究する中で、宇宙と地球のメカニズムとシステムが、すべて真逆の枠組みと価値観に理論付けられる「パラレボ（Paradigm Revolution）理論」に到達。特に、性的主体は女性であり男性はその対象に過ぎず、宇宙から女性にのみ進化の権能と権限が付与され、地球星の危機を回避する役割と責任が、霊的に賢い女性たちに委ねられていることを提唱している。著書に『逆説の真理が運命を拓く宇宙の法則（前・後編）』『宇宙聖書』（いずれもセルフ・ヒーリング実践研究会発行、ヴォイス発売）、『ゼロの革命』（幻冬舎）がある。

ZEROの法則
THE LAWS OF ZERO

2020年11月11日　第1刷発行

著　者　宇場 稔
発行人　見城 徹
編集人　福島広司
編集者　小林駿介

GENTOSHA

発行所　株式会社 幻冬舎
〒151-0051　東京都渋谷区千駄ヶ谷4-9-7
電話　03（5411）6211（編集）
03（5411）6222（営業）
振替　00120-8-767643
印刷・製本所　株式会社 光邦

検印廃止

ISBN978-4-344-03712-0　C0095
幻冬舎ホームページアドレス　https://www.gentosha.co.jp/

この本に関するご意見・ご感想をメールでお寄せいただく場合は、
comment@gentosha.co.jpまで。